联大学术文库

朱碧波◎著

苏联族际政治整合模式研究

中国社会科学出版社

图书在版编目（CIP）数据

苏联族际政治整合模式研究／朱碧波著．—北京：
中国社会科学出版社，2015.2
ISBN 978 - 7 - 5161 - 5584 - 4

Ⅰ.①苏…　Ⅱ.①朱…　Ⅲ.①民族问题—研究—苏联
Ⅳ.①D751.262

中国版本图书馆 CIP 数据核字（2015）第 037472 号

出 版 人	赵剑英
责任编辑	陈雅慧
责任校对	王　斐
责任印制	李寡寡

出　　　版	中国社会科学出版社
社　　　址	北京鼓楼西大街甲 158 号（邮编100720）
网　　　址	http://www.csspw.cn
	中文域名：中国社科网　　010 - 64070619
发 行 部	010 - 84083685
门 市 部	010 - 84029450
经　　　销	新华书店及其他书店

印　　　刷	北京君升印刷有限公司
装　　　订	廊坊市广阳区广增装订厂
版　　　次	2015 年 2 月第 1 版
印　　　次	2015 年 2 月第 1 次印刷

开　　　本	710×1000　1/16
印　　　张	16.75
插　　　页	2
字　　　数	281 千字
定　　　价	58.00 元

序

周　平

　　民之为族，乃是人的类生活本质的必然产物和根本表现，人在通过生产生活维持自己的存在并进而实现自身价值的发展过程中，总是需要与同伴结成社会，人类生活只有作为群体中的生活才能被精确地描绘。某个特定的人群总是居于某个特定的和较为稳定的生存环境中，并在适应环境的基础上改造环境。为了适应环境，居于该环境中的人群逐步形成了一套特殊的生产方式、生活方式、社会组织方式以及语言交流和精神活动方式，从而形成了自己的文化。共同的经历和渐次传承与积淀的文化又成为一种强有力的纽带，将该人群紧密地联系在一起，使其成为一个深厚而紧密的共同体。这种稳定的人群共同体就是所谓的"民族"，或者说，就是后来人们用"民族"这个概念指称的人群共同体。

　　组成民族的人们都必须以社会的方式生存和发展。社会作为人类特有的存在方式和活动方式，以社会关系为纽带将人们联系成为一个集体，凸显人作为类的整体性。民族是人类在社会中结成的共同体。民族的形成、活动、作用的发挥，以及民族的演进和发展过程，都是在社会中展开的。此外，民族的发展要通过民族社会的发展来实现——尽管民族的发展程度与社会的发展程度并不完全同步，但归根到底，民族的发展程度和成熟程度还是要通过民族社会的发展程度和成熟程度来体现。

　　不论是哪个民族的社会，都必须建立自己的公共权力，以政治的方式对民族社会进行管理和治理。一方面，政治是最基本的社会机制，人类正是通过这种机制为社会建立和维持秩序，解决公共性问题，保障社会的正常存在和发展。社会管理的水平及治理的程度，都与政治紧密地联系在一起。离开了政治机制，社会的存在和发展是不可想象的。基于利益的政治一旦形成，就有自己的存在方式和发展规律，并反过来影响民族共同体的形成和发展过程，甚至改变民族原来的发展轨迹。另一方面，民族也要利用一定的政治形式来维护自身的利益。

当今世界，绝大多数国家都是多民族国家，一个国家包含多个民族和一个民族分居于多个国家乃是国际体系的一种常态。在一个多民族国家，各个民族要在国家价值的权威性分配中占据一定的份额，就必须以民族集体的名义并通过一定的政治形式来维护自身的利益，在此种情形之下，民族间的交往、相互作用和博弈就不可避免。当民族的成员相互把本族的成员视为"自己人"，把他族的成员视为"外人"的时候，族际关系就形成了。随着民族意识的增长，民族的自我意识和分界意识越来越明显，民族共同体对本民族的利益意识也越来越清晰。因此，以主动性为特征的族际互动越来越多，族际关系也越来越复杂，并逐步由开始时的同一地域范围内相邻民族间的族际互动朝着跨地域的族际互动发展。在族际关系的发展过程中，族际互动变得越来越经常化，不仅内容越来越丰富，整体性不断增强，与民族利益的联系越来越紧密，而且诉诸民族的政治权力。在民族所诉诸的政治权力中，有的是国家权力，有的则是非国家权力。在这样的条件下，民族间就在文化关系、经济关系的基础上形成了政治关系，进而形成了族际政治。族际政治既是族际关系的基本形态，也是人类政治的一种基本形式。所谓族际政治，实际上就是族际间基于民族利益并诉诸政治权力的族际互动。族际政治与民族的利益直接相关，因此，族际政治也是民族共同体在族际关系中运用政治手段争取、实现和维护民族利益的过程。

族际政治对多民族国家的影响是根本性的，直接决定着国家的前途和命运。多民族国家是多个民族共同建立的国家政治共同体，也是各个民族共同的政治屋顶。因此，多民族国家的统一、稳定和发展，与族际关系的状况息息相关。在一个多民族国家中，如果族际政治的主流是各个民族的政治合作，就能为国家的统一和稳定提供重要的社会政治基础，有利于国家的发展。相反，如果族际政治的主流是政治冲突，国家的统一就受到严重的威胁，国家甚至会四分五裂，最终走向解体。苏联的辉煌与解体，就充分说明了一个多民族国家的治理成败很大程度取决于族际政治互动是冲突型还是合作型。

作为曾经领导社会主义国家阵营的苏联，既是世界上领土面积最大的国家，也是第一个社会主义国家，同时还是一个在综合实力上能与美国相抗衡的大国和强国。但是，它却在没有战争和外敌入侵的情况下悄悄解体了，让全世界为之震惊，以至于西方学者将之形容为一次"天鹅绒般的革命"（Velvet Revolution），而更多的学者将苏联突如其来的自行解体称作"20世纪最大的历史之谜"。诚然，如此一个庞大的国家解体有着十分复杂的原因，任何一个单独的因素都无法导致它的解体。但是，族际政治整合失败无疑是其中一个十分重要的原因，甚至是根本性原因。

苏联成立之后，面临各个民族异质性十分突出的复杂局面，为了把各个民族整合成一个统一的国家共同体，在布尔什维克的主导之下，苏联通过高度集中的中央权力，开启了族际政治整合的进程。它通过高度集中的党的权力结构，构建了中央集权体制，进而把形式上的联邦制变成了事实上的单一制。此外，苏联的族际政治整合还采取了俄罗斯化的同化取向，通过强制在少数民族地区推行俄罗斯化来实现同质性的国家和单一性的国族。苏联高度集权的族际政治整合体系和俄罗斯化的同化主义的整合取向，虚化了少数民族权利，伤害了民族情感，引起了少数民族民族情绪的反弹，最终成为族际政治整合失败和国家解体的一大渊薮。苏联因为族际政治整合失败而导致的国家解体，无疑给世界上所有多民族国家敲响了警钟，并给后人留下了一个意味深长的警示：如果族际政治整合失败，多民族国家就难逃解体的厄运。在这个意义上，反思苏联族际政治整合就具有极其强烈的理论意义和现实意义。

眼前的这部著作，就是一部从族际政治整合角度研究苏联国族建构和民族问题治理的成果。作者朱碧波是我指导的博士研究生，他在云南大学民族政治与公共行政专业攻读法学博士学位的过程中，出于对多民族国家族际政治整合的浓厚兴趣，选择了苏联这一个典型的多民族国家作为研究对象。通过深入的研究，他在梳理苏联族际政治整合模式构建和演变的过程中，不仅从族际政治的角度对苏联多民族国家政治共同体的成败进行了解释，而且总结了多民族国家族际政治整合的普遍规律，最终完成了博士论文。在成功通过答辩并获得法学博士学位后，他又对博士学位论文进行了修改、补充和完善，最终形成了目前这部著作。

作为我国第一部系统而全面地从族际政治整合角度探讨苏联民族问题的著作，其学术意义和实践价值都是值得肯定的。苏联族际政治整合模式命题的提出，不仅是对当前族际政治整合研究领域的一个拓展，也是苏联民族问题研究视角转换的一个尝试，它将苏联"民族问题"的研究视角置换为"国家整合"，立足于"国家—民族"层面，运用政治学的研究范式多维考察苏联国家政治共同体的模铸，为苏联民族问题的研究提供了一种新的解读方式。当然，由于苏联族际政治整合模式本身的繁复性，再加上资料收集尤其是第一手资料收集的困难性，本书关于苏联族际政治整合中一些重要问题的理论阐释，还有待进一步深化。希望朱碧波博士再对这一问题作更进一步的研究，也希望有更多的学人关注苏联的族际政治整合，并产生出更有价值的成果。

目　　录

3

导　　论

一切学术研究莫不发端于问题，"问题就是时代的声音"。[①] 学术研究的基本品格之一就是对时代发展和社会变迁提出来的重大理论问题和现实问题，进行深入的解读、探讨，并最终进行求解。

一　问题的提出

当今世界，绝大多数国家都是多民族[②]国家，各个民族共同体基于利益最大化而理性选择与其他民族共同体相互联合共同建构一个统一的政治屋顶并托庇于其下，乃是现代民族国家[③]形成以来的一种常态。但是，在长期历史发展过程中以传统文化为纽带形成的民族共同体，虽然与其他民族共同体同处于共同的政治屋顶之下，但由于传统文化和民族属性的根深蒂固，他们还保持着相当程度的独立性，在民族认同与国家认同优先序列

---

① 《马克思恩格斯全集》第 20 卷，人民出版社 1972 年版，第 282 页。

② 长期以来，学术界试图对"国族"、"民族"、"族群"和"种族"等概念的内涵和外延进行界定，但迄今为止尚没有一个被学术界普遍接受的定义。本书在这几个词的选用上，国族指代是 nation，是国家层面的政治共同体；民族指代是 ethnicity、ethnic group，此词在本书的意思类同于族群，相对于国族而言，它是次一层级的概念，指的是在一个较大的文化和社会体系中具有自身文化特质的一种群体；种族指代是 race，它所强调的是人种在体征上的明显区别，这种区别基于不同的人种在骨骼、颅型、肤色、毛发、头发截面、视网膜颜色、指纹等方面存在的显著差异。书中在援引相关著作时，对原作者使用的"民族"、"族群"以及"种族"等概念进行的表述不再进行说明。

③ 民族国家与多民族国家并不是一对对立的概念，它们只不过是依据不同标准对国家进行划分的结果。民族国家是国家形态演进中的一种类型，是相对于王朝国家而言的；多民族国家则是从民族构成的角度对国家所做的一种界定，是相对于单一民族国家而言的。参见周平《对民族国家的再认识》，《政治学研究》2009 年第 4 期。

的确认上，某些民族共同体还存在着不自觉地将民族认同凌驾于国家认同之上的现象，尤其是民族利益与国家利益发生冲突的时候，民族更是作为一个利益共同体与国家共同体展开了种种形式的政治博弈。

在不同的社会条件和历史条件下，民族共同体与国家共同体之间的关系是一个流变的过程，亲疏、离合、聚散、友仇等多种多样的关系形态，不一而足。在民族与国家关系形态变迁的种种表象之下，蕴藏的实际上是一个民族对国家的认同度的问题，也就是一个民族是否认同国家，以及在何种程度上认同国家的问题。民族对国家的认同度，是由民族与国家的非重合性引起的，是由多民族国家的本质特点所决定的。从多民族国家形态的历史演进来看，多民族国家的形成，最基本的有两种形式，一种是由某个民族的国家对外扩张而形成的多民族国家，另一种是由殖民统治而形成的多民族国家。① 也就是说，多民族国家的形成在很大程度上是某个民族的国家将其他民族共同体纳入政治共同体的一个过程。新纳入的民族共同体与原有的民族共同体本身就存在着比较明显的异质性，它们并不一定心悦诚服地认同国家共同体，因此，在多民族国家里天然地存在着民族与国家之间的二元张力。当这种二元张力持续走高而执政者无力化解时，多民族国家共同体正常运转的底线就有可能被突破，国家共同体甚至有可能陷入"邦分崩离析而不能守也"的窘境。因此，为了控制乃至消解民族与国家的二元张力，塑造民族成员对国家共同体的政治忠诚，提升民族成员对自我公民身份的认同程度，就必须在国家权力的主导下，推动族际政治整合，建构各个民族对国家和国族的理性认同。这是每个多民族国家必须予以担待的共同使命。

苏联是一个疆域辽阔、民族众多的多民族国家，也是一个历史隔阂沉重、语言文化异质、民族矛盾盘根错节的多民族国家。据 1989 年苏联人口普查资料，苏联由 129 个以上的民族组成，人口总数为 2.8574 亿人。各个民族的人口总量差距悬殊，人口最多的俄罗斯族达到 1.4516 亿人，占到全国总人口的 50.8%，其余的 49.2% 为少数民族，而人口最少的奥罗克人和恩齐人仅有 200 余人。苏联各民族使用的语言达到了 130 余种，信奉 10 多种宗教。如此复杂的民族关系使得苏联族际政治整合先天性地

---

① 周平、贺琳凯：《论多民族国家的族际政治整合》，《思想战线》2010 年第 4 期。

具有诸多棘手之处。自国家成立后，布尔什维克①便意识到了民族问题对于苏联国家维系之意义，在列宁的主导之下，苏联开展了极具特色的族际政治整合。然而，令人遗憾的是，播下的是龙种，收获的只是跳蚤。苏联族际政治整合，虽然有列宁时期的煊赫、斯大林时期的辉煌，但终究难免勃列日涅夫时期的僵化、戈尔巴乔夫时期的没落。苏联终其一生也无力化解民族与国家之间的张力，民族矛盾终于演化成了贯穿苏联兴废存亡的"戈迪亚斯死结"。②

　　苏联族际政治整合虽然被历史证明是一条失败之路，但是关于苏联族际政治整合的反思却未有穷期。苏联族际政治整合为什么会"始于成功"而"终于失败"？列宁的族际政治整合思想为什么会在斯大林时期发生重大变形？苏联为什么会形成一元化的族际政治整合模式？苏联族际政治整合的价值基点是什么，价值取向、整合路径又是如何？苏联族际政治整合模式与多元文化主义模式区别何在？苏联族际政治整合模式崩溃的警世意义何在？中国又如何实现对苏联族际政治整合的"否定性超越"？族际政治整合是否存有其内在规律和整合范式？这些都是苏联族际政治整合所引发的"学术想象"，让人沉迷与回味。

二　族际政治整合研究综述

　　族际政治整合是自王朝国家时期以来的一种普遍的政治现象。不过，

---

　　①　布尔什维克的名称经历一个流变的过程，其前身最早可以追溯到 1898 年 3 月俄国社会民主工党的成立。随后，1903 年 7 月，俄国社会民主工党分裂为两派——布尔什维克和孟什维克，俄国社会民主工党布尔什维克派形成，简称俄国社会民主工党（布）。1918 年 3 月，俄国社会民主工党（布）改名为俄国共产党（布尔什维克），简称俄共（布）。1925 年 12 月，俄共（布）改名为全联盟共产党（布尔什维克），简称联共（布）。1952 年 10 月，联共（布）改名为苏联共产党。这个名字一直沿用到苏共垮台和苏联解体。出于行文方便考虑，本书将之统称为苏联共产党，简称苏共，涉及其在不同时期的行为则用其原名。

　　②　"戈迪亚斯死结"是源于希腊神话的一个典故。传说在公元前 333 年，23 岁的马斯顿国王亚历山大进军小亚细亚戈迪恩城，登临那里的宙斯神庙。庙里保存着百余年戈迪亚斯（Gordius）在牛车辕上留下的一个神秘绳结（Gordian knot），预言解开此结者将统治世界。其后，无数智慧超人的王子、酋长、武士试图解开此结，结果却连绳头都找不到，最终只能无功而返，遂后，此结便称为"死结"，意为无解。亚历山大面对此结同样无法可想，后来念及"为了解开它，何必限于手段"，遂挥动"亚历山大之剑"，劈开此结。苏联共产党自斯大林后期起，盲目乐观，否认民族矛盾的存在，族际政治整合效力日趋衰微，民族矛盾终成死结。

中国学术界将族际政治整合视作一种常态性的政治形态，并进行学术层面的提炼、研究与探讨，还只是近几年的事情。对当前我国族际政治整合理论成果进行检讨反思，明确其研究范式、总结其理论阐释、提炼其分析工具，是我们用以多维观照苏联族际政治整合模式的基本前提。

（一）族际政治整合的研究缘起

在一个多民族国家，民族共同体的多样性与国家共同体的唯一性，乃是一个普遍的、不可逆转的社会现实。据估计，全世界共有5000多个族群（ethnic groups）和600多种语言，而独立国家却只有184个。[①] 这就意味着，一个国家的公民由两个及以上具有文化差异的民族或族群共同组成乃是现代国家公民构成的基本特征。[②] 多民族国家构成的基本特征决定了民族与国家之间、民族与民族之间必然存在着内在张力。就民族与国家的张力而言，"尽管并不是每个民族都有条件建立自己的国家，但每个民族都有建立国家的内在冲动"。[③] 多民族国家的成立，是各个民族基于利益最大化理性选择的结果，民族利益是民族共同体依附于政治共同体最基本的前提，一旦民族利益受损或者民族利益得不到尊重或者本民族在与他民族进行横向比较时产生利益增长落差，民族共同体成员就会产生"期待视野受挫"和"相对剥夺感"等不良情绪。如果这种不良情绪长期得不到矫正和改观，民族不满情绪就会在民族政治精英的鼓动之下逐渐发酵，形成民族主义，甚至民族分裂主义，极大地危害政治共同体的完整与安全。就民族与民族的张力而言，每个民族共同体都是一个独特的文化共同体，都有属于自我的原生型生理特质和后天养成的心理文化特质。在民族交往过程中，民族之间的差异性更加强化了民族成员"我者"与"他者"的身份意识和分界意识，并在此基础上形成了两种民族关系模式：包容或排斥。[④] 族际包容乃是民族之间基于势均力敌或文化尊重而形成的一种妥协或维持现状的持续的低强度紧张的关系，而族际排斥是指民族之间由于

---

① 参见 Leslie Laczko, "Canada's Pluralism in Comparative Perspective", *Ethnic and Racial Studies*, 17/1：2041, 1994。

② 何明：《国家认同的建构——从边疆民族跨国流动视角的讨论》，《云南师范大学学报》（哲学社会科学版）2010年第4期。

③ 周平：《论族际政治及族际政治研究》，《民族研究》2010年第2期。

④ 关凯：《族群政治》，中央民族大学出版社2007年版，第51页。

利益对抗或文化冲突而形成的彼此对立的民族关系，种族清洗、种族灭绝、种族强制迁徙和种族隔离就是族际排斥模式的典型代表。

民族与国家、民族与民族之间的张力，使得多民族国家内部充满了矛盾、躁动和不安。据统计，在20世纪90年代的10年间，世界上有53个国家和地区发生了民族冲突，149个国家和地区中有112个存在民族问题隐患。① 德国、奥地利等国的新法西斯主义和种族主义回潮，比利时佛来芒人和瓦隆人的矛盾导致国家联邦化，西班牙的巴斯克"埃塔"组织谋求独立的恐怖活动加剧，法国的科西嘉民族独立运动随之高涨，加拿大魁北克的法裔民族主义势力险些通过"全民公决"造成国家的分裂态势，美国的种族冲突从"洛杉矶事件"后持续不断，墨西哥印第安人的"萨帕塔解放军"与政府展开武装对抗，非洲大湖地区出现以布隆迪、卢旺达为代表的部族仇杀并向毗邻国家和地区蔓延，土耳其、伊拉克的库尔德人的独立运动再次出现高潮，塞浦路斯土耳其族和希腊族的分裂形势更加严重，印度的教族冲突激化，印度与巴基斯坦之间的克什米尔冲突尖锐，斯里兰卡的泰米尔"猛虎"组织同政府军的对抗难以消停，菲律宾棉兰佬的穆斯林摩洛解放军同政府的对抗和阿布萨耶夫伊斯兰极端主义势力制造的"人质事件"令世人瞩目，印度尼西亚排斥华人的暴行和亚奇、西伊里安的独立运动以及在苏门答腊等地普遍发生的教族冲突和分离运动相继爆发，斐济国内对印度移民的排斥行动形成热点，中亚地区以乌兹别克分裂势力为代表的极端主义对多国的困扰，加拿大因纽特人、北欧萨米人、中美洲印第安人和澳大利亚土著人为民族平等权利的斗争此起彼伏。②

多民族国家基本特征的内在演绎与多民族国家民族矛盾的现实凸显，决定了一个多民族国家必须借助族际政治整合，通过制度供给、政策输出、利益分配、规则拟定、机制构建等方式，促进国家安全与国家稳定。现实层面的迫切要求，决定了族际政治整合理论研究的必然兴起。一个多民族国家如何在国家主导与政府推动之下，将各个民族共同体整合进入统一的政治共同体，就此进入了学术界的研究视野。

---

① 严庆、青觉：《从概念厘定到理论运用：西方民族冲突研究述评》，《民族研究》2009年第4期。

② 郝时远：《21世纪世界民族问题的基本走向》，《国外社会科学》2001年第1期。

（二）族际政治整合研究的问题论域

"人是类的存在物"，① 在政治学的视野中，"一切政治理论的起点在于人类是共同生活"的，② 而民族的形成，只不过是"人的类生活本质的必然产物和表现"。③ 各个民族在长期历史发展过程中形成了各具特色的人群共同体，当不同的民族共同托庇于统一的政治共同体之后，由于族际之间还存在着深刻的民族异质性，族际间的利益竞争、政治博弈和文化角力就成为多民族国家的常态。按照美国学者费利克斯·格罗斯的说法，"我们的地球无论在过去，现在还是将来，都是不同文化、不同语言、不同宗教和肤色的人们的栖居之地。从远古时代起，当不同部落或民族相遇之后，频繁战争和冲突就接踵而至，大大多于和平方式下的磨合、适应以及对差异的包容。现在与未来的基本问题是，不同的民族、部落、宗教和种族如何和睦地生活在同一个城市、同一个国家、甚至同一条街道。这是一个既古老又非常现代的问题"。④ 如何寻找这样一个古老而现代的问题的答案，或者退而求其次，寻求"所有多民族国家族际整合的底线"，即"将族际政治冲突控制在不致危及整个多民族国家生存的范围内"，⑤ 就构成当前族际政治整合研究的主要论域。

1. 族际政治整合的逻辑起点

族际政治整合是多民族国家以政治权力为依托，通过发掘执政资源、宣讲意识形态、构建民族制度、发扬国族文化等多种方式，将国内各个民族整合为一个统一国族的过程。同时，族际政治整合也是多民族国家各个民族基于理性思量和政治认同，在政治权力和社会权力的引导下，不断强化各个民族共同的历史记忆、政治联结、文化交流、经济联系等方面的纽带，进而将自身"镶嵌"进入统一国族的一个过程。

---

① 马克思：《1844 年经济学哲学手稿》，人民出版社 2000 年版，第 56 页。

② ［美］罗伯特·A. 达尔：《现代政治分析》，王沪宁、王锋译，上海人民出版社 1987 年版，第 129 页。

③ 周平：《论族际政治及族际政治研究》，《民族研究》2010 年第 2 期。

④ ［美］费利克斯·格罗斯：《公民与国家——民族、部族和族属身份》，王建娥、魏强译，新华出版社 2003 年版，第 17 页。

⑤ 陈建樾：《多元一体：多民族国家内部的族际整合与合法性》，《中央民族大学学报》（哲学社会科学版）2003 年第 5 期。

族际政治整合，不论是国家运用政治权力自上而下地将各个民族"整合"与"吸纳"为一个统一的国族，还是民族基于各种思量自下而上地"镶嵌"与"融合"而成为一个统一的国族，其赖以生存并施展开的一个基本的历史事实在于，"多个民族共处于一个国家共同体"① 之中。由此衍生的一个根本的问题就是各个民族相互之间如何共处一个多民族国家之中，以及国家如何处理各个民族关系的问题。

当一个民族基于利益最大化的理性选择而与其他民族共同组建国家共同体之时，各个民族在长期历史发展过程中所形成的与其他民族不同的体貌、语言、文化、心理、宗教、风俗等民族异质性并不会完全消失，一些民族在长期的族际接触、交流、碰撞、博弈、冲突、战争中所形成的历史积怨和民族隔阂也并不会因为各个民族共处于统一的政治屋顶之下而在一夜之间消弭于无形。而且更重要的是，各个民族由于族体规模、发育水平、资源禀赋、组织化程度、民族意识、民族文化、地理区位等多种因素的影响，他们在国家政治体系中实际控制的政治资源并不完全均等，各个民族实际所处的政治地位也就存在着差异，甚至悬殊。为了执掌、参与执掌或影响国家政权，各个民族对稀缺性政治资源展开竞相争夺与角逐，族际关系也由此形成了一定的内在紧张。一旦族际紧张持续走高，以致超出了维系族际关系稳定的最低限度，或者旺盛的族际政治参与超出了政治体系所能承载的极值，国家政治秩序和族际间的正常交流就会受到严重的冲击，在极端情况下甚至会导致国家共同体分裂等不可逆料的后果。

多民族国家"多元而异质"的根本特质以及由此衍生的族际问题决定了族际政治整合是多民族国家天然的历史使命。由于各个渊源共生而又天然异质的民族不能自发地实现族际之间的和谐共处，这就需要多民族国家通过制度建构、政治引导、文化联结、经济共生等诸多手段，去除各个民族相互融合的障碍，实现民族的团结与和谐，进而实现国家共同体的巩固。多民族国家的根本特质和其运转的基本需求，决定了多民族国家必须通过国家权力和公共权威，在建构"政治一体"的前提下，正确处理"民族多元"的问题。

2. 族际政治整合的价值取向

价值取向是族际政治整合的底蕴，是涉及族际政治整合朝着何种方向

---

① 周平、贺琳凯：《论多民族国家的族际政治整合》，《思想战线》2010 年第 4 期。

迈向整合目的的重大理论问题，也是学术界相互激辩、相互驳斥最为激烈的焦点。关于族际政治整合的价值取向，学术界至少有"求同论"、"公民化"、"文化化"、"多元化"、"民主化"、"和谐论"等六种主张。

第一种主张是"求同论"。周平、贺琳凯审视了西方民族国家族际政治整合的实践，认为西方国家族际政治整合基本上是按照民族国家同质化要求进行的，其基本的价值取向就是同质性（求同）。因此，他们主张，族际政治整合应该秉承"求同存异"的价值取向。① 这与我国古代族际治理"大一统"的传统是相暗合的。② 笔者总体上也认同族际政治整合的"求同论"，同时也主张，应该对民族异质性作进一步细化分析。民族"异质性"实质上是先赋性异质性与后致性异质性的统一。先赋性异质必须予以尊重，后致性必须予以弥合。③

第二种主张是"公民化"。"公民化"者认为，现代国家的社会整合是通过建立公民身份认同完成的。现代国家内部结构的基础是公民身份，包括不同族群在内所有社会成员身份都是国家公民。④ 因此，在多民族国家，民族权利只是一种集体人权，保障民族权利应体现为各个民族公民享有符合本国国情的人权，各民族公民享有国家宪法规定的各项公民权利，各民族公民享有参加国家和社会管理的平等权利和民主权利。国家在族际政治整合中，应淡化民族意识和观念，强化公民意识和观念；应淡化民族权利，强化公民权利。因为实现了公民权利平等，也就实现了民族权利平等。⑤

第三种主张是"文化化"。"文化化"者认为，族际政治整合应该"强化作为政治实体的'民族'（Nation）和国家，并把族群逐步地引导到主要代表不同文化群体的角色之中，把族群关系用'文化多元主义'的思路来引导。同时在作为政治实体的民族—国家的层面，强调所有公民在政治及宪法规定的所有权利和义务方面的平等，包括维持和发展自己独

---

① 周平、贺琳凯：《论多民族国家的族际政治整合》，《思想战线》2010 年第 4 期。
② 刘荣、刘光顺：《中国族际政治治理的历史传统》，《学术探索》2008 年第 2 期。
③ 朱碧波：《多族群国家族群问题治理路径"势差化"研究》，《思想战线》2010 年第 6 期。
④ 关凯：《族群政治》，中央民族大学出版社 2007 年版，第 84 页。
⑤ 陈联璧：《民族自决权新议》，http：//bic. cass. cn/info/Arcitle_ Show_ Study_ Show. asp? ID = 2232＆。

特文化（包括语言文字、宗教信仰、生活习俗等）的权利"，要"把少数民族问题逐步去'政治化'"，最终通过这样的方式实现"政治一体，文化多元"的目标指向。①　"公民化"与"文化化"的主张，在本质上与"同质化"的主张有很大程度的契合之处。

　　第四种主张是"多元化"。"多元化"是对同质化社会整合模式的批判和否定。"它强调文化差异的权力，认为差异和多样性是丰富个人、政体及社会的价值，主张通过具有独立性的差异集团之间的平等对话达到社会集团之间的相互理解。同时，它还强调通过制度和机制的设计，给族裔和文化的多样性以平等的生存和发展的制度空间，通过制度和法律的建构实现对多样性的保护。"②　"多元论"同时也主张要用政治文化的统一性来统摄民族亚文化的多样性。

　　第五种主张是"民主化"。"民主化"是在对"公民化"和"文化化"尖锐批判的基础上提出来的。"民主化"的秉持者认为，"公民化"与"文化化""仅在文化领域承认文化多样性和少数民族群体认同，但对少数民族群体政治地位和权益缺乏制度性安排"，存在将少数民族弱势永久化的缺陷。因此，他们主张："在承认构成国家的所有民族都是国家权力主体、拥有平等政治权利的前提下，针对多民族存在的情况进行特殊的政治设计"，"提供专门的制度渠道保证少数民族进入政治舞台"，实现"对建立在'功利主义'多数原则基础上的传统民主手段的改造和超越"。③

　　第六种主张是"和谐论"。"和谐论"表达了和"民主化"迥然不同的理念，是"民主化批判"的批判。"和谐论"认为，族际政治民主化取向中的一个内容是"承认'差异'"，"在差异基础上对话"，并为此做出相应的制度安排。"和谐论"者认为，"民主化"并不利于族际政治整合效力的生发。"这种以'差异'为规定性的文化权利，实际上宣布的是自己不同于别人的差异或特征。在一个多民族聚居并有多种语言的国家中，

　　①　马戎：《理解民族关系的新思路——少数族群问题的"去政治化"》，《北京大学学报》（哲学社会科学版）2004 年第 6 期。

　　②　王建娥：《族际政治视野中的自治、共治和多元文化主义》，《民族研究》2009 年第 3期。

　　③　王建娥：《族际政治民主化：多民族国家建设和谐社会的重要课题》，《民族研究》2006年第 5 期。

在强烈的民族认同感驱使下的民族认同又容易成为'不能容忍和灭绝其他人群的借口。许多人还利用差异作为暴力政治斗争的借口'。当代不少国家的右翼组织,为了在选举中获胜,往往以保护本民族的利益和文化为名,鼓动民族成员,排斥其他民族成员,由此导致了大规模的民族冲突。"因此,"和谐论"者主张,族际政治整合应该"异中求和,和而不同",超越"多元差异的尊重",实现"多元和谐的同一"。①

3. 族际政治整合的张力消解

多民族国家内在的民族与民族,民族与国家之间的二元张力,决定了多民族国家的价值取向不管是"同质化"、"文化化"、"民主化"还是"和谐化",消除多民族国家内在张力,实现国家共同体的稳固,乃是多民族国家族际政治整合孜孜以求的共同目标。就多民族国家的内在张力而言,至少存在着国家认同/民族认同(公民身份/民族身份)、民族文化/意识形态、民族利益/国家利益三大张力。但学术界关注的重心在于国家认同/民族认同(公民身份/民族身份)张力的消解,对民族文化/意识形态与民族利益/国家利益张力的研究产生了极不应有的忽视。

(1)民族认同与国家认同整合:缘何重要

社会中的人参与了不同群体形式的建构,扮演着多重角色,由此形成了一个个角色集。社会成员因隶属于不同群体而拥有多重身份,由此决定了社会成员不同的归属感和认同感。② 对一个多民族国家的民族成员而言,其社会角色集中在两大最为基本的角色扮演,一个是民族身份,一个是公民身份。这两种身份与角色又有着不同的角色规范和扮演要求,由此引发了民族认同与国家认同的歧异。

所谓民族认同,指的是个体对本民族的信念、态度,以及对其民族身份的承认,它包括群体认识、群体态度、群体行为和群体归属感。而国家认同是指一个国家的公民对自己祖国的历史文化传统、道德价值观、理想信念、国家主权等的认同。民族认同是一种与生俱来的"感性的归附",而国家认同则是一种后天"理性的建构"。民族认同与国家认同存在交集,却又并不完全重合,两种认同处于相对紧张的关系之中,现代国家的建构,在某种意义上,更像是一种"认同的争夺"。

---

① 常士誾:《和谐理念与族际政治整合》,《政治学研究》2009 年第 4 期。
② 袁娥:《民族认同与国家认同研究述评》,《民族研究》2011 年第 5 期。

一个民族成员在自我的认同体系中，自觉地将国家认同置于民族认同之上，乃是一个多民族国家凝聚力和向心力的外在表现，是多民族国家国家巩固和民族和谐的基本前提。然而，现实生活却并不是理想图景的翻版，在我国少数民族中，尤其是跨境而居的少数民族中，认同失谐与认同错位的现象还比较严重。由于边疆区域与中心区域的地理距离一定程度上阻隔了国家与边疆地区的互动，边疆少数民族与国家主体民族又属于不同的文化群体，具有指向相异的民族认同和文化价值观的差异，导致了边疆民族对国家的疏离感和对主体民族文化的相异感；与此同时，边疆作为国家与国家之间的过渡区域，与邻近国家的地理距离十分相近，边疆民族因同一民族跨国而居形成了与他国同族居民同文同种的社会文化网络，使以地缘为基础、以族缘为纽带的跨国流动十分便利，边疆民族重民族身份、轻国家认同的现象比较突出，其国家认同具有模糊性、摇摆性和选择性。① 这种国家认同的模糊性、摇摆性和选择性，成为影响我国国家巩固与边疆安全的重要的非传统安全问题，它导致了国家的法律和政策在边疆地区贯彻和实施阻力增大或流于形式，引发并加重一系列社会问题，给边疆社会安全造成了较大的压力，增大了分裂主义思想和活动的可能性，同时也为敌对势力分裂我国提供了可乘之机。②

（2）民族认同与国家认同整合：何以可能

国家认同与民族认同之间的差异，如果超出了维系国家共同体正常运转的底线，那么必将成为威胁国家政治稳定的一个重要的非传统安全因子。因此，整合民族认同与国家认同，以统一的政治文化统摄多元的民族政治亚文化，就成为了族际政治整合的首要任务。民族认同与国家认同整合，并不是要去除各个民族对自我民族身份的认同，而是要使各个民族对公民身份的认同优先于对民族身份的认同。在这里，我们所说的民族认同与国家认同并不是一个非此即彼的对立关系，而是因为场景轮换而不断交替凸显民族身份或国民身份的过程。民族认同和国家认同共存于个人的观念和意识中，是个人多重认同中的重要组成部分。但在日常生活中，我们

---

① 何明：《国家认同的建构——从边疆民族跨国流动视角的讨论》，《云南师范大学学报》（哲学社会科学版）2010 年第 4 期。

② 李崇林：《边疆治理视野中的民族认同与国家认同研究探析》，《新疆社会科学》2010 年第 4 期。

往往依据不同的情境，强调或突出某一种认同。在特定场合或情境下只强调或突出一种认同，并不等于用一种认同取代另一种认同，也不意味着另一种认同的消失。一般情况下，我们对于身份和认同的情境性选择并非由两种认同之间的矛盾或冲突引起，而是由具体情境决定，它包括至少三个要素：我们的接触对象、我们与对方进行交往的模式、我们对这一交往的预期。① 而族际政治整合就是，在涉及国家安全和边疆稳定的特定环境之中，各个民族成员在认同的序列上，必须将对国家的认同置于对自己民族的认同之上，② 这就要求我们除了致力于发展民族经济、促使区域经济发展平衡，解决中心与边缘的经济失衡、消除各个民族相对剥夺心理外，还需要在承认双重认同、尊重文化多元的基础上，以公民文化为国家认同的形成基础，建构一元政治意识，即国家意识。③

在民族认同与公民认同的整合中，政治文化的一体与民族文化的多元，公民身份的一体与民族身份的多元，其实是国家建构中的一体两翼，两者皆不能废黜，既不能过于强调政治文化的一体而戕害民族文化的多元，也不能秉承极端多元文化主义的旨趣，单纯强调民族文化的多元而忽略政治文化一体的建构。认同整合实质上是一个双向互动的过程。一方面对于国家而言，在保障民族成员作为个体享有的自由参政、社会安全和经济福利权利的同时，还要保障民族作为一种异质性要素延续本民族集体及其文化的权利，这不仅是国家合法性的来源，而且也是民族成员国家认同建立的基础。另一方面，国家制度规范的有效运转、国家认同意识的建构，也有赖于各民族成员真正认可、遵循和践行公共领域的准则，积极参与国家的公共生活，自觉维护国家的统一性。这不仅有助于民族成员个体和集体权利的实现，而且还有助于民族成员在公共权力、仪式符号、节日庆典的日常参与或体验中，超越各种狭隘性的民族、种族、宗教等认同形

---

① 钱雪梅：《从认同的基本特性看族群认同与国家认同的关系》，《民族研究》2006 年第 6 期。

② 周平：《边疆治理视野中的认同问题》，《云南师范大学学报》（哲学社会科学版）2009 年第 1 期。

③ 张友国：《族群认同与国家认同：和谐何以可能》，《首都师范大学学报》（社会科学版）2008 年第 5 期。

式，建立起对于国家政治权威、公共准则乃至一种历史文化共同体的认同。①

4. 族际政治整合的机制建构

族际政治整合的机制涉及的是族际政治整合的目标体系和价值取向如何实现的问题。概而论之，族际政治整合的机制主要有：

其一，制度机制。这是通过国家制度的设计和构建而促进族际政治整合的方式及过程。国家制度是国家运行的基本框架，也是处理族际关系，实现族际政治整合的最有效方式。其二，政策机制。这是通过政策的制定和实施来促进族际政治整合的方式及过程。多民族国家的民族政策一般是指国家在公共生活中输出的有关少数民族的政策。各种民族政策都会对族际政治关系产生调节作用，是调节族际关系的主要手段，也就成为了族际政治整合的重要机制。其三，政党机制。这是通过政党功能的发挥和政党的具体活动而促进族际政治整合的方式及过程。其四，意识形态机制。意识形态是一套由国家或政党倡导的系统化并具有广泛影响的思想观点，涉及社会政治生活中的根本性问题，一般都经过了系统的论证，并经由大众传播系统和宣传系统而广泛传播。意识形态的宣讲与灌输对于国家塑造各个民族对国家核心价值的信仰具有十分重要的意义。其五，民族工作机制。多民族国家为了有效应对复杂的民族事件，往往设立专门的机构来处理民族事务，协调民族关系，出台民族政策，开展民族工作，促进民族团结。其六，国民教育机制。现代多民族国家的国民教育是一种一体化的同质化的国民教育。国民教育内容的普及和教育的政治社会化功能发挥，都会对由各个民族成员组成的国民造成深刻的影响，从而直接或间接地影响到各个民族对国家的认同，进而影响到族际政治整合。② 其七，政治权威机制。政治权威是族际政治整合的核心力量，族际政治整合离不开权威，特别是国家权威的存在和运用。国家权威在族际政治整合方面，可以保障族际利益的分配正义，族际博弈的规则制定，族际秩序的控制保障，族际冲突的矛盾化解，国家认同的有效建构。③ 其八，族际协商机制。族际协

---

① 高永久、朱军：《论多民族国家中的民族认同与国家认同》，《民族研究》2010 年第 2 期。

② 周平、贺琳凯：《论多民族国家的族际政治整合》，《思想战线》2010 年第 4 期。

③ 常士誾：《族际政治整合的多维构成分析》，《马克思主义与现实》2010 年第 2 期。

商机制是对传统的行政或精英主导的控制机制的反思、矫正与补充。我国基本的政治制度，包括民族区域自治制度在内，为各个民族，不同群体以及公民参与社会和政治事务提供了基本保证，建设和发展族际间多种多样对话平台和表达渠道，在民族地区发展协商民主，促进不同层面的群体之间对话才能从根本上促进族际政治整合与国家的政治稳定。①

（三）族际政治整合的研究评析与未来展望

从族际政治整合概念的提炼到研究的展开，才不过短短几年的时间，在此期间，学术界关于族际政治整合的研究也出现过一些有价值的、令人耳目一新的研究成果。尤其是学术界关于族际政治整合价值取向的相互驳斥、相互角力，体现出族际政治整合研究的学术活力与发展前景，但从总体上讲，族际政治整合的研究还处于婴儿学步阶段，还存在着成长中的稚嫩与不足。这种稚嫩与不足，构成了族际政治整合研究进一步发展的基本走向。

1. 族际政治整合研究视野的拓展

当前学术界关于族际政治整合的研究，主要集中于两大领域，一个是族际政治整合理论构建，研究兴趣体现为聚焦于族际政治整合的逻辑起点、价值取向、机制构建等。另一个领域是中国族际政治整合的问题研究，主要集中在国家认同危机与民族冲突之上。学术界的研究兴味表明了学术界族际政治整合研究明显的问题意识和将族际政治整合研究理论体系化的自觉努力。不过，学术界研究兴趣的过于集中，也从侧面反映了学术界研究视野还没有走向开放。族际政治整合普适性理论是建立在对一个个多民族国家族际政治整合共性的提炼的基础之上的。没有多民族国家族际政治整合模式个性的分析，所谓共性的提炼就无异于无源之水、无根之木。因此，族际政治整合研究若要走向深入与阔大，就必然要求对多民族国家具有典范意义的族际政治整合模式，如美国与加拿大的多元文化自治模式、苏联的一元化族际政治整合模式、中国的民族区域自治模式进行深入的分析。在此基础上，才能有意识地构建起族际政治整合的类型学、族际政治整合的比较学、族际政治整合的评价学，尽可能地拓展丰富族际政

---

① 常士訚：《发展协商民主，完善中国特色的族际政治整合》，《民族研究》2010 年第 4 期。

治整合的研究论域。

2. 族际政治整合研究论域的深化

当前族际政治整合研究论域主要特点在于侧重抽象整合理论的建构，忽视整合具体问题的分析；侧重整合宏观的探讨，缺乏整合微观的支撑，侧重整合静态结构的描摹，缺乏整合动态过程的描摹；侧重整合共时态的分析，缺乏整合历时态的解读。因此，族际政治整合研究进一步的深化，必然要求族际政治整合研究走向理论建构与问题分析并重，宏观探讨与微观分析并重，静态描摹与动态分析并重，共时态分析与历时态分析并重。理论建构与问题分析并重，即整合研究不但要求建构族际政治整合的分析框架和逻辑体系，而且还要对国族建设、国家认同建设、族际政治生成、族际政治博弈、族际政治沟通、族际政治协商等具体问题进行深入的探讨，这是使族际政治整合理论血肉丰满的必要途径。宏观探讨与微观研究并重，就是族际政治整合不但要研究民族国家形成以来，多民族国家族际政治整合的普遍做法，而且还要探讨多民族国家族际政治整合基于地理、政风、民俗、经济、宗教等因素而形成的特殊性，这是多民族国家族际政治整合相互学习相互借鉴的基础。族际政治整合静态描摹与动态分析并重，就是族际政治整合研究不但要求分析整合的结构体系、制度设计、政治文化等静态方面，而且还要求研究民族之间的政治博弈、民族与国族之间的政治互动。族际政治整合共时态研究与历时态研究，就是族际政治整合不但要研究当代、当前多民族国家族际政治整合，而且还要对多民族国家族际政治整合的历史演变进行追溯。当前学术界对我国族际政治整合研究，其学术兴趣主要集中于新中国成立以来我国族际政治整合的实践，少有关于我国王朝国家时代族际政治整合的探讨。这不但使得当前族际政治整合无法吸收传统族际整合的优良之处，也使得我国族际政治整合研究无法站在历史的高度去纵览前贤成败、古今盛衰，从而总结经验教训，以资于当下之治道。

3. 族际政治整合研究工具的革新

工欲善其事，必先利其器，族际政治整合研究高效化的一个前提就是研究范式和研究方法的多样化。综观学术界关于族际政治整合的研究，主要是从国家与民族二元关系维度出发，利用政治权力的研究范式研究族际政治整合问题。政治权力的运行关系到族际政治整合的本质，是理解族际政治整合的主线之一。运用政治权力研究范式可以便利我们深入地研究族际政治的整合主体、政治制度、权力运作、政治文化等，但是，仅仅满足于政治权力的研究范式，就不可避免地导致族际政治整合研究的单薄化，甚至单一化。因此，当前我国族际政治整合研究若要进一步拓展，必须引入更为多元的研究范式，从不同角度全方位地对族际政治整合进行透析，如政治系统研究范式的引入可以考察族际政治整合与族际环境的双向互动，政治心理研究范式的引入可以考察民族共同体行为模式的隐性动因，政治角色研究范式的引入可以考察族际政治精英博弈，政治决策研究范式的引入可以考察族际政治决策行为等。只有在多样研究范式的介入下，我们才能构建起立体化、多维化的族际政治整合研究体系。

三 理论框架

分析框架是我们科学研究的思维方式和分析工具，是剖析研究对象的解释架构；理论运用是研究过程中所寻求的理论支点，是研究、推理和论证的支柱；研究方法是研究的策略、手段和方式，是研究的具体技术工具；三者相互联系相互支撑。

（一）分析框架

分析框架作为研究对象的解释框架，涉及各个章节配置的逻辑推演。分析框架的选定，并不是研究者主观臆断的产物，而是由研究对象客观规定的产物。"苏联族际政治整合模式"的研究，涉及苏联各个历史时期整合模式的形成与演变。研究对象的历时性特征决定了我们要从总体上把握苏联族际政治整合模式，就必须采用历史分析框架，从因果性角度揭示苏联族际政治整合模式在不同历史时期、不同历史环境下的共性与个性，也只有采用历史分析框架，我们才能从宏观上把握苏联族际政治整合模式的建构与演变的脉络。按照唯物辩证法的要求，任何一种社会政治事物的产生、发展和演化都有其特定的历史条件。只有将研究对象置于特定的历史条件与历史阶段之下，我们才能认识事物的自然过程和内在本质。正如列宁在《论民族自决权》一文中指出的："在分析任何一个社会问题时，马克思主义理论的绝对要求，就是要把问题提到一定的历史范围之内。"①

---

① 《列宁选集》第2卷，人民出版社1960年版，第857页。

在历史分析框架之下，本书章节配置的逻辑为：苏联族际政治整合的历史环境是什么？在特定的历史环境下，苏联族际政治整合模式是如何建构的？苏联族际政治整合模式涵括了哪些内容？苏联族际政治整合模式是如何僵化的？又是如何崩溃的？其历史演变的教训又是什么？

　　苏联族际政治整合模式研究的总体框架是针对苏联历史发展的阶段性而拟定的。在苏联族际政治整合模式研究章节内部结构的安排上，采用的是族际政治整合研究框架。族际政治整合研究框架是云南大学周平教授从政治学角度研究民族问题的一个开拓性成果。这种研究框架，其逻辑推演如下：首先是族际政治整合的逻辑起点，即在多民族国家统一的政治共同体之中同时生活着多个民族共同体，这就是多民族国家的本质特点——多元一体。多民族国家多元一体的本质特点所产生的内在张力，决定了多民族国家必须进行族际政治整合，这是多民族国家维持政治共同体稳定与统一这个根本"目的"的前提。那么，为了实现国家共同体的稳定与统一，多民族国家的族际政治整合应该朝何种"方向"努力呢？这就涉及族际政治整合的价值取向与选择。族际政治整合的"方向"确定之后，接下来顺理成章的就是多民族国家应该通过何种"方法"在选定的"方向"上朝着既定的"目标"迈进的问题。这就涉及族际政治整合的机制。因此，本书在具体的章节逻辑演绎就是：整合的逻辑起点——整合的目标体系——整合的价值取向——整合的路径选择——整合的技术路线——整合的特征提炼。

（二）理论运用

1. 政治系统理论

　　政治系统理论是在一般系统论的基础上发展而来的。一般系统论认为，系统就是指由相互作用和相互依赖的若干要素结合而成的，具有特定功能和复杂关联关系的整体。1953 年戴维·伊斯顿将系统论用于政治学分析，开创了政治系统理论。戴维·伊斯顿认为，政治系统就是在社会系统中与社会价值的权威性分配有关的互动行为。戴维·伊斯顿政治系统的定义包含三层意思：首先，政治系统是整个社会系统中的一个次系统；其次，它是由人们的互动行为所组成的；最后，这种互动行为必须与社会价值的权威性分配有关。

　　在戴维·伊斯顿看来，政治系统是一个开放的系统，它与环境系统处

17

于相互交动之中。在环境系统与政治系统互动的过程中，环境系统会向政治系统"输入"干扰或压力、要求或支持，刺激政治系统做出应对。政治系统为了维持系统的生存和发展，就必须将来自"环境的影响流"转换成政治系统的"输出"，从而对社会做出权威性的价值分配。随着政治系统的输出和权威性价值的分配，政治系统又反馈于环境。反馈是政治系统对环境系统的一种反作用，它是政治系统调适自己，以便适应环境系统要求的一个过程，也是一个改变环境系统以适应政治系统维持自身稳定的过程。政治系统的反馈（政策输出）又可能会导致环境系统产生新的要求，而这种新的要求又一次输入政治系统，并导致政治系统进一步的输出。政治系统与环境系统就在循环往复、不断变化的运动过程之中，维持着动态的、微妙的平衡。①

本研究对政治系统理论的运用主要体现在，坚持政治系统理论的整体性原则和相关性原则，不但要将政治系统视为一个有机联系的整体，而且还要关注政治系统内部各个要素与各个子要素之间相互联系、相互作用、相互制约的关系。本研究尤其注重政治系统理论动态开放性原则的把握，具体而言，就是将苏联族际政治模式看作两个系统（政治系统与族际环境系统）交相互动的产物。政治系统之所以完成了族际政治整合"模式"的构建，是与苏联特殊的族际环境系统，包括物质经济系统、政治法律系统、历史文化系统、国际政治生态系统密不可分的。政治系统输出族际政治整合模式之后，族际环境系统在族际政治整合模式的反作用之下，又发生了深刻的变化。这种变化再一次输入政治系统，政治系统却拒绝为族际环境系统的输入做出反应之时，苏联族际政治整合模式就走向了僵化。当政治系统拒绝调适自身，而族际环境系统又输入越来越大的压力，并使政治系统无法维持自己的"边界"之时，政治系统就走向了崩溃，作为政治系统输出的产品——族际政治整合模式，就理所当然地走向了毁灭。

2. 政治权力理论

政治权力是政治学古老而核心的概念之一，历来就是政治学的研究中心。所谓政治权力，实际是人们选择以力量对比和力量制约方式作为实现和维护自己利益要求的过程中，聚集形成的一种力量，它是在特定的力量对比关系中，政治权力主体拥有的对其他社会和政治力量及其他政治权力

---

① 张铭、严强：《政治学方法论》，苏州大学出版社 2003 年版，第 140—143 页。

客体的制约力量。政治权力在本质上表现为特定的力量制约关系，在常态下必然成为公共力量，政治权力由此成为特定的公共权力。① 政治权力是国家统治的支柱，是推动政治系统运作的源泉。多民族国家的族际政治整合虽然在表现形式上形态各异，但是族际政治整合表象之后，无不蕴藏着政治权力纵横捭阖的影子。这一点在苏联族际政治整合模式中体现得尤为明显。苏联的族际政治整合模式是建立在斯大林"集权体制"之上的一种整合模式，集国家大权于一身的苏共中央，借助压力型的政治集权体制和政治权力自上而下地运行，推动苏联族际政治整合模式的运转。离开了对政治权力的考察，我们就无法把握苏联族际政治整合的本质，也无法从根本上把握苏联族际政治整合的运作。

借助政治权力理论，我们可以从静态和动态两个维度对苏联族际政治整合模式展开分析。从静态维度上讲，政治体系是族际政治整合的载体和政治外壳。我们可以通过考察苏联的政治体系，把握苏联族际政治整合模式内在的组成部分，包括族际政治整合的原则理念、制度设计、机构设置是如何"组装"的。从动态维度上讲，政治权力作为一种约制力，必然会与政治权力客体发生一系列的作用与反作用行为。因此，从这个维度上，我们可以考察苏联族际政治整合的政治管制行为、政治参与行为、政治互动行为、政治博弈行为等。通过考察苏联政治权力的力量发源和运作，我们可以把握苏联族际政治整合的发端与运行轨迹；通过考察苏联政治权力主体与政治权力客体之间的互动，我们可以把握苏联族际政治整合的内在张力是如何产生、强化，并最终导致整合失败的。可以说，政治权力理论为我们提供了一把解剖苏联族际政治整合模式的锋利的手术刀，是我们观照苏联族际政治整合模式表里与动静的显微镜。

（三）研究方法

苏联族际政治整合模式的研究涉及多种研究方法的综合运用，但最主要的研究方法有四种：系统分析法、利益分析法、精英分析法和文献分析法，其中，系统分析法又是本研究最为倚重的一种研究方法。

1. 系统分析法

系统分析法是将研究视角定位于研究对象的整体层面，从宏观角度把

---

① 王浦劬等：《政治学基础》，北京大学出版社 2006 年版，第 67 页。

握一切与系统运动相关的要素，包括系统内部各个要素及系统外部各个要素，从而保证对系统运行轨迹的全面考察的一种方法。由于本研究围绕苏联族际政治整合模式展开，不但要考察苏联族际政治整合模式内在结构，而且还要考察苏联族际政治整合模式是如何发展与演变的，这就要求深入把握政治系统与环境系统的相互交动。因此，选择系统研究法可以保证苏联族际政治整合模式研究的整体分析与个体分析相统一、历时性分析与共时性分析相统一、静态分析与动态分析相统一。

2. 利益分析法

利益分析法是马克思主义政治学分析的一个基本方法。它是从利益角度分析人们结成政治关系并展开政治活动的深层动因，从而揭示政治的本质及其运动规律的一种研究方法。按照马克思主义的说法，人们为之奋斗的一切，都同他们的利益有关。① 民族作为一个人群共同体，民族与民族之间的政治活动，也是围绕着民族的根本利益而展开的。周平教授认为，"族际政治涉及的是人们的根本利益。族际政治不论是冲突的类型还是合作的类型，都围绕着相关民族的根本利益展开，或者说，都聚焦于民族的根本利益"。② 从这个意义上说，民族也是"理性经济人"，多民族国家的建构，也是民族共同体基于利益最大化理性选择的结果，族际政治整合一个根本性的方面就在于利益整合。因此，选择利益分析法，是我们把握族际政治及族际政治整合行动逻辑的根本要求。

3. 精英分析法

精英分析方法的一个基本的假定为：政治精英是人类社会固有的特征。按照这样一个基本假定，民族政治精英就是多民族国家的固有特征。族际政治整合的效力很大程度上倚仗对民族精英的整合程度。因此，族际政治整合研究就不能不对民族精英给予足够的关注。正如周平教授所说，"民族的政治结构和政治生活的基本构成单元是民族政治人，即民族政治生活中存在和活跃着的各种具有明确的政治人格特征的个体角色。……要全面地把握民族政治结构、政治过程的形成和运行状况，就不能不考察民族政治角色，尤其是那些典型的民族政治角色"。③ 民族政治精英作为民

---

① 《马克思恩格斯全集》第 1 卷，人民出版社 1995 年版，第 187 页。
② 周平：《论族际政治及族际政治研究》，《民族研究》2010 年第 2 期。
③ 周平：《民族政治学》，高等教育出版社 2007 年版，第 181 页。

族共同体的代言人，在族际政治整合中发挥着先锋和砥柱的作用，从政治精英的角度切入研究，有助于我们对苏联族际政治整合进行提纲挈领式的解读。

4. 文献分析法

文献分析法主要指在全面搜集文献的基础上，经过对文献去粗取精、去伪存真的鉴别与整理，以及由此及彼、由表及里的运思与研究，形成对研究对象科学认知的一种方法。对于学术研究活动而言，如果说研究框架和逻辑体系决定了研究活动所能达到的高度，那么对前人已有的研究成果的解读、学习、批判或借鉴就决定了学术活动所能达到的深度。因为任何科学研究都是在前人已有的基础上展开的，只有在对前人研究成果研习的基础上，学术研究才能走向沉稳与厚势。

（四）研究架构

在历史—逻辑的复式分析框架之下，本研究由导论和正文两大部分组成。导论部分主要阐明本论题的研究缘起、研究意义，并在鸟瞰前人研究成果的基础上，提出本论题的研究框架、理论基点、研究方法和研究体系。

正文分为六章。第一章是对苏联族际政治整合环境的分析，主要回答的问题是：苏联族际政治整合模式是在什么样的环境下构建的？本章表达的主要观点为：苏联族际政治模式整合是在特定的历史条件下形成的。苏联成立前后特殊的族际环境对苏联族际政治整合模式的建构与形成产生了至关重要的影响。本章研究的目的是为后文苏联族际政治整合模式的研究设定一个研究平台和背景。本章分为四节，其逻辑关系为物质经济环境系统、政治法律环境系统、历史文化环境系统属于苏联国家内部环境系统，国际政治气候系统属于苏联国家外部环境系统。其中国家内部环境系统对于苏联族际政治整合和族际政治整合模式的形成起主要作用。

第二章是关于苏联族际政治整合模式形成的论述，主要解决的问题是"苏联族际政治整合模式是如何形成的"。本章的主要观点为，在列宁时期，苏俄就开始了族际政治整合，列宁所创设的族际政治整合思想和制度成为后来苏联族际政治整合模式的滥觞。斯大林执政后，在环境系统的变迁与政治领袖政治品质相互交动下，形成了独具特色的一元化族际政治整合模式。本章按照时间序列共分两节，一节是列宁对族际政治整合的初步

21

探索，另一节是斯大林时期族际政治整合模式的形成，其中列宁的探索是苏联族际政治整合的渊源，斯大林的构建是苏联族际政治整合的流变。

第三章论述的是苏联族际政治整合模式的内容，主要回答的问题是：苏联族际政治整合模式是什么？本章对这个问题的解答，主要是从结构体系、价值取向、整合路径、运行机制、特征提炼五个方面来分析的。其内在逻辑结构为：结构体系、价值取向、整合路径、运行机制是苏联族际政治整合模式的构件分析，特征提炼是对苏联族际政治模式的总体观照。对苏联族际政治整合模式构件分析又是从静态与动态两个维度展开的。其中，静态维度研究苏联族际政治整合的主体、客体、结构、目标、任务、价值取向；动态维度层面，着重研究了苏联族际政治整合的路径与机制。

第四章论述的是苏联族际政治整合模式的沿承与调整，主要回答的问题是：苏联族际政治整合模式在历史演变过程中是如何走向僵化与停滞的？本章的主要观点是，赫鲁晓夫时期，由于族际政治整合模式的路径依赖，以及赫鲁晓夫对族际关系的盲目乐观，赫氏对族际政治整合模式的调整带有很大的局限性和不彻底性。勃列日涅夫时期，苏联族际政治整合更是重新悄悄地"斯大林化"，并随着社会发展的全面停滞，苏联族际政治整合模式也走向了僵化。族际整合模式的僵化与族际环境的变迁两者之间产生了巨大的张力，最终使得政治系统不得不承受族际环境变迁产生的越来越大的冲击力。

第五章论述的是苏联族际政治整合模式的崩溃，主要回答的问题是：苏联族际政治整合模式是如何崩溃的？其基本结论为：勃列日涅夫时期，族际政治整合模式虽然面临着族际环境变迁产生的巨大冲击力，但是，族际政治整合模式内蕴的五大纽带——生存—命运纽带、历史—情感纽带、意识—信仰纽带、政治—人事纽带、经济—利益纽带——牢牢地维系着国家共同体，使得族际冲突不至于威胁到国家共同体运转与存续的底线。戈尔巴乔夫时期，族际矛盾由累积走向深化的同时，戈氏也开始了大刀阔斧的改革，在改革过程中，苏共逐渐走向了分歧、分裂，甚至瓦解。苏共政党力量的消退最终使得系缚在国家共同体身上的五大纽带走向了弱化或断裂，族际政治整合模式也由此走向了无可挽回的深渊。

第六章是苏联族际政治整合模式的检讨和反思，主要回答的问题是：苏联族际政治整合模式何以"始于成功而终于失败"？并在反思苏联族际政治整合模式成败的基础上，探讨了多民族国家族际政治整合的规律性问题。本章将苏联族际政治整合模式的成败，归结于"历史合力"的结果。在辩证法指导下，本章从内部原因与外部原因、宏观原因与微观原因、浅层原因与深层原因三个方面，探讨了苏联族际政治整合模式的成功之因。同时，本章还从内部原因与外部原因、历史原因与现实原因、主观原因和客观原因三个方面，反思了苏联族际政治整合模式的失败之果。

第 一 章
苏联族际政治整合的环境

苏联的成立是各个加盟共和国基于利益最大化理性选择的结果。各加盟共和国在共同利益基础上建立起来的政治共同体，既为维护各个共和国新生的苏维埃政权提供了统一的政治屋顶，也产生了一系列从根本上影响到国家共同体稳固和长存的国家建构和国族建设的族际政治整合问题。苏联族际政治整合是在当时特定的历史条件下进行的，这种历史条件不但规定和制约了苏联族际政治整合的内在和形式，也决定着苏联族际政治整合的目标、任务、取向以及路径。因此，只有剖析特定的族际环境系统，我们才能深入地把握苏联族际政治整合问题的形成根源，以及族际政治整合问题的解决之道。

第一节　物质经济环境

当今世界就是一幅由各种系统交相互动组合而成的流动的图景。族际政治整合就是族际环境与政治系统两相互动的一个动态的平衡过程。在族际环境系统之中，又存在物质经济系统、政治法律系统、历史文化系统和国际生态环境系统等多个子系统。在各个子系统中，物质经济环境系统对于族际政治整合的展开具有最为根本性意义。正如马克思所说："每一历史时代主要的经济生产方式与交换方式以及必然由此产生的社会结构，是该时代政治的和精神的历史所赖以确立的基础，并且只有从这一基础出发，这一历史才能得到说明。"[1] 因此，对物质经济环境系统的考察，是

---

[1]　《马克思恩格斯选集》第 1 卷，人民出版社 1972 年版，第 237 页。

研究苏联族际政治整合的首要前提。物质经济环境系统是一个涵盖经济水平、民族结构、地理环境、社会进程等多种因素的复杂体系。在这样一个复杂体系之中，苏联各个民族共同体经济发展水平的非均衡性、民族结构的复杂性、地理环境的特殊性、民族文化的异质性，以及社会进程的非同步性，持续不断地给主导族际政治整合的政治系统输入"要求"，"刺激"政治系统在维护国家共同体的强大内在驱动之下，主动进行族际政治整合，保证族际环境系统与政治系统能够维持微妙的动态平衡。

一 经济水平

族际政治整合是多民族国家将国内各个民族维系在统一的国家共同体中的过程，也是多民族国家通过协调族际政治关系而维持国家统一的过程。政治系统对各个民族共同体的整合，在内在上表现为政治权力的主导和推动，表象是政治系统通过对国家资源的汲取和调配，推动民族共同体经济水平的协调发展，从而为国家共同体的稳固奠定坚实经济基础的过程。国家对资源的汲取和调配关系到国家族际政治整合的能力，而这一切又是由国家经济发展水平决定的。

苏联成立之后，面对民族异质性十分突出的严峻形势，产生了急迫的族际政治整合要求。但是，由于长年累月与国内外反动势力激战，苏联的生产力遭到严重的破坏，国家资源的汲取和调配受到了极大的制约。在20世纪初，俄国的国民经济濒临崩溃，连年征战使工业生产受到了毁灭性的打击，生产水平倒退了数十年。国家的煤炭产量、生铁冶炼量，以及棉织品产量都大幅下降，交通运输业更是陷于瘫痪，农业生产也未能幸免于难，谷物和技术作物的播种范围大面积缩小，土地耕种技术粗糙，粮食、棉花、麻类、甜菜、烟草等技术作物产量大幅度下降，大小牲畜头数量也急骤减少。对于经济状况的艰难，列宁评价道："罗曼诺夫和克伦斯基遗留给工人阶级的，是一个被他们所进行的掠夺的、罪恶的、非常痛苦的战争弄得完全破产的国家，是一个被俄国和外国的帝国主义劫掠一空的国家。"[1] 在这样一个"完全破产"与"劫掠一空"的国家进行族际政治整合，让国家共同体焕发出巨大的向力心和凝聚力，其难度是可想而知的。再加上沙皇俄国遗留下来的区域经济极度分化的格局，更是使得苏联

---

[1] 《列宁全集》第34卷，人民出版社1963年版，第336页。

的族际政治整合雪上加霜。

在经济布局方面，苏联的经济发展布局呈现明显的非均衡性特征，新进的资本主义和落后的农奴制并存；先进城市工业区和落后的乡村并存。20世纪初，俄国还有77%的人口从事农业，农业占国民经济产值的2/3。许多地区和劳动部门正从自然经济、半自然经济向资本主义过渡。在俄国43个省中，17个省份仍然以工役制（劳役制的继续）为主要剥削形式。农业技术十分落后。手工劳动、畜力牵引、原始的旧式农具还占优势。到1917年，还有一半的农户没有犁和铁耙。俄国的工业区仅集中在6个地区：中央工业区（莫斯科地区）、西北工业区（彼得堡区）、波罗的海沿岸工业区、南俄工业区、波兰工业区、乌拉尔工业区[①]。按照列宁的说法，沙皇俄国留给苏维埃政权的，"一方面是最落后的土地占有制和最野蛮的乡村，另一方面又是最先进的工业资本主义和金融资本主义"。[②]

苏联国家经济水平的总体低下性，限制了国家能力，也制约了族际政治整合所能达到的高度与深度，而苏联经济发展布局的不平衡，潜藏着民族经济因滞后化和边缘化的危险，影响了各个民族共同体对国家的政治认同，这对国家政治一体化的构建是一种很大的妨害，因此，扶助弱小民族，加快弱小民族的发展，促进族际经济均衡协调发展，就成为了苏联族际政治整合的一个出发点，并深远地影响了苏联族际政治整合的成效。

二 民族状况

苏联是一个多民族国家，也是一个民族状况十分复杂的国家。从民族起源方面，可以分为斯拉夫民族（俄罗斯族、乌克兰族、白俄罗斯族）、中亚突厥民族、高加索民族、波罗的海民族、东亚若干民族和原始部族、西欧部分民族等；[③] 从民族结构上讲，苏联的民族结构是"主体民族—少数民族"结构，俄罗斯作为绝对主体民族，人口占到全苏人口的50%左右，而一些人口较少的民族往往不足千人，如阿留申族和涅吉达尔族只有500来人。苏联的民族构成中还有众多的跨界民族，欧洲和亚洲的很多国家都有移民在苏联形成单独的民族，如法兰西族、日耳曼族、希腊族、芬

---

① 陈之骅等主编：《苏联兴亡史纲》，中国社会科学出版社2004年版，第17页。

② 《列宁全集》第41卷，人民出版社1986年版，第216页。

③ 陈之骅等主编：《苏联兴亡史纲》，中国社会科学出版社2004年版，第111页。

兰族、波兰族、匈牙利族、罗马尼亚族、捷克族、斯洛伐克族、保加利亚族、阿尔巴尼亚族、犹太族、伊朗族、阿富汗族、朝鲜族、印度和巴基斯坦各民族等。

苏联复杂的民族状况对族际政治整合的影响主要体现为三点：一是民族异质性使得国族构建的难度大大增加。族际政治整合的根本目的就在于促使各民族超越狭隘的民族认同，上升为更高一级的国家认同，形成国家政治一体化。民族的异质性与国家族际政治整合的难度在某种程度上呈正相关关系。民族异质性越突出，族际政治整合难度也就越大。苏联民族起源的繁复性、民族认同的歧异性、宗教信仰的多元性、民族关系的多样性，客观上造成了苏联消除民族异质性、构建民族和谐、形成国家认同、模铸国族的难度增加。二是民族结构对族际政治整合的影响。苏联虽然是由主体民族和少数民族共同执掌国家政权，然而，由于主体民族俄罗斯族在国家政治体系中占据绝对优势地位，其他少数民族虽然也参与国家政权的分享与执掌，却并不能对国家政治权力体系形成有效的控制，也无法对俄罗斯族形成有力的制衡。如果俄罗斯族无法形成有效的自我约束，那么，在俄罗斯族政治霸权下，就很容易导致少数民族的政治边缘化。在苏联族际政治整合中，由于大俄罗斯沙文主义的魅影总是时隐时现，少数民族的法定权利常常受到不正当的伤害，使得苏联主体民族与少数民族之间总是存在着或隐或显的内在张力。三是跨界民族对族际政治整合的影响。跨界民族问题的核心是民族认同与国家认同的优先序列问题。不过，跨界民族的特殊性在于，他们不但保持着对原属民族的认同，而且在本身的认同体系中，他们还具有更为多样的参照坐标体系。他们不仅将自身的境况与本国的其他民族，特别是主体民族两相参照，而且他们还与国家边界另一面的同胞作比较。这种比较产生的任何事实上和心理上的落差都有可能引发跨境少数民族的"相对剥夺感"，进而导致民族情绪和民族意识的反弹。除此以外，对于跨界而居的分裂的民族而言，民族统一主义是一个神圣的召唤，他们更容易受到民族主义的感召，也更容易受到民族分裂主义的蛊惑，这不但妨害了少数民族国族认同的形成，迟滞了少数民族融入国族的进程，而且还容易导致诸多的边疆问题，如国防安全、边疆安全、边境管理等问题。

三 地理环境

地理环境是一个民族栖居、繁衍、发展的空间。地理环境的地形、地貌、气候、河流等都是影响民族生存发展的重要因素。按照孟德斯鸠的说法，不同的气候形成人们不同的精神气质和内心感情，不同气候需要产生了不同的生活方式，不同的生活方式产生了不同种类的法律，以及适合他们的不同的社会政治制度①。孟德斯鸠的地理环境决定论虽然未免绝对，但是作为主体的人都是生活在一定客观环境之中，以消耗一定的物质资源为前提，因此，客观环境本身具有的特殊性就不能不深刻地影响到人的思维模式与行为模式。地理环境作为客观环境的一个重要组成部分，对于一个国家文明与文化的产生、政俗与民质的形成、风俗与信仰的生成、精神与魂魄的演化都有着极为重要的影响。

苏联是以沙皇俄国固有的疆域为原型构建起来的一个新型国家，其地理环境与俄罗斯帝国有着较高程度的同一性。在历史上，俄罗斯帝国版图辽阔广大，横跨欧亚，是大陆"历史的地理枢纽"，这种特殊的地理位置让俄罗斯置身于东方文明与西方文明的交汇处，身受东西文化双重作用，形成了兼收并蓄、自成一家的独特文化体系。这种独特的文化体系，"从国家体制上看，俄罗斯的专制制度既不同于西方国家的绝对君主制，也不同于东方拜占庭式的专制君主制，而是一种俄罗斯特有的专制制度——沙皇专制制度"。② 这种沙皇专制的传统成为了俄罗斯帝国政治传统的主流，并深远地影响了即便是处于社会主义制度之下的苏联政治文化。从文化构成来看，横跨欧亚的地理特征使得俄罗斯文化表现出了鲜明的二元文化特征，俄罗斯文化在文化的各个层面都是由两个或多个互为依存、互为对立甚至互相斗争的部分或方面构成的，在许多方面都体现出矛盾的统一。如专制思想与自由精神、传统与反传统、官方文化与地下文化、集体主义与个人主义等。③ 另外，特殊的地理位置还促使俄罗斯形成了独特的地缘政治安全观："只有广阔的土地才能从异族的入侵中拯救俄罗斯。"按照基辛格的说法，"一方面辽阔的平原使其失去防御外敌入侵的天然屏障，从

---

① ［法］孟德斯鸠：《论法的精神》，张雁深译，商务印书馆2005年版，第270—285页。

② 任光宣：《俄罗斯文化十五讲》，北京大学出版社2007年版，第11页。

③ 同上书，第12页。

而总是觉得缺少安全感。另一方面由于没有地理上的障碍又使其对外扩张能够不受限制，从而膨胀了其扩张的欲望"。① 因此，寻找生存的领土安全、进行领土扩张和控制周边地区便成为了俄国国家安全思想的重要内容。正是在这种传统国家安全观的影响下，二战时期，苏联以武力威胁，"成功"地迫使波罗的海三国"自愿"地加入苏联，然而，苏联又无法将波罗的海三国有机地整合进入原有的国家共同体，从而埋下了苏联族际政治整合失败的潜在隐患。

四　社会进程

社会进程在这里是指苏联各个民族共同体在历史发展长河中所处的社会形态。相同的社会形态与相近的发展水平，是各个民族共同体达成政治共识的一个基本前提；相异的社会形态和悬殊的发展水平，将在很大程度上导致各个民族共同体政治认知的不可通约，妨害国家共同体的凝聚和联合。由于在沙皇统治期间，俄罗斯族对少数民族实行残酷的经济掠夺、政治压迫和文化歧视，各个民族共同体的社会进程呈现出鲜明的非均衡性。在十月革命前，各民族共同体的社会发展进程大体上可以归为三类：一是俄罗斯、乌克兰、白俄罗斯、立陶宛、拉脱维亚、爱沙尼亚、波兰、芬兰、格鲁吉亚等民族已经不同程度地进入了资本主义发展阶段，资本主义社会生产关系已经基本形成；二是哈萨克、乌兹别克、吉尔吉斯、塔吉克、土库曼、阿塞拜疆和达吉斯坦等民族仍然处于前资本主义发展阶段，封建主义社会关系占统治地位；三是巴什基尔、车臣、印古什、奥塞梯、布里亚特，以及俄罗斯北部、西伯利亚、远东地区的汉特、涅涅茨、埃克文、科里亚克、楚克奇、纳尔和爱斯基摩等许多小民族仍然处在游牧部落或氏族社会阶段，实际上原始落后的社会生产关系仍然占统治地位。②

各个民族共同体社会发展进程的差异性是在长期的历史发展过程中形成的，消除如此显著的差异性也必然是一个长期的艰巨的历史过程。苏联成立之后，各个民族共同体的社会发展阶段跃进了较为高级的发展阶

---

① ［美］亨利·基辛格：《大外交》，顾淑馨、林添贵译，海南出版社 1988 年版，第 121 页。

② 赵常庆等：《苏联民族问题研究》，社会科学文献出版社 2007 年版，第 196 页。

段——社会主义阶段。但是，社会制度的变化，并不意味着民族政治心理、民族政治文化，特别是民族经济发展水平会在一夜之间发生翻天覆地的变化。在传统社会发展阶段形成的政治思维模式和行为方式仍将在长时期内体现出极强的惯性和稳定性，影响各个少数民族的国家认同和国族认同。这就使得苏联在塑造统一的政治文化、打造统一的政治共识、形成各民族事实上的平等方面面临艰巨的任务。

第二节 政治法律环境

政治法律环境是指那些直接或间接影响族际政治关系和政治互动的各种政治因素和法律因素的总和，包括政治体系、族际政治关系、政治文化、法律制度等。苏联族际政治整合的政治法律环境主要体现于二元主权政治体系、复杂多变的民族政治关系、特色与漏洞并存的法律建设与多元并存的政治文化四大方面。

一 二元主权的政治体系

政治体系是族际政治制度化博弈的最重要的场所，在这个体系中，民族政治机构、民族政治团体和民族政治派别形成了一种互相关联的结构，这种结构的定位和设置的合理性直接关系到多民族国家能否或者在多大程度上将各民族共同体形塑成统一的政治共同体。苏联的政治体系采取的是一种少见的"二元主权"式的设计。它是在特殊的历史条件下，列宁为了顺利地促成苏联的成立而采取的一种临时性的带有权宜色彩的制度设计。所谓二元主权的政治体系，是指不但苏维埃社会主义共和国联盟中央拥有国家主权，而且各个加盟共和国作为联盟的组成部分，也拥有不容侵犯的主权。苏维埃社会主义共和国联盟最高权力机关以联盟的名义处理一切外事关系，制定涵盖全联盟范围的立法、教育、国民健康等的总原则和最为基本的制度，领导、协调、处理各加盟共和国之间的活动与纠纷。在联盟中央所享有的主权之外，各加盟共和国在自己的领土范围之内，均可以自由行使本国的国家权力。这就是苏联 1924 年宪法所规定的："加盟共和国的主权，仅受本宪法所规定的范围和联盟所属职权的限制。除此之外，每一加盟共和国均得独立行使自己的国家权力。"苏联 1924 年宪法的有关规定，使各加盟共和国在法理上具备了主权国家之所以成为主权国家的必备条件（主权、政府、军队、法庭等国家机器），也为各加盟共和国主权赋予了法律上的实际意义。这表明苏联自国家成立之日起，在法律上就存在着联盟主权和加盟共和国主权的二元主权体系。[①]

二元主权体系的存在，对苏联族际政治产生了极为深远的影响。二元主权体系的设计，是苏维埃社会主义共和国联盟得以成立的前提。正是在民族平等的基础之上，通过二元主权政治体系的设计，最大限度地赢得了各少数民族的信任，从而促成了苏联的成立。从这个意义上说，二元主权体系的设计具有不容抹杀的历史合理性。但是，特定历史条件下的历史合理性并不意味着永久的合理性，二元主权体系在建立之初本身就带有明显的权宜性质，是苏联在成长壮大的岁月中理应通过修宪和改革进行调整的。毕竟，从长远的观点看，二元主权体系的设计与实施，是苏联模铸国家共同体的一个桎梏，它羁绊了苏联的国家建构，人为地使得"民族共同体"涂上了"政治共同体"的色彩，导致了各加盟共和国客观上成为了苏维埃社会主义联盟中的"国中之国"，对少数民族国家认同与民族认同优先序列的确定具有明显的负向作用。因此，二元主权的政治体系，对苏联成立的积极意义无可否认，但对于苏联的成长与巩固的消极意义也毋庸讳言。对于苏联族际政治整合而言，二元主权体系本质上并不是一个"如何合理划分联盟主权与加盟共和国之间的权力"的问题，而是通过修宪与改革在不影响国家共同体巩固的大局之下进行调整甚至废弃的问题。然而，苏共一次又一次地丧失了重构二元主权政治体系的机会，在二元主权的政治体系之下，苏联的族际政治整合更像是一场"戴着脚镣的舞蹈"。

二　民族政治关系

民族政治关系，"就是民族共同体作为一定的政治主体而与其他政治主体发生的关系"。[②] 从结构上讲，民族政治关系包括纵横两个维度，在横向维度上，民族政治关系体现为民族与民族之间的关系；在纵向维度上，民族政治关系体现为民族与国族（形象代表是中央政府）之间的关系。民族政治关系在本质上具有多样性、复杂性和变动性，苏联的民族政

---

① 陈之骅等主编：《苏联兴亡史纲》，中国社会科学出版社 2004 年版，第 120 页。
② 周平：《民族政治学》，高等教育出版社 2007 年版，第 130 页。

治关系也是复杂流变的关系网络系统。在苏联的民族政治关系中，既存在和平共处型、平等互助型，又存在相互竞争型、压迫反抗型。按照苏联社会主义法制精神，各民族在政治上享有完全平等的政治地位和政治权利；按照苏联共产主义意识形态，各民族之间讲究族际主义和国家主义（甚至是国际主义）。因此，苏联民族政治关系的理想类型应该是"平等互助型"。然而，共产主义的感召虽然在一定程度上促进了各民族和平共处与平等互助，不过在另一方面，由于"政治权力不过是用来实现经济利益的手段"，① 民族政治也是围绕着民族根本利益展开的，这就不可避免地使得即便是在国家倡导族际主义和国家主义精神的前提下，各民族在民族利益的驱动之下，也展开着或明或暗的族际竞争与博弈。

而且，更重要的是，法制上民族平等的宣示无法否定事实上民族压迫的存在，大俄罗斯主义的沉渣泛起，少数民族抵抗的应运而生，使得苏联的民族政治关系更近于一种"反抗压迫型"。在苏维埃社会主义共和国联盟中，俄罗斯联邦比其他加盟共和国拥有更多的权力。在苏联成立之前，俄罗斯联邦就领导和控制着各苏维埃共和国。由于各苏维埃共和国的共产党组织以及苏维埃政权几乎都是在俄共（布）的指导和影响下建立的，因此，各苏维埃共和国自建立之时起，就受到俄共（布）和俄罗斯联邦的影响。此外，苏联各加盟共和国共产党都设有自己的党中央领导机关，唯独俄罗斯联邦没有设立，俄罗斯联邦各自治共和国、边疆区和州地方党组织均由苏共中央俄罗斯局直接领导，并由苏共中央总书记兼任俄罗斯局主席，这就决定了俄罗斯共产党在国家政权架构中的特权地位。此外，苏联的国家机构设置也赋予了俄罗斯联邦更多的权力和更高的地位。非俄罗斯的加盟共和国都设有共和国的最高权力机关即加盟共和国苏维埃，同时设有共和国的管理机关，但俄罗斯联邦却只设立了最高权力机关即最高苏维埃，却没有设立专门的俄罗斯联邦中央政府管理机关，也就是说，俄罗斯联邦政府的国家管理职能是由苏共中央政府直接行使的。② 最后，俄罗斯联邦在苏联中央权力机关中一直占据主导地位。从苏联成立之初的苏维埃第一次代表大会的 2215 名代表来看，俄罗斯联邦的代表为 1727 名，乌

---

① 《马克思恩格斯选集》第 4 卷，人民出版社 1995 年版，第 250 页。
② 青觉、栗献忠：《苏联民族政策的多维审视》，中央民族大学出版社 2009 年版，第 122 页。

克兰的代表为 364 名，高加索联邦代表为 91 名，白俄罗斯代表为 33 名，俄罗斯联邦代表占到总数的 78%，而其他三个加盟共和国代表仅占 22%。① 俄罗斯族作为国家的主体民族，在国家政治架构和政治生活中占有强势地位，这就使得苏联政治生活中并未祛除的大俄罗斯沙文主义的魅影在条件适当的时候就会凸显出来，从而导致"反抗大俄罗斯沙文主义的一种特殊防御形式的地方民族主义"② 的应运而生。大俄罗斯沙文主义和地方民族主义的两相碰撞，构成了苏联族际政治整合难以穿透的壁垒。

三　民族法律建设

法律是最重要的族际政治博弈规则，它确立了民族共同体之间博弈的基本原则，也确定了民族共同体成员的行为模式和行为标准。良好的法律建设对于调节民族政治生活，约束民族政治行为越轨、凝聚国家共同体具有极其重要的意义。早在布尔什维克领导人民进行资产阶级民族革命和社会主义革命之时，布尔什维克就在列宁的领导之下，先后出台了一系列有关民族问题的法律和纲领性文件，如《社会民主党纲领草案及其说明》《俄国社会民主工党纲领草案》《关于民族平等的法律草案》《关于民族平等和保护少数民族权利的法律草案》《俄罗斯社会主义联邦苏维埃共和国宪法》《俄共（布）党章草案》《关于党在民族方面当前任务的决议》《关于建立苏维埃社会主义共和国联盟的决议》等。诸多法律和纲领性文件，鲜明地体现出了布尔什维克处理民族问题的基本原则：主张民族平等、反对民族压迫、废除一切民族的任何特权、尊重和保护少数民族的权益。布尔什维克处理民族问题的基本原则，受到了少数民族的强烈拥护，国家共同体的凝聚力和向心力也因此大为增强。这些都为族际政治整合的顺利展开铺平了道路。

但是，在法律建设为苏联族际政治整合保驾护航的过程中，也存在冲击法律原则和法治精神的汹涌潜流。苏联是一个缺乏法治传统的国家，专制主义根深蒂固，权力膜拜大行其道，斯大林等政治领袖的意志常常凌驾

---

① 张建华：《苏联民族问题的历史考察》，北京师范大学出版社 2002 年版，第 118 页。

② 《俄共（布）第十二次代表大会关于民族问题的决议》，转引自中国社会科学院苏东研究所、国家民委政策研究室《苏联民族问题文献选编》，社会科学文献出版社 1987 年版，第 86 页。

于法律之上，再加上苏联成立之后帝国主义对苏联的围困，以及法西斯对苏联的入侵等紧迫形势，苏联处理民族问题的法论精神习惯性被架空。族际政治博弈规则的废弛，直接导致了族际政治生活的失范。苏联族际政治整合，在某种程度上不过就是随着政治领袖喜好而形塑的一个过程，这就为政治领袖忽视客观实际情况，过分地依靠政治权力，强势地推进族际政治整合种下了前因。苏联国家统治中法论精神与人治传统的内在张力，使得族际政治整合始终存在着无法克服的内在紧张。

四 政治文化建设

苏联由 100 多个民族组成，每个民族在历史长河的发展中都形成了具有本民族特质的浓郁的民族政治文化。在各个民族的政治文化的交集中，最为深远地影响苏联族际政治整合的传统政治文化还是俄罗斯的政治文化传统。回顾千年历史，我们可以发现俄罗斯政治文化传统具有三大特性：一是无论是基辅罗斯时期，还是苏维埃时期，一直存在把政权神圣化、理想化的现象；二是家长制理念的渗透，掌权者——"人民的父亲"是一种象征符号，是家国天下乃至世界的首领；三是高度的中央集权使得掌权者的权力难以真正受限，个人意志有时会凌驾于法律之上。[①] 这也就是说，在俄罗斯政治文化传统里，最突出的就是两种相生相随的政治文化遗产：专制主义的政治传统与服从主义的臣民文化。在一千多年的传统政治体制之下，窃居权力金字塔顶端的君主与沙皇握有至高无上的生杀予夺的国家大权。君主在臣民的心目中具有奇迹般的权威和力量，受到顶礼膜拜。传统上，君主与臣民之间是一种宗法家长式的关系，沙皇老爷拥有恩宠或惩罚自己臣民的无限权利，而臣民则有服从沙皇意愿的绝对义务。[②] 青年时代的马克思曾经尖锐地批判过这种封建专制制度，他说："专制制度的唯一原则就是轻视人类，使人不成其为人，……专制君主总把人看得很下贱。"[③] 在专制集权"非人"的统辖之下，俄国民众养成了强烈的臣民意识与服从传统，他们将专制统治者对臣民的蔑视、侮辱，内化为臣民

---

① 郭小丽：《王权的图腾——试析俄罗斯政治文化传统》，《俄罗斯东亚中欧研究》2006 年第 6 期。

② 刘玲：《俄罗斯——民族性格与文化特征》，《天府新论》2002 年第 6 期。

③ 《马克思恩格斯全集》第 1 卷，人民出版社 1956 年版，第 411 页。

自己的信念，习惯于屈从于外在权威，以顺从、忠诚、忍耐为美德。

专制主义的政治传统与服从主义的臣民文化的两相交织，使得苏联族际政治整合打上了鲜明的权力膜拜的烙印。在专制主义政治传统的隐性影响之下，族际政治整合的主体在整合方式的选取上，更容易倾向于以权力的自上而下的运行来人为地促进各民族的融合。再加上俄国历史上长期以来形成的非参与型政治文化，人民的文化水平不高，并不具备足够的智识与素养进行有效的利益表达与政治参与，这使得在严峻的战争环境的逼迫之下，苏联的领导者更容易倾向于通过权力自上而下的强力运作来促成各民族的融合。政治权力自上而下的运作，排斥了民族政治意见自下而上的表达，而且忽视了少数民族之间横向的交流与互动，限制了族际政治整合效力的生发。除此以外，由于东正教的"圣愚观"等因素的影响，俄罗斯政治文化传统里有着根深蒂固的权力崇拜和个人崇拜的因子，这种权力崇拜和个人崇拜的因子并不因为步入社会主义的制度而自动消退，反而在条件适宜时会自觉不自觉地凸显出来。在特定历史条件下，人民对政治领袖所流露出来非理性的狂热崇拜，也是提升一个国家精、气、神的重要因素。政治领袖作为一个国家和国族的精神支柱，它所弥散出来的形象感召和人格吸引，客观上成为促成各民族紧密联系的精神纽带。但是当特定的历史条件消失，或者领导者代际更替而不再具有卡里斯玛型人格，或者由于民智的开启，臣民文化转化为公民文化之时，原先建立在个人崇拜基础上的维系族际关系的精神纽带就会断裂，因而会在根本上妨害族际关系的稳固性。另外，由于传统政治文化内蕴的权力膜拜，作为族际政治整合客体的各民族民众受到传统臣民文化的束缚，民权不彰，公权独大。而当民权不足以反制公权，法制不足以约制公权之时，族际政治整合公权力的运作缺乏有效的权力制衡与内外监督，一如脱离羁縻的野马。一旦族际政治整合公权力的行使出现违宪行为、非法行为和过火行为，也无法进行必要的矫正和救济，从而容易导致族际政治整合产生与族际政治整合目标背向而驰的灾难性后果。

第三节 历史文化环境

民族历史文化是一个民族关于其发展轨迹和里程的记忆，是一个民族在历史发展的长河中民族特质的沉淀。如果说政治法律制度是以一种外在的规范硬性地制约着民族共同体及其成员的活动范域和行为模式，那么，民族历史文化则是一种以不知不觉的、潜移默化的方式制约和规范民族共同体及其成员行为方式的软性因素。

一　语言文化

语言文化是民族之所以成其为民族的重要表征，是维系一个民族生存与发展的精神根基。苏联是一个语言文化类型十分多样性的国家。从文化类型上讲，苏联各民族基本上可分为斯拉夫文化圈（俄罗斯族、乌克兰族、白俄罗斯族为代表）、北欧圈（拉脱维亚、爱沙尼亚、立陶宛、芬兰族为代表）和高加索文化圈（格鲁吉亚、亚美尼亚族为代表）。从民族语言方面讲，苏联各民族又可分为印欧语系、阿尔泰语系、高加索语系（格鲁吉亚语、车臣语等）、汉藏语系、乌拉尔语系（爱沙尼亚语、莫尔多瓦语、马里语、科米语、卡累利亚语、芬兰语、匈牙利语等）、古亚细亚语系、闪—含语系等。其中 80% 以上居民使用的语言属于印欧语系，印欧语系又可细化为斯拉夫语族（包括俄语、乌克兰语、白俄罗斯语、波兰语、保加利亚语）、列托—立陶宛语族（立陶宛语和拉脱维亚语）、拉丁语族（摩尔达维亚语）、伊朗语族（塔吉克语、奥塞梯语、库尔德语、塔特语、俾路支语、帕米尔语）、亚美尼亚语族（亚美尼亚语）、希腊语族（希腊语）、日耳曼语族（犹太语、德语）以及印度语族（茨冈语）等。阿尔泰语系又可细化为突厥语族（乌兹别克语、哈萨克语、鞑靼语、阿塞拜疆语、土库曼语、吉尔吉斯语、楚瓦什语、巴什基尔语等）、蒙古语族（布里亚特语和卡尔梅克语）、通古斯满语族。

语言文化的多样性反映了苏联文化宝库的丰富性，也折射出了苏联文化突出的异质性。一个多民族国家共同体的巩固，统一的语言和政治文化是必不可少的基本要素。这是民族交流与互动的基础，也是国家共同体巩固的文化纽带和精神纽带。由于文化具有稳定性、内聚性、亲合性和排异性，一旦共同的文化得以确立，它就会极大地形塑政治共同体成员的共同个性、价值系统、心理倾向、精神结构和行为模式，从而为政治共同体的巩固奠定精神基础。

苏联语言文化的多样性，构成了苏联族际政治整合关于统一的"文化认同"的障碍，各个民族在交流与互动的过程中，语言的相异性强化了民族共同体成员"我者"与"他者"的区分，操同一语言者，更容易被民族共同体成员视为同胞，而操相异语言者，往往则被视为非我族类。语言之间的相异性就成为了民族分界的一个依据，语言不通从整体上讲并不利于民族融合与国家建构。因此，推广同一的语言和以统一的公民教育体系塑造共同的政治文化，就成了苏联族际政治整合的一个必然选择，这也是多民族国家族际政治整合通行的做法。苏联国语的推广和主流文化的打造，主观目的也在于建构国家的同质性。苏联的偏差在于，在国语的推广过程中，操之过急，走上了同化主义之路；在统一的政治文化的塑造过程中，"政治文化的同一性"伤害了"民族亚文化的多样性"，多民族国家的文化组合本应是"一个交响乐团演奏一个共同的旋律"，苏联的文化组合却将其塑造成"俄罗斯文化的独奏"。在这样一种伤害少数民族语言权益与文化尊严的基础上去谋求族际政治整合，无异于南辕北辙，其结果不但不能塑造国家的同质性，反而使得国家共同体充满了离心的裂缝。

二　宗教信仰

"宗教是一个国家最根本最深层生活的基础"，[①] 也是多民族国家普遍存在的一种文化形态。沙皇俄国在历史上是一个宗教信仰多元化的国家，有十多种宗教，40 多个教派。公元 988 年之后，东正教成为了国家统一的政治信仰。东正教的创世论、上帝万能论、原罪论、救世论、末日审判论、上帝拣选论等基本教义，与俄罗斯原有的圣母崇拜、大地崇拜、万物统一思想、神人统一思想等传统观念交织融合在一起，形成了独具特色的东正教神学思想。例如，强烈的圣母保佑意识，相信有圣母——大地保佑俄罗斯民族可以幸福安康地世世代代生存下去，无论遇到什么问题和困难，俄罗斯都可以逢凶化吉，战无不胜；自负的上帝选民意识，按照陀思妥耶夫斯基的说法，俄罗斯民族是上帝拣选的独一无二的优秀民族，它是"上帝的选民"，"一定要扮演独一无二的首要角色"；[②] 末日拯救意识，俄罗斯人信奉东正教的同时自然也就接受了末世论的历史观，相信历史是一个由罪过到获得恩典的过程，是一个由现时的苦难向理想的天国演变的

---

① ［英］詹姆斯·布赖特：《神圣罗马帝国》，孙秉莹等译，商务印书馆 1998 年版，第 82 页。

② 文池主编：《俄罗斯文化之旅》，新华出版社 2002 年版，第 44 页。

过程，对历史持乐观主义态度。当然，除上述几个方面之外，"万物统一意识"、"神人统一意识"、"善恶分明意识"等都是俄罗斯的世界观和人生观的重要内容。[①]

俄罗斯人所独具特色的东正教神学思想，构成了俄罗斯政治文化的重要来源，俄罗斯文化中的极端民族主义、大国沙文主义、爱国主义、民粹主义等都可以从东正教神学思想中找到源头。在沙皇俄国时期，东正教作为俄国的国教，政教之间始终保持着紧密交织的关系。国家把东正教当作精神支柱给予扶持，受到恩宠的东正教则竭力为维护专制制度服务。政教之间是一种相生相随的同盟关系。十月革命以后，苏维埃砸碎了政教之间传统的同盟关系，确立了政教分离的新型政教关系模式。[②] 为此，苏维埃采取了没收教会土地和贵重物品的种种行动，这些行动遭到教会强烈的抵制和反抗，随后又引发了苏维埃政权对宗教抵抗的强力镇压。苏维埃政权日益巩固之后，东正教内部发生了分化，一部分教徒组成东正教内部的改革派，走上了与苏维埃政权合作之路，另外一部分教徒成立地下教会组织——"俄罗斯真正东正教教会"，走上了反苏维埃政权之路，还有一部分东正教徒流亡国外，形成"俄罗斯东正教境外教会"。在东正教三大派别之中，"俄罗斯真正东正教教会"在 20 世纪 20—50 年代，拥有比较广泛的市场。一些不愿意参加集体化的农民、在消灭富农中被强行迁移到西伯利亚的农民，以及对苏维埃政权不满的农民大量加入此组织。反苏维埃政权教会的存在，恶化了信教民族成员对苏联的政治认同，导致了他们对苏维埃政权的政治冷漠，对主体民族的政治隔阂，从而妨害了苏联族际政治整合的进行。至于流亡在外的"俄罗斯东正教境外教会"，崇尚君主制，公开与苏维埃政权进行对峙和斗争，客观上恶化了苏联族际政治整合的外部环境。

三　民族性格

民族性格又称为民族心理素质，是一种带有民族特点的群体心理特征；它是各个民族在其历史发展中逐渐形成的、由民族所处的生活条件和

[①]　陈树林：《东正教信仰与俄罗斯命运》，《世界哲学》2007 年第 4 期。

[②]　沈志华主编：《一个大国的崛起与崩溃》，社会科学文献出版社 2009 年版，第 1053 页。

历史环境所决定的、表现出共同民族文化特点的一种精神状态。① 民族性格具有极强的稳定性，它从深层次上影响着一个民族共同体成员的政治取向和行为取向。关于俄罗斯的民族性格，思想家别尔嘉耶夫有过精到而深刻的描绘，他认为，"对于俄罗斯人来说，其特征是自相矛盾和极端对立的原则的混杂与结合。只能用矛盾这个词来说明俄罗斯和俄罗斯民族的特性。在同样的基础上，俄罗斯民族既是国家专制政体的民族，也是无政府主义的爱好自由的民族，既是向往民族主义和民族自负的，又具有普世的精神，并尤其善于体现出全人类性；既残酷又具有非凡的仁爱，既热衷于施加痛苦，又具有近乎病态的同情心"。② "俄罗斯民族是两极化的民族，它是对立面的融合……在俄罗斯人身上可以发现矛盾与特征：专制主义、国家至上和无政府主义、自由放纵；残忍、倾向暴力和善良、人道、柔顺；信守宗教仪式和追求放纵；个人主义、强烈的个人意识和无个性的集体主义；民族主义、自吹自擂与普世主义、全人类性；世界末日——弥塞亚的宗教信仰和表面的虔诚；追随上帝和战斗的无神论；谦逊恭顺和放肆无理；奴隶主义与造反行动。"③

俄罗斯这种"两极化"民族性格，使得苏联的族际政治整合呈现了多种"矛盾的统一"：两种背向而驰的"矛盾的做法"奇特地统一在国家的族际政治整合之中，一方面从经济上、物质上大力扶助弱小民族，另一方面从政治上、文化上打压少数民族；一方面表现出无私的族际主义、国家主义，甚至国际主义精神，另一方面又表现极度的民族主义和个人主义精神；一方面表现出对国家的聚合与向心，另一方面又表现为对国家的分散与离心；一方面表现出极度的政治狂热，另一方面又潜藏着十分的政治冷漠；一方面表现出冷酷的暴烈风格，另一方面又表现为悲悯的宗教情怀。苏联族际政治整合因为民族性格而产生了矛盾与对立，使得族际政治整合充满内在矛盾与张力。

---

① 田克俭：《民族精神与竞争力》，新华出版社 2006 年版，第 138 页。

② ［俄］尼·别尔嘉耶夫：《俄罗斯思想的宗教阐释》，邱运华等译，东方出版社 1998 年版，第 11 页。

③ ［俄］尼·别尔嘉耶夫：《俄罗斯思想》，雷永生等译，生活·读书·新知三联书店 1995 年版，第 3 页。

四　民族隔阂

民族隔阂是指民族之间互相猜忌、互不信任、互相戒备、互相防范的心理情感及其外化为语言与行动的表现。在历史上，由于大俄罗斯沙文主义的肆虐，沙皇强制推行民族同化政策，试图构建起"一个民族、一个国家、一个皇帝、一个宗教、一种语言"的社会格局，这导致了民族隔阂尤其是少数民族与主体民族之间的隔阂十分严重。十月革命胜利后，沙皇专制制度被推翻，在民族平等的原则上成立了苏维埃社会主义共和国联盟，大俄罗斯沙文主义失去了赖以支撑的制度支柱。社会主义制度与共产主义意识形态的统治地位得以确立。不过，这并不意味着铲除了大俄罗斯沙文主义生存的土壤，也并不意味着深厚顽固的民族隔阂在一夜之间会化于无形。此外，社会主义制度之下本身也会产生一些新生的民族矛盾和民族问题。这些新生的矛盾与问题和既有的民族隔阂交杂在一起，很容易就会刺激少数民族关于大俄罗斯沙文主义肆虐的"集体记忆"与"过去镜像"，从而导致民族隔阂更加严重，迟滞国家一体化的进程。

族际政治整合，从整合过程来看，它是一个信息的采集与整理、决策与执行、控制与反馈的过程。民族与民族之间、民族与国族之间信息的双向流动，是族际政治整合最大限度地发挥整合效力的基础性前提。基于族际信息流动而生的政治沟通于政治共同体之意义，恰如血液流动之于生命有机体之意义。没有良好的族际沟通机制，也就无法奠定坚实的政治互信。苏联族际政治整合恰恰在这一点上因为历史上形成的严重民族隔阂而存在严重的不足。沙皇俄国遗留下来的严重的民族隔阂，所产生的恶果就是族际之间尤其是少数民族与主体民族之间存在严重的排斥心理。苏联成立之后，也没有能够建立制度化的族际政治沟通渠道，民族共同体只是单方面服从联盟中央的指令，这客观上影响了国家共同体的活力。除此以外，民族隔阂对族际政治整合的另一股冲击波还在于，民族隔阂影响了民族与民族之间的政治互信，加大了苏联族际政治整合的交易成本。族际政治整合是在国家主导之下，构建国家政治一体化的过程，它实际上也是国家通过一系列的政治交易，赢得少数民族对国家共同体效忠的一个过程。苏联族际政治整合一个明显的历史包袱就是，由于历史上形成的根深蒂固的民族隔阂，少数民族对与主体民族的共处与融合抱有天然的警觉，这就无形中加大了族际政治交易的成本，导致苏共在谋求国家政治一体化的过程中，必然会耗费更多的时间成本、物质成本与精力成本。

第四节 国际生态环境

国际环境是影响一个多民族国家族际政治整合的宏大的外在环境。多民族国家居于世界之林，就不可避免地会与其他多民族国家产生各种各样的互动，形成亲疏、远近、敌友、离合等各种各样的国际政治关系形态。国际政治生态关系往往对一个多民族国家的国家建构和国族建设产生重大的影响。在苏联国家建构和国族建设的过程中，国际政治生态甚至一度充当了影响苏联族际政治整合的首要因素。苏联所处国际政治生态经历了一个流变的过程，从苏联成立后帝国主义的围困，到二战时期与法西斯势力的殊死较量，再到赫鲁晓夫与勃列日涅夫时期苏联与资本主义国家的缓和与对抗，最后到戈尔巴乔夫时期苏联与资本主义国家的对话，资本主义国家对苏联的和平演变，国际政治的风云变幻，都从不同侧面冲击或影响了苏联族际政治整合的展开。

一 围困与战争

帝国主义对苏联的围困与战争主要发生在 1922 年苏联成立至 1945 年二战结束。苏联的成立，本身是帝国主义与苏联社会主义"力量均势"的结果，帝国主义无法联合绞杀苏维埃政权，将苏维埃政权"扼杀在摇篮之中"，苏维埃政权也无力发动"世界革命"，让无产阶级革命政权在世界遍地开花。在双方力量均势之下，由于意识形态的差距与对峙，帝国主义虽然无法扼杀苏联，但依然对苏联展开了长时间的围困，社会主义苏联在帝国主义的包围下已成为一座孤岛。随着时间的发展，国际政治生态进一步恶化。20 世纪 20 年代末 30 年代初，资本主义发生了波及世界的经济危机，经济危机又迅速转化成政治危机，引起了资本主义世界政局普遍不稳。为了转嫁国家经济危机与政治危机，法西斯势力甚至不惜以对外战争来谋求出路。在英法等国的"绥靖政策"之下，1941 年 6 月，德国法西斯悍然入侵苏联，苏联就此开始了伟大的卫国战争。

在苏联受到帝国主义的围困，甚至是法西斯势力入侵的情况之下，如何维护苏联国家政权不被帝国主义所颠覆就成了苏联国家任务的重中之重，这是由国家所处的历史阶段的主要矛盾所决定的，国内族际政治整合也必须服从于这样一个根本而急迫的国家使命，为此，苏联的族际政治整合就表现出了与多民族国家常规时期大相异趣的整合情态。

首先，由于战备和战时环境的长期存在，苏维埃政权的维护始终是苏联共产党执政的头等大事，这就妨碍了党和国家领导人形成清晰的国家建构和国族建设的意识，长期将国家建构和国族建设置于"革命需要"的准则之下。布尔什维克在领导各族人民进行社会主义革命时期，列宁就将民族问题当作是革命问题的一部分，认为民族利益必须服从于无产阶级革命利益。布尔什维克虽然对民族问题十分重视，但是民族问题始终是从属于无产阶级革命问题的，是以无产阶级革命利益为准则的。因此，布尔什维克对民族问题处理，是在革命范式之下展开的逻辑行动，他们并没有将民族问题提到国家整合的高度。苏联成立之后，国家整合、国家建构、国族建设，主要是在斯大林备战体制之下展开，是以维护国家政权的存续为准则的，因此，斯大林时期也没有表现出明显的国家建构和国族建设的自觉意识。由于国家建构和国族建设自觉意识的缺乏，苏联的族际政治整合联邦制的制度设计，"弱小民族利益取向"的民族政策，实际上都是基于革命需要的一种权宜之计，应急性、权变性、临时性的色彩十分突出。

其次，由于国际政治生态长期紧张，再加上苏共执政意识的匮乏，苏共并没有完成从革命党到执政党的转型，因此，苏共族际政治整合的手段，更多地受到了革命刚猛无俦的影响，而没有能够转化为执政时的张弛有度。在长期的革命与备战时期，苏共的斗争哲学和阶级意识都特别发达，以致本属于正常的人民内部矛盾的民族冲突往往被拔高为阶级矛盾、敌我矛盾。再加上俄罗斯民族性格中非黑即白、不好即坏的两极化思维，苏共在族际政治整合之中，常常以革命化的斗争手段来解决民族的利益表达与利益纷争，族际政治整合的尺度和力度常常失当，这导致族际政治整合蒙上一层浓厚的军事化、政治化、暴力化的色彩，并最终引发了族际政治整合预期之外的一系列外溢效应。

当然，从辩证的角度看，国际政治生态的严峻对苏联族际政治整合的开展也并非百无一用。首先，在帝国主义的围困与法西斯势力的入侵之下，国家身处危急存亡之秋，命悬一线。严峻的客观形势，使得国家共同体的凝聚力和向心力大为增强，各民族共同体暂时搁置了历史上形成的民族歧见和现实中的利益摩擦，同仇敌忾，同心同德，共御外侮。在长期的备战与战争中，各民族休戚与共，荣辱一体，经济、政治、军事等各方面的联系都得到了很大的加强，尤其是在伟大的卫国战争期间，各民族强化了共同利益体的认识，爱国主义和族际主义精神十分高昂，对国家共同体的政治认同得到了前所未有的强化，民族共同体之间的政治互信也得到了进一步的加深，这为族际政治整合的开展和国家共同体的巩固奠定了良好的基础。

再次，帝国主义对苏联的包围，资本主义意识形态与共产主义意识形态不可通约，致使苏联的国家建设长期处于一个封闭性的环境之下。从国家发展的长远来看，闭关锁国对国家共同体的发展创痛巨甚，它不但造成了国家共同体失去了汲取其他民族国家长处的机会，还会造成闭目塞听自高自大的国民心态，国家发展也容易失去活力。但在另一方面，封闭性的环境也为苏联意识形态的宣讲创造了条件。苏联自十月革命以后几乎就是一个封闭型的国家，由于与外界缺少接触，苏联在意识形态"灌输"过程中所宣扬的"资本主义全面腐朽论"，在苏联社会主义成就真伪参半的宣传中，人们无法证实或证伪，绝大多数情况下都会对此深信不疑，进而形成对苏联社会主义建设的模式自信、道路自信和制度自信。

最后，也是最重要的，布尔什维克在长期的围困与战争的洗礼之中，不断成长，百炼成钢，最终成为苏联族际政治整合众望所归的领导核心。一个多民族国家的族际政治整合能否成功，在多大程度上取得成功，与族际政治整合主体是密切攸关的。作为公共权力拥有者的族际政治整合主体，其整合理念、策略、路径符合客观实际，就能有效地推进族际政治整合的进行，成功地将各民族团结于共同的政治屋顶之下。反之，如果族际政治整合主体，其整合理念、策略和路径有违于客观存在的族际实际情况，就会导致各民族的离心离德，甚至分崩离析。因此，一个强大有力的族际政治整合主体是族际政治整合成功的前提。经过战火洗礼的布尔什维克以民主集中制作为建党原则，组织严密，极富有战斗力，在领导各民族人民进行资产阶级民主革命和无产阶级社会主义革命的过程中，在帝国主义的长期围困以及与法西斯势力殊死较量的过程中，布尔什维克一步一步走向成长壮大，政治威望不断提升。苏共执政的合法性不断加深，少数民族对苏共的政治认同也不断强化，对苏联国家共同体和社会主义制度的政治态度也日益走向亲和，这些都构成了苏联族际政治整合的重大利好条件。

二　缓和与对抗

赫鲁晓夫上台以后，对国际政治生态做出了新的判断，提出"和平共处"、"和平竞赛"、"和平过渡"的"三和"理论。在苏共二十大上，赫鲁晓夫认为，现在世界形势有了"根本变化"，"向社会主义过渡的形式将会越来越多样化"，资本主义可以实现向社会主义的"和平过渡"。在世界格局中，由于社会主义阵营的存在，战争并不是不可避免的，因此，和平政策是"苏联外交政策的基本原则"。① 在此前，赫鲁晓夫访问印度时还说道："我们向资本主义国家的领导人建议：让我们用实践证明哪一种制度更好吧。让我们进行不打仗的竞赛吧。……我们建议的是为提高所有国家人民的生活水平的和平竞赛。"②

赫鲁晓夫"三和"理论的提出有着深刻的时代前景，二战结束以后，苏联与英美等国的战时同盟关系迅速破裂，世界分化成以美国为首的帝国主义阵营和以苏联为首的社会主义阵营的两大世界格局。两大世界格局之间彼此敌视、封锁、对立，国际局势十分严峻。这种严峻的国际形势显然是不利于苏联国家建构的。在这样一种情况之下，赫鲁晓夫提出"三和"理论，探讨社会主义与资本主义和平共处的可行性，思考防止现代战争发生的可能性，对于淡化世界两大阵营之间剑拔弩张的紧张局面，引导国际局势走向缓和起到了一定的积极作用。

勃列日涅夫上台之后，比较明显地沿承了赫鲁晓夫时期的外交思维，即一方面认为社会主义阵营与资本主义阵营对抗是当今世界的基本矛盾，另一方面，勃列日涅夫又承认，社会主义阵营与资本主义阵营的对抗是有可能缓和的。1965 年 10 月 19 日，勃列日涅夫在他的第一次公开讲话时，谈到苏联对外政策，明确指出："苏联对外政策不可动摇的基础是：列宁的不同社会制度和平共处原则，为巩固和平、为各国人民的友谊与合作、为进一步缓和国际紧张局势而不倦地斗争。"③ 他所主张的"对外政策不

---

① 《苏联共产党第二十次代表大会文件汇编》（上），人民出版社 1956 年版，第 35 页。
② 《赫鲁晓夫言论》第 4 集，世界知识出版社 1955 年版，第 84—88 页。
③ 《勃列日涅夫言论》第一集（1964 年 10 月—1965 年 12 月），上海人民出版社 1974 年版，第 5 页。

可动摇的基础"与赫鲁晓夫"外交政策的基本原则"如出一辙。20世纪70年代，随着苏联国力的增强和国际地位的提高，勃列日涅夫自信心膨胀，他的对外政策在缓和策略的外衣之下，加速走向了战略进攻，但是在苏共二十四大报告中，勃列日涅夫还是祭起了"世界和平"而不是"输出革命"的大旗，在会议中，他高调地宣称："苏联的国际地位比以往任何时期都要稳固"，"苏维埃国家有理由充当和平堡垒与和平的旗手"。①

赫鲁晓夫与勃列日涅夫时期，苏联所处的国际局势是"缓和之下的对抗"，"冷战之下的和平"，国际局势虽然存在一系列明争暗斗，但与斯大林时期"热战"已有很大不同。国际局势的缓和，对苏联族际政治整合的展开是比较有利的，它使得苏联可以比较从容地开始自己的国家建构和国族建设。但是，祸兮福所倚，福兮祸所伏，国际局势的缓和，对苏联传统的族际政治整合也产生不小的冲击。由于苏联的族际政治是在一个几乎完全封闭的环境下进行，苏联要把各个民族共同体联结成一个紧密的政治共同体，一个很重要的方面靠的是"文化革命"，靠的是共产主义意识形态的"灌输"，以此来培养高度同质的"苏维埃公民"。然而，在封闭的环境下，"百分之百""纯之又纯"的共产主义意识形态"灌输"出来的国民同质性，本身就带有表层性、弱质性、缺乏免疫性。当国际政治局势缓和之后，国门渐次开放，仅"1956年至1958年间，每年大约有60万—70万苏联公民前往国外，约有50万外国游客进入苏联"，②再加上文化出版物的交流和无线电广播网络的发展，社会信息流动迅速加快，国家对信息的管制渐渐力不从心，人们能够相对频繁地接触到以往所未曾经历和向往的外部世界，从而展开了苏联社会主义制度与英美资本主义制度的横向比较。人们惊讶地发现，资本主义世界并不像国家宣传机器里所宣称的"全面腐朽"、"全面没落"，如此一来，封闭性环境下培养出来的先天孱弱的共产主义信仰在外部世界的五彩缤纷、外部信息五花八门的冲击与"污染"之下，本来思想免疫力不强的"苏维埃公民"原先接受的"苏联社会主义制度世界最优"的政治神话就此破灭。苏联共产主义意识形态的堤坝受到西方各种社会思潮的冲击，防线不断被冲垮，这对苏联族际政

---

① 《勃列日涅夫言论》第十二集（1976年），上海人民出版社1979年版，第56、126页。
② 周尚文等：《苏共执政模式研究》，上海人民出版社2010年版，第236页。

治整合产生的冲击是不可估量的。

共产主义意识形态是苏共执政合法性的重要源泉，是苏共执政的政治生命线，共产主义意识形态受到质疑，那么苏共执政合法性必然走向萎缩，由苏共所主导的族际政治整合必然会受到各民族人民的心理抵触和行为抵抗。就民族共同体的成员而言，政治信仰的失落，必然会引发其他政治思潮来填补因共产主义的没落而形成的信仰真空。在各种政治思潮中，原生的民族情感和民族主义占据得天独厚的优势，更容易抢占各民族共同体成员的思想高地，如此一来，整合效力日益递减的共产主义信仰就会遭受到日益坚韧的民族主义强力抵制，苏联建构政治一体化的难度就会大大增加，苏联国民同质化建构历程就会严重滞后，甚至于不可行。

三 对话与演变

在勃列日涅夫执政后期，由于勃列日涅夫主义的盛行，苏联的国家形象受到了严重败坏，在道义上蒙受了巨大损失，在战略上日益陷入孤立。更重要的是，勃列日涅夫主义体现出来的进攻性战略，拖垮了国家的经济，国家力量受到了很大削弱，以至于影响到国家的国际战略。戈尔巴乔夫上台之后，为了集中精力进行国家改革和建设，极力谋求国际局势的缓和。戈尔巴乔夫认为，"全人类的价值高于一切"、"人类的生存高于一切"、"人类的利益高于一切"，因此，他主张不同的社会制度的国家应当由对抗走向合作，"要把社会的道德的伦理标准作为国际政治的基础，使国际关系人性化、人道主义化"。① 在戈尔巴乔夫外交"新思维"的指导之下，苏联停止了与美国的对抗，进行了限制军备竞赛的"对话"，并调整了与西欧各国的关系，完成了从阿富汗的撤军。苏联的外交妥协，对国际局势的进一步缓和起了较为重大的推动作用。但是，戈尔巴乔夫的外交"新思维"将国际关系的基础定位于"人类道德"而不是"国家利益"，这就很"超凡脱俗"而近于"空中楼阁"了。它并不会得到国际社会的真正认可，所以，国际形势的缓和，是苏联单方面的一再让步而实现的，这不但无补于苏联政治、经济体制的改革，反而为西方资本主义国家的和平演变大开方便之门。

---

① ［苏］戈尔巴乔夫：《改革与新思维》，苏群译，新华出版社 1987 年版，第 173、177 页。

西方的和平演变早在二战结束就已经萌生了，为了使苏联"极权的社会"转向西方"自由的社会"，保证"自由思想"对"专制独裁"的"不战而胜"，西方资本主义对苏联发动了意识形态的"圣战"。赫鲁晓夫与勃列日涅夫虽然也谋求国际局势的缓和，但是，他们对意识形态的斗争却保持着比较灵敏的警惕性。相比较而言，戈尔巴乔夫对西方资本主义国家意识形态的攻击就显得很迟钝了。他的外交新思维以"人道主义"作为处理国际问题的原则，这实际上就等于放弃了意识形态的阵地，致使西方资本主义国家得以在"人权"的旗帜下，策划种种反共活动。在美国学者罗伯特·斯切雷尔看来，20世纪70—80年代，美国对苏联实行的"人权"政策非常奏效，这项政策推动了苏联"持不同政见者们"的反政府活动，促进了其国内的民族民主运动，挑战了苏联的体制。① 西方资本主义国家不但在人权的旗帜之下，搅乱了苏联的意识形态阵地，而且还支持、拉拢有关邻国从事破坏、恶化苏联民族关系的行为，更为恶劣的是，西方国家还直接支持苏联国内的民族分离主义分子的活动，给民族分离势力以物质帮助、政治声援和精神支持。西方资本主义国家种种卑劣的手段，急剧地恶化了苏联族际政治整合的环境。

一个多民族国家族际政治整合的成功进行，稳定的社会环境是前提，统一的政治文化是纽带，稳固的政治体系是关键，三者构成了族际政治整合成功的基本保障。然而，在戈尔巴乔夫时期，多民族国家族际政治整合成功的三大基本保障都不存在。由于戈尔巴乔夫不切实际地抛出无底线的"公开化"和"民主化"，西方资本主义国家推波助澜，整个社会情绪极为激进和亢奋，政治参与十分旺盛，大大地超出了国家政治体系的吸纳能力，对抗性政治行为时有发生，国家政局风雨飘摇，社会动荡不安。戈尔巴乔夫的新思维，放弃了共产主义意识形态的坚守，招致资产阶级自由化思潮泛滥，人们莫衷一是，无所适从，思想的混沌和混乱使得国家统一的政治文化难以构建，这就导致政治一体化的过程失去了精神纽带。最重要的是，社会的动荡和人们思想上的混乱也影响到了政治体系的团结，作为苏联族际政治整合主体的苏联，思想上分歧走向了组织的分裂，最终走向

---

① Robert Strayer, *Why did the Soviet Union Collapse? Understanding Historical Chang*, New York：M. E. Sharpe, Inc.，pp. 80 – 81、127 – 130.

了失灵，甚至连最基本的运转也无法维持。政治体系是政治关系的组织实体和制度载体，是族际政治整合的发动机，政治体系走向失灵，族际政治整合皮之不存，毛将焉附？其失败早已注定。

第二章
苏联族际政治整合模式的构建

苏联族际政治整合模式的形成，经历了一个孕育、成形与定型的演化过程。列宁在领导俄国人民进行推翻沙皇统治的革命斗争中，对苏俄民族关系展开了深入而系统的思考，初步形成了苏联族际政治整合的思想体系和实践体系。斯大林执政之后，列宁所创制的族际政治整合理论与实践发生重大变形，各加盟共和国原属自治权力被剥夺殆尽，联盟中央大权独揽。在国家推动和权力主导之下，苏联共产党自上而下展开了大气磅礴的单向度一元化族际政治整合。

第一节　列宁对族际政治整合的初步探索

苏联的族际政治整合，发轫于列宁领导俄国人民进行民主革命之时。早在19世纪末20世纪初，列宁吸收并发展了马克思主义的民族平等观，并将其作为苏俄族际政治整合的价值基石，在此基础上，列宁形成了以联邦制作为族际政治整合的制度设计、以民族自决作为族际政治整合的重要原则、以民族融合作为族际政治整合的目标指向等一系列的族际政治整合思想。列宁所创设的族际政治整合思想与制度，成为了苏联族际政治整合的源泉与依据。

一　民族平等：族际政治整合的价值基石

族际政治整合的价值基石，即多民族国家以何种价值原则将各个民族共同体模铸成统一的国家共同体。它涉及的是政治系统如何看待国内各个民族共同体的地位和权利的问题。在沙皇俄国历史上，沙皇政府人为地将主体民族与少数民族分为优等民族和劣等民族，在培育了俄罗斯族民族优越感和民族自豪感的同时，极大地伤害了少数民族的民族尊严，使得少数民族对国家共同体和主体民族的怨怼日益滋生。沙皇俄国族际政治整合价值原则的不公，是沙皇俄国倾覆的历史根源之一。

列宁创建的布尔什维克在检讨了沙皇族际政治整合的歧视性价值原则之后，提出了民族平等的主张。列宁民族平等的思想，是与马克思主义民族思想一脉相承的理论体系。它不但涵摄了民族权利平等这个世所公认的普世理念，而且特别地提出了各个民族在社会领域、经济领域的全面的事实上的平等。

为了实现各个民族事实上的平等，列宁提出了著名的"抵偿理论"。所谓"抵偿理论"，就是列宁所认为的，在社会主义制度下，实现民族平等是一个否定之否定的过程。也就是说，我们的目标是平等，但事实上却是不平等，为了实现民族平等，我们就应该从事实上不平等这一点出发，通过大民族对待自己的不平等而对少数民族采取优待、援助等措施，来提高少数民族在实际生活中的地位，从而否定事实上不平等这一起点。[1] 这也就是要求先进民族要以让步的方式、要以对待自己的不平等方式来抵偿民族生活中事实上的不平等。在 1923 年通过的《俄共（布）十二大关于民族问题的决议》中，列宁告诫全党，消灭各民族事实上的不平等，提高落后民族文化和经济发展水平，乃是全党的一项迫切任务。因此，全党同志务必在思想上统一起来，即大民族要以对待自己的不平等来"抵偿"和"消除"事实上的不平等，从而最终实现各民族在形式和事实上都平等的目标。"谁不懂得这一点，谁就是不懂得对待民族问题的真正无产阶级态度，谁就在实质上仍持小资产阶级观点，因而就不能不随时滚到资产阶级观点上去。"[2]

列宁的"抵偿理论"，是苏联族际政治整合思想一个重要的历史发源，它深远地影响了苏联族际政治整合的历史进程。"抵偿理论"在当时特定的历史条件之下，具有不容争辩的历史合理性，它在促进少数民族的发展，保证民族团结，促成苏联的成立，增强国家的向心力等方面都取得了有目共睹的成绩。但是，如果将列宁的"抵偿理论"置于苏联历史演变

---

① 青觉、粟献忠：《苏联民族政策的多维审视》，中央民族大学出版社 2009 年版，第 7 页。
② 《列宁全集》第 43 卷，人民出版社 1987 年版，第 352 页。

的宏大背景之下，从族际政治整合的角度来考量，"抵偿理论"也有其内在的理论薄弱之处。当然，这并不是列宁的责任，这里面问题的实质在于"抵偿理论"赖以存在的历史条件发生变化之后，继任领导人教条化地固守"抵偿理论"，从而导致"抵偿理论"目的与效果之间的反差。

列宁的"抵偿理论"，是在少数民族经济发展十分落后的条件下提出来的，他所着重要解决的是"少数民族如何发展"的问题，而没有能够关注到"少数民族发展起来以后的国家稳定"的问题。在少数民族发展程度较低、民族意识不明显、利益需求并不旺盛的情况下，"抵偿理论"是促进少数民族发展的一剂良药，也是联结少数民族与国家的一个不错的利益纽带，更是与沙俄时代的大俄罗斯沙文主义和民族压迫彻底划清界限的表征。但是，随着少数民族的经济文化发展，民族意识的觉醒和民族认同度的加强是一个必然的演进过程。"抵偿理论"以民族身份来作为国家资源倾斜性分配的依据，客观上催生了少数民族民族意识和民族认同的强化，这些外溢效应是"抵偿理论"原来预想不到的。

在列宁的"抵偿理论"之下，苏联形成了同情、关心、帮助少数民族，尤其是弱小民族的政策取向。这种政策取向总体是以少数民族利益为依归，而不是以国家利益为宗旨。从政治交易的角度来考量，"抵偿理论"对少数民族的扶持，是一种单方面的付出，它并没有明确的"利益交换"的意识，也就是说，国家在对少数民族进行扶持的同时，并没有明确地要求少数民族的政治效忠，这就使得"抵偿理论"预期的"民族团结与民族融合"的长期收益很难实现。换而言之，"抵偿理论"于族际政治整合的效用只能见效于一时，不能见效于恒久，它只适合作为一种临时性的政策安排。因为从长远看，抵偿理论会产生"国家利益与民族利益优先序列倒置"的问题。

民族利益与国家利益是一种辩证、对立统一的关系。正如中国俗话所描述的，大河有水小河满，大河无水小河干。民族利益与国家利益相互依生，两者在根本利益上是一致的，但是，在具体的利益形态上，两者之间却有可能产生紧张与摩擦。从政治学的角度来看，国家利益具有至高无上性，在国家的利益层级体系中，国家利益是第一位的，民族利益作为国家整体利益的一部分，只能是在促进国家整体利益的前提下才能去维护和发展。列宁的族际政治整合思想，以民族利益为基本的出发点，无论是整合问题的选择、整合目标的确定、整合方案的制订、整合手段的使用等，都主要是从"民族利益"而不是"国家利益"来考虑问题，这显然是与多民族国家族际政治整合的根本目的，即国家共同体的巩固，是有所背离的。

列宁族际政治整合思想的出发原点，之所以选择"民族利益"而不是"国家利益"，是与列宁的身份和所处的时代密不可分的。列宁一生主要是作为一个职业革命家在展开政治活动，在他所处的时代，布尔什维克也主要是一个革命党而不是执政党在开展活动。因此，列宁和布尔什维克在进行国家共同体的模铸中，更多的是从"革命需要"和"阶级利益"来考虑民族问题。当布尔什维克成为执政党以后，列宁和布尔什维克族际政治整合的原点仍然一如既往。族际政治整合不从"国家建构"和"国家整合"的角度，而从"革命需要"出发，将之定位"民族利益"，族际政治整合的长期效用是不值得期望的。列宁"国家建构"和"国家整合"思想的淡薄，在某种程度上与列宁对"国家"的认知，对世界革命和共产主义的乐观预测有关系。恩格斯曾经说过："国家再好也不过是在争取阶级统治的斗争中获胜的无产阶级所继承下来的一个祸害；胜利了的无产阶级也将同公社一样，不得不立即尽量除去这个祸害的最坏方面，直到在新的自由的社会条件下成长起来的一代有能力把这全部国家废物抛掉。"①恩格斯"国家祸害论"的思想，在列宁文集的字里行间也时有所现。在《论国家》一文中，列宁谈道："人们崇拜国家到了迷信的地步，相信国家是全民政权的陈词滥调；无产阶级就是要扔掉这个叫做国家的机器，并且指出这是资产阶级的谎言。我们已经从资本家那里把这个机器夺了过来，由自己掌握。我们要用这个机器或者说这根棍棒去消灭一切剥削。到世界再没有剥削的可能……的时候，我们才会把这个机器毁掉。那时就不会有国家，就不会有剥削了。"②列宁对世界革命和共产主义的乐观预测，在某种程度上导致了他对"国家建构"和"国家整合"的忽视。在20世纪初，列宁明确指出，垄断资本主义是腐朽的、垂死的资本主义。十月革命后他又乐观地预言20世纪将会是社会主义的世纪。1918年他又说"普天同庆世界革命第一天的日子快要到了"，③1919年他又不无乐观地指出

---

① 《马克思恩格斯选集》第3卷，人民出版社1995年版，第13页。
② 《列宁全集》第37卷，人民出版社1986年版，第371页。
③ 《列宁全集》第35卷，人民出版社1985年版，第132页。

"国际苏维埃共和国的建立已经为期不远了"，① 1920 年他更是认为"再过 10—20 年就会生活在共产主义社会里"。② 列宁对世界革命和俄国共产主义的过于乐观的情绪也感染了布尔什维克，使得布尔什维克原本应该着力的"国家建构"与"国家整合"，在高昂的革命乐观主义情绪中受到了淡化。

二　联邦制：族际政治整合的制度设计

族际政治整合的政治设计涉及的是以什么样的国家结构形式作为联结各民族的纽带的根本性问题。它是族际政治整合最为根本的制度依托，对族际政治整合的成败有着基础性的意义。苏联在国家结构形式上选择的是联邦制，也就是说，苏联以联邦制作为族际政治整合的外在形式。

1917 年，随着俄国资产阶级二月革命的爆发，沙皇专制制度垮台，各压迫民族人民争取解放和独立的运动风起云涌，他们积极地谋求本民族的利益，强烈地要求实现民族自决和民族独立。在当地的布尔什维克的领导和中央苏维埃政权的大力帮助下，边疆地区的工人阶级和贫苦农民纷纷建立了本地区的苏维埃共和国。从 1917 年底到 1921 年，在乌克兰、白俄罗斯、立陶宛、拉脱维亚、爱沙尼亚、阿塞拜疆、格鲁吉亚和亚美尼亚等地区陆续建立了苏维埃政权，宣布成立独立的民族国家，此外，还成立了鞑靼、巴什基尔、土耳其斯坦等苏维埃自治共和国。短短几年时间，在原沙俄帝国境内共建立了 60 多个民族国家和民族自治政权组织。

在沙皇俄国原版图之上的各个民族，虽然有追求民族独立自主的"分离"的强烈要求，但是在另一方面，又有团结一致"联合"的迫切需要。随着十月革命的胜利，俄罗斯苏维埃共和国及其他苏维埃共和国相继成立，无产阶级革命政权不断巩固和扩大，引起了国外帝国主义的恐惧和仇视。帝国主义为了把新生的无产阶级革命政权扼杀在摇篮之中，对年轻的苏维埃国家悍然发动武装干涉。从 1918 年夏天起，英国、法国、美国、日本等帝国主义对苏维埃国家发动了疯狂的武装进攻，与此同时，在国外帝国主义势力的支持下，俄国国内也爆发了反对无产阶级革命政权的高尔察克、邓尼金和尤登尼奇等反革命武装叛乱，俄罗斯和其他边疆地区一时

① 《列宁全集》第 35 卷，人民出版社 1985 年版，第 503 页。
② 《列宁全集》第 39 卷，人民出版社 1986 年版，第 311 页。

之间战乱纷飞。国内外反动势力妄图一举摧毁刚刚诞生的苏维埃社会主义共和国，无产阶级革命胜利果实可能毁于一旦。① 在生死悬于一线的危急关头，各少数民族产生了联合起来对抗共同的敌人、维护新生的苏维埃政权的迫切要求。

少数民族追求民族独立自主的强烈冲动与团结一致联合求存的迫切需求，迫使列宁及布尔什维克思考这样一个问题：究竟采取什么样的国家结构形式，才能最大限度地联合和团结各民族人民，将革命真正地推向深入。很显然，在少数民族独立自主意识十分旺盛的情况下，实行统一的单一制的共和国在事实上已不可行，因此，为了尽快地促成各少数民族的联合，粉碎国内外反革命势力的进攻，维护无产阶级和各族人民的根本利益，列宁最终选择了联邦制来促成各族人民的联盟。

在特殊的历史条件下，列宁以联邦制作为苏联国家结构形式，对于苏联民族国家的建设具有重要的积极意义。首先，列宁正确地采用联邦制国家结构形式，成功地促进了四分五裂、相互隔绝的俄国各苏维埃共和国的重新联合和再度团结，使各自为政的苏维埃共和国走上联合统一的道路，成为防止帝国主义武装侵犯的一支强大力量，有利于年轻的苏维埃社会主义国家的巩固和发展。因此，采用联邦制国家结构形式符合各民族人民的共同的根本利益。其次，正是由于列宁采用了联邦制国家结构形式，才得以把各族人民引导走向社会主义道路，为消灭民族压迫，缓解历史上形成的民族之间相互猜疑与相互对立的矛盾，实现各民族平等，促进各民族团结和友好合作，保障各民族全面和自由发展创造了前提条件。②

因此，我们认为，联邦制作为苏联族际政治整合最为根本的制度设计，对于保障少数民族政治地位的平等和自治权利的落实，对于苏联的成立，都具有不容抹杀的历史意义。但是，苏联独特的联邦制对于族际政治整合的重大隐患也是显而易见的。列宁对此也有着比较清醒的认识，所以，他并不认为联邦制会是苏联永久的国家形式。在 1918 年 3 月，列宁在《苏维埃当前的任务》中指出："我们目前实行的和将要实行的联邦制，正是把俄国各民族最牢固地联合成一个统一的，民主的和集中的苏维

---

① 赵常庆等：《苏联民族问题研究》，社会科学文献出版社 2007 年版，第 49—50 页。
② 同上书，第 52 页。

埃国家的最可靠的步骤。"① 这里列宁虽然强调联邦制本身对于一个强大
的苏维埃国家的积极意义，但并没有流露出放弃建立中央集中的单一制国
家的设想。1919 年 3 月，俄（共）八大纲领提出为了克服被压迫民族对
压迫民族的不信任情绪，消灭任何特权，党主张按照苏维埃方式组织起来
的各个国家实行联邦制的联合，作为各民族走向完全统一的一种过渡形
式。② 在《民族和殖民地问题提纲初稿》中，列宁再次强调"联邦制是各
民族劳动者走向完全统一的过渡形式"，"既然承认联邦制是走向完全统
一的过渡形式，那就必须追求更加紧密的联邦制同盟"。③

　　但是，令人遗憾的是，苏联在以后的发展里程中，并没有完成联邦制
向单一制的"过渡"。斯大林时期联邦制的变形，更是使得苏联独特的联
邦制的内在痼疾急剧放大，最终成为苏联族际政治整合失败和苏联解体的
重要因素。

　　苏联联邦制的制度设计，其致命短板在于双重主权。双重主权的国家
体系是强大的联盟中央与具有离心倾向的周边地区政治妥协的产物。为了
换取异民族的支持和保证联盟的巩固，苏联采取了双重主权的联邦制形
式。各个加盟共和国按照法律规定，享有除外交和国防之外的广泛的法定
自治权。双重主权所导致的后果在于联盟中央主权与加盟共和国主权在主
权地位、权限划分、行政协调等问题上出现一系列的矛盾与冲突。这些矛
盾与冲突如果解决不好，双重主权的制度平台就成了民族分裂主义分子大
肆从事分离活动的舞台。而且，苏联联邦制还有一个独特之处，就是苏联
的联邦制是以"民族属性"为单位而不是以"行政地区"为单位组建的，
各加盟共和国基本上是以主体民族的名称命名的，如俄罗斯苏维埃联邦社
会主义共和国，乌克兰苏维埃社会主义共和国，白俄罗斯苏维埃社会主义
共和国等。以"民族属性"为单位构建联邦制，虽然不一定必然会导致
国家的分裂（瑞士就是以民族为主体建立的典型的民族联邦制国家），但
是，以民族属性组建联邦制对于民族共同体成员的民族意识和领土意识的
激发却是必然的。

---

　　① 《列宁全集》第 34 卷，人民出版社 1985 年版，第 139 页。
　　② 中国社会科学院苏东研究所、国家民委政策研究室：《苏联民族问题文献选编》，社会科
学文献出版社 1987 年版，第 12 页。
　　③ 《列宁选集》第 4 卷，人民出版社 1960 年版，第 272—273 页。

苏联联邦制的另一个缺陷在于各加盟共和国政治权利与政治义务对等的问题。苏联的联邦制设计，究其本意，在于通过政治妥协，换取各个加盟共和国对联盟共和国的政治信任。赋予各个加盟共和国以广泛的政治权力和自治权利，也是保证民族平等和防止民族压迫的重要举措。但是，苏联联邦制的设计，其缺陷在于，在法律上给予各加盟共和国广泛的自治权利，与此同时却没有从法律的高度规定各加盟共和国所应承担的义务，即促成国家共同体巩固的政治义务和忠诚无产阶级事业的伦理担当。各加盟共和国只享有权利而不承担义务，或者享有极大的权利而承担极小的义务，或者享有法定的权利而只承担道德上服从无产阶级利益的义务，如此种种都使得苏联族际政治整合打上了先天不足的烙印。当斯大林将苏联"联邦制"变形"集权制"，各加盟共和国法律意义上自治权利虽然得以延续，事实层面的自治权力却又被剥夺殆尽，加盟共和国的权利—义务看似对等（实际上是既无权利也无义务），然而，联邦制又面临着现实境遇与法律规定的强烈反差，这就使得联邦制在先天不足之后，又不得不面临后天失调的窘境。

苏联联邦制还有另外一个问题，那就是联邦制的命脉问题，即苏联共产党。苏联采用的虽然是联邦制，苏共的建党原则却是民主集中制。各加盟共和国的党组织皆隶属于苏共中央，必须无条件地服从苏共中央的领导，可以说，正是因为严格的民主集中制的存在，苏联共产党才会成长为一个极富有战斗力的政党，各个松散的联邦也才会被联盟中央整合成为一块铁板。然而，一旦苏联共产党政党力量衰微之后，那就不仅仅是政权的倒台、制度的更迭，而是在双重主权固有弊病之下，国家的解体和国族的倾覆。

三 民族自决：族际政治整合的重要原则

民族自决权是苏联族际政治整合的一条重要原则，所谓民族自决权，按照列宁 1914 年在《论民族自决权》中的定义，民族自决权就是"民族脱离异族集体的国家分离，就是组成独立的民族国家"。[①] 也就是说，一切民族在排除外来压迫和干涉的情况下有根据实际情况，自己选择和确定本国政治、经济、文化制度的自由；有自己决定自己的命运，直到自由分

---

① 《列宁全集》第 7 卷，人民出版社 1986 年版，第 89 页。

离成立独立国家的权利。民族自决权的提出，不但削弱了沙皇统治的基础，开创了民主革命新局面，而且提升了被压迫民族的地位，打破了资产阶级的民族隔绝，奠定了各民族联合的基础，为社会主义革命的胜利进行提供了前提。

列宁的民族自决权思想，不但是完成资产阶级民主革命和无产阶级社会主义革命的有效武器，也是苏联成立后族际政治整合的一大原则。其具体的内涵，主要包括三点：

其一，被压迫民族有摆脱压迫民族的政治独立自主权，即建立自己民族国家的权利。列宁在《社会主义革命和民族自决权》一文中明确指出："民族自决权从政治意义上来讲，只是一种独立权，即在政治上同压迫民族自由分离的权利。具体来说，这种政治民主要求，就是有完全的自由来鼓动分离、鼓动实行分离的民族通过全民族投票来解决分离问题。因此，这种要求并不等于分离、分散、成立小国家的要求，它只是反对一切民族压迫的彻底表现。"[①] 在《1913年俄国社会民主工党中央委员会夏季会议的决议》中，列宁又反复强调："在沙皇专制制度压迫下的各民族自决权，即分离和成立独立国家的权利，无疑是社会民主党应当拥护的。这是国际民主派的基本原则的要求，尤其是沙皇君主制度空前的民族压迫的俄国大多数居民的要求，因为沙皇君主制度同欧洲和亚洲邻国比较，又是最反动最野蛮的国家制度。"[②]

其二，在社会主义制度下，实行民族区域自治也是民族自决权的一种表现形式。马克思主义认为，在帝国主义时代，民族自决权是被压迫民族争取民族解放的利器；社会主义制度建立以后，人对人的剥削不复存在，民族对民族的压迫也就不复存在。因此，列宁认为，在社会主义制度下，实行民族区域自治也是实现民族自决权的一种表现形式。在《关于民族问题的批评意见》一文中，列宁指出，"民主集中制不仅不排斥地方自治和具有特殊的经济和生活条件、特殊的民族成分等等的区域自治，相反的，它必须既要求地方自治，也要求区域自治"。[③] 1921年1月，列宁在给土耳其大国民议会主席穆斯塔法·基马尔的电报中再度指出："根据每

---

① 《列宁全集》第2卷，人民出版社1960年版，第719页。
② 《列宁全集》第24卷，人民出版社1990年版，第61页。
③ 《列宁全集》第20卷，人民出版社1963年版，第29—30页。

个民族享有自决权的原则，苏维埃俄国给予各民族人民在其地区实行自治的权利，并支持他们建立地方共和国。只有实行这一原则才能使苏维埃俄国的各民族在相互谅解和相互信任的基础上建立兄弟般的关系。只有这样的政策才能使俄罗斯各民族强盛起来并联合在一个强大的、能够同包围我们的无数敌人抗争的大家庭。"① 同年 10 月，列宁在《十月革命四周年》中也是这样看待这个问题的，他说："我们让一切非俄罗斯民族成立了自己的共和国或自治区"，② 这也是民族自决权的体现。

其三，承认各民族有不受外族干涉，决定和管理本民族事务的平等权利和民主权利，这也是民族自决权题中应有之意。列宁主张被压迫民族有脱离压迫民族的自由，坚持各民族拥有不容剥夺的民族自决权，其目的就在于促进各民族建立自愿的、完全的、彻底的平等关系；列宁主张在社会主义制度之下，以民族区域自治的方式来保障少数民族的自治权利，其目的也在于通过少数民族政治权力和政治权利的正当行使，促进平等、融洽、和谐的民族关系的建立。在列宁看来，为了促进民族关系的良性循环，就必须保留少数民族的自决权，保证少数民族自我管理、自我发展的权利；就必须无条件地承认各民族人民有独立自主地管理自己事务的权利；就必须反对给予各民族的一切强加的联系，反对任何民族的一切特权。唯其如此，才能在各民族真正平等的情况下，建立一个巩固的社会主义联盟国家。③

当然，民族自决权的行使也非能够随心所欲，任意为之。在列宁看来，民族自决权的行使必须服从于无产阶级革命的利益，服从于社会主义事业的建设。正如列宁在 1903 年所说，"我们原则上承认民族自决权，但是它不能超出无产阶级斗争的统一所决定的合理界限"。④ 十月革命后，列宁再一次明确提出以"是否有利于无产阶级革命"为标准来衡量是否支持"民族自决"。⑤ 列宁指出，无产阶级在民族问题上同资产阶级的根本不同就在于无产阶级始终把阶级与阶级斗争作为第一标准，"把各民族

---

① 《列宁全集》第 50 卷，人民出版社 1988 年版，第 500 页。
② 《列宁全集》第 42 卷，人民出版社 1987 年版，第 171 页。
③ 参见《列宁全集》第 24 卷，人民出版社 1990 年版，第 351—352 页；《列宁全集》第 25 卷，人民出版社 1988 年版，第 72 页。
④ 《列宁全集》第 44 卷，人民出版社 1990 年版，第 346 页。
⑤ 《列宁全集》第 24 卷，人民出版社 1957 年版，第 240 页。

无产者之间的联合看得高于一切，提得高于一切，从工人阶级斗争着眼来估计一切民族要求，一切民族的分离"。① 1918 年 2 月，列宁在《谈谈不幸的和约问题的历史》中提出："如果不违背马克思主义和一般社会主义的原则，任何一个马克思主义者都不能否认社会主义的利益高于民族自决权的利益。……保卫社会主义共和国利益当然高于民族自决权的利益。"②

通过以上分析，我们可以看出，列宁的民族自决权是一个比较完整的系统的理论体系。它既包括了社会主义革命胜利前被压迫民族享有分离的权利，也涉及社会主义制度建立后民族自治的权利。民族自决权和联邦制本身都是促进民族平等，保障民族权利的积极举措，所不同的是联邦制是从正面保障各民族的自治权利，自决权是通过从反面保障民族自由分离权利来维护民族权利，二者正反相成，共同构成民族平等和民族权利平等的支柱。但是，自决权在保障民族权利方面也存在着和联邦制类似的不足：民族自决权在保障少数民族权利的同时，忽视了少数民族义务的担当。这就造成了民族权利与民族义务的失衡问题。

综观列宁的民族自决权思想，以及列宁的民族思想体系，民族权利（少数民族权利）都是一个频频出现的核心词汇。列宁关于民族权利的论述，体现了他对民族压迫的憎恶，对民族平等的渴望，对民族事实上平等始终不渝的追求。列宁认为，全党应当废除一切民族歧视的法令，"以最坚决、最彻底、最勇敢、最革命的态度去捍卫一切受大俄罗斯人压迫的民族享有完全平等和自决的权利"。③ 他甚至主张，"我们要求国内各个民族绝对平等，并要求无条件保护一切少数民族的权利"。④ 考虑到列宁主要是作为一个职业革命家在进行革命活动，并且在当时的历史条件下，民族问题作为革命问题的一部分，是从属于无产阶级利益的，布尔什维克作为革命党，其主要任务在于领导人民推翻沙皇统治，完成资产阶级民主革命和无产阶级社会主义革命，因此，列宁对"少数民族权利"，对"民族自决权"的极端强调，是具有相当的历史合理性的。但是，当布尔什维克成为执政党之后，列宁"无条件"保护一切"少数民族权利"就成为一

---

① 《列宁选集》第 2 卷，人民出版社 1995 年版，第 385 页。
② 《列宁全集》第 33 卷，人民出版社 1985 年版，第 254 页。
③ 《列宁全集》第 26 卷，人民出版社 1988 年版，第 112 页。
④ 《列宁论民族问题》，民族出版社 1987 年版，第 4 页。

个值得商榷的观点。权利是一个与义务相对应的理念，没有无权利的义务，也没有无义务的权利，两者的存在与发展都与另一方面的存在为前提。"对于权利主体来讲，它有一定的限度，行使权利不能无限制；对于义务主体来讲，应当作为或不应当作为的界限是确定的，不能无限制地为自己的行为承担责任。"① 当布尔什维克以纲领性文件、政策、法律和制度强调并保护少数民族权利的时候，却不恰当地忽略了少数民族享有权利之时本应承担的对国家效忠的义务。当苏共一味地强调民族权利的享有而忽略了民族义务的担当之时，苏共的族际政治整合已经为国家共同体的稳固埋下了一大隐患。

而且，苏联关于列宁"民族自决权"思想的实践，还有一个不得不提及的严重问题。按照列宁民族自决权的本意，社会主义制度下，"民族区域自治也应该是民族自决权的一种表现形式"。然而，列宁的这一思想，在苏联三次宪法修订中都没有得到任何体现，1924 年宪法、1936 年宪法、1977 年宪法，仅仅只是简单地规定："加盟共和国都保留自由退出苏联的权利"，并没有完整地体现列宁关于民族自决权的全部思想，根本没能涉及区域自治也是民族自决权的表现形式的问题。这就使得国家根本大法存在致命的法律漏洞，这个漏洞后来就成为民族分裂势力进行分离活动的制度后门。

四　民族融合：族际政治整合的目标指向

在列宁的民族思想体系中，民族接近与融合是作为民族关系发展的理想愿景而提出来的。在历史上，沙皇政府大俄罗斯沙文主义情根深种，将各少数民族视为"异族人"，对各少数民族实行政治歧视、经济掠夺和文化迫害，导致了民族矛盾十分尖锐。20 世纪初，列宁为号召和团结各族人民，推翻反动的沙俄封建军事帝国主义，争取无产阶级革命的胜利，提出了民族接近和融合的口号。在列宁的民族思想体系中，民族接近与融合，并不仅仅只是反对沙皇统治的一个战略口号，而是人类社会发展的一个必然趋势。

如果我们从细微处辨析，列宁的民族接近与融合实质上可以分为具体意义上的民族融合和抽象意义的民族融合。具体意义上的民族融合是指无

---

① 王人博、程燎原：《法治论》，山东人民出版社 1992 年版，第 174—175 页。

产阶级在革命斗争中各个民族不断团结，联合成一体的过程，其本质特征在于各民族的政治接近和政治联合。这就是列宁在《俄共（布）纲领草案》中所论述的，"坚定不移地使各民族的工人和农民在推翻资产阶级的革命斗争中接近和融合起来"。①　抽象意义上的民族融合是指，当无产阶级在全世界范围内取得胜利，阶级差别、国家差别和民族差别消失之后，各个民族完全彻底的民族融合。这种融合是"消亡"意义上民族融合，是各个民族在消灭了民族特征之后融合而成的一个世界人类共同体。这就是列宁在《共产主义运动中的"左派"幼稚病》一文所阐述的，"只要各个民族之间，各个国家之间的民族差别和国家差别还存在，就不是要求消除多样性，消灭民族差别"，因为，"这在目前是荒唐可笑的幻想"。②　这个意义上的民族融合，实质上已经超越了多民族国家族际政治整合的研究范域，因此，在这里，我们只考虑列宁阐述的苏联在民族国家形态之下的民族接近与融合。关于这一点，列宁思想的核心在于，为什么要追求民族接近和融合？又如何实现民族接近和民族融合？

由于马克思主义学说强烈的斗争色彩和列宁无产阶级革命家的身份，在列宁的思想体系中，"革命"思想往往占有支配地位，因此，列宁所谓的民族接近和民族融合也是从"革命需要"出发，为了"完成了各民族共同的事业"，各民族的工人才必须"为了统一的共同的工作而团结起来，联合起来，打成一片"。③　在这里，列宁已经很清晰地表露了民族接近和融合并不是最终的目的，完成无产阶级革命的伟大历史使命才是最终指向。当列宁视野投向国际社会时，民族接近与融合的目的仍然是服从革命利益。列宁认为，"共产国际在民族和殖民地问题上的全部政策主要应该是使各民族和各国的无产者和劳动群众为共同进行革命斗争、打倒地主和资产阶级而彼此接近起来。因为只有这种接近，才能保证战胜资本主义"。④

列宁认为，民族融合是一个长期的自然的自愿的过程，任何企图以行政命令强制同化的手段都会导致适得其反的效果。在《无产阶级在我国

---

① 《列宁选集》第3卷，人民出版社1960年版，第760页。
② 《列宁选集》第4卷，人民出版社1960年版，第426页。
③ 《列宁全集》第25卷，人民出版社1988年版，第376页。
④ 《列宁选集》第4卷，人民出版社1960年版，第272页。

革命中的任务》一文中，列宁明确地指出，"无产阶级政党力求建立尽可能大的国家，因为这对劳动者是有利的；它力求各民族的接近以至进一步融合，但达到这个目的的方法不是暴力，而仅仅是各民族工人和劳动群众的自由的和兄弟般的联合"。① 列宁认为民族融合是一个长期的过程，社会主义虽然能促使民族"接近"，但要消灭民族差别，实现民族的真正融合，那是社会主义在全世界范围之内胜利以后才能实现的。

值得一提的是，列宁关于"民族融合是一个自然的过程"，与列宁主张动用国家权力追求"民族事实上的平等"这两个观点并不矛盾。以国家权力促进或推动民族融合，在列宁看来，这是"强制同化"，是民族问题治理必须警惕而且在实践行动中必须规避的，那种企图用行政命令强迫各少数民族融合的做法，在理论上是可笑的教条主义者，在实践上是帝国主义的帮凶。② 因此，从此种意义上讲，列宁"以国家权力促进民族事实上的平等"，其目的并不在于人为地促进民族融合，而在于以国家权力清除民族自然融合的藩篱和障碍。

列宁的民族融合思想与民族同化思想是紧密地联系在一起的。在列宁看来，民族同化"即丧失民族特性，变成另一个民族的问题"，"同化是民族压迫制度的产物，也是民族压迫的一种表现形式"。资产阶级的"同化"虽然是与暴力、不平等联系在一起的，不过，列宁也肯定资产阶级同化的积极意义：因为有了资产阶级的同化，才有了民族生活和民族运动之觉醒，才有了反对民族压迫斗争之发生。列宁认为，"在同化的概念中除了各种暴行和各种不平等外是不是还剩下有什么实际的东西呢？当然是有的。还剩下有资本主义的具有全世界历史意义的破坏民族界限、消除民族差别、使各民族同化的趋向，这种趋向每过十年便表现得更强有力，它是变资本主义为社会主义的极大动力之一"。③ 因此从这个意义上说，在列宁的著作中，基本上以肯定态度在使用"同化"这一个词，正如列宁所说的，"欢迎民族的一切同化，只要同化不是强制性的或者依靠特权进行的"。④ 很显然，列宁这里的同化，是一种自然同化，它所追求的不是

---

① 《列宁选集》第 3 卷，人民出版社 1960 年版，第 51 页。

② 《列宁选集》第 2 卷，人民出版社 1960 年版，第 867 页。

③ 列宁：《关于民族问题的批评意见——论民族自决权》，外国文书籍出版社 1955 年（汉文）版，第 15 页。

④ 《列宁全集》第 24 卷，人民出版社 1987 年版，第 138 页。

外力强迫，而是一个民族受到其他民族持续不断的自然而然的影响，从而在文化上接受"他者"，在认同上转向"他者"的结果。由于在转向"他者"的同时，也向他者注入自己的文化特质，所以吸收了外族成分的民族严格来讲已不完全是原来的自我，而是具有了新民族的内涵，这就近于民族融合了。

第二节　斯大林时期族际政治整合模式的定型

如果说列宁族际政治整合的思路是通过巩固民族差异，保证民族平等，从而打通政治一体化的道路，那么，斯大林族际政治整合的思路就在于消灭民族差异，以俄罗斯民族为基础控制其他民族，实现国家政治一体化。列宁思路的精髓在于"平等"，而斯大林思路的精髓却在于"控制"。为了实现对各加盟共和国有效的严密的控制，斯大林展开了声势浩大的六位一体的政治一体化进程，形成了极具斯大林特色的一元化族际政治整合模式。这种模式的形成，是客观严峻的战时环境与政治领袖主观建构交相互动的产物。它自从构建完成之后，就成为了斯大林时代和后斯大林时代模铸国家政治一体化的主要道具，它的存在，深远地影响了苏联政治共同体的巩固与演变。

一　苏联族际政治整合模式的背景与成因

苏联族际政治整合形成于 1929 年，定型于 1936 年，巩固于 1945 年二战之后。[①] 它的形成与演变，既是当时苏联特殊历史环境发展的必然，也是政治领袖斯大林主观选择的结果。

---

① 这里之所以将苏联族际政治整合模式的构建起始之点定位于 1929 年，是因为正是在这一年斯大林彻底战胜了所有的政治对手，摆脱了他们的"羁绊"，开始自由地施展其政治抱负；这一年，斯大林将之形容为"社会主义各条战线发生大转变的一年"，政治清洗，高速工业化，农业全盘集体化，思想文化的大批判都是在这一年兴起的，而这些恰恰构成了苏联族际政治整合模式成形的重要因素。苏联族际政治整合模式形成于 1936 年，其标志在于苏联宪法的颁布。学界公认的是，1936 年苏联宪法的形成，标志着斯大林模式的确立，苏联族际政治整合模式作为斯大林模式的一种衍生，其定型是与斯大林模式的建构同步而行的。

（一）社会环境的变化与族际政治整合模式的形成

1. 经济环境的变化

1924 年底，苏联从国民经济恢复期走向国民经济建设时期。面对资本主义国家的包围，此时的苏联，面临着"落后的农业国如何军事抗衡发达资本主义国家"的重大现实问题。在这种情况下，实现工业的现代化和整个国家的现代化就成了新生苏联的首要课题。为了迅速地实现工业的现代化和国家的现代化，苏联走上了赶超战略之路，开展三个五年计划，逐渐建立起了高度集中的计划管理体制。这一体制是苏联实行赶超战略所不得不然的一个结果。从资源上讲，在战火纷飞中诞生的苏联，民生凋敝，物质资源和资金都十分匮乏，苏联要确保自身安全，实现一国建成社会主义，就必然最大限度地集中仅有的资源与资金，对有限的资源与资金实行严格的管理与调配；从战备环境上讲，多年的战争使苏联共产党习惯于自上而下地发布指令。在由革命党转向执政党之后，苏共依然崇尚以行政手段来管理经济，习惯于通过党和国家机关发布命令和决议的办法，来组织经济生活；从国家性质来讲，苏联作为一个社会主义国家，信奉国家才是生产资料、主要资源和其他储备的唯一所有者，只有代表国家的最高领导人才能对其进行集中计划管理；从社会发育程度上讲，苏联是一个经济发展落后型社会主义国家，农民意识，小生产者的习惯思维仍然深深影响着国家生活和社会生活，整个国家都显得急于求成，这成为高度集中的管理体制形成的心理基础。

2. 政治环境的变化

相较于十月革命胜利之初的苏维埃与世界主要资本主义国家的殊死较量，20 世纪 20 年代世界形势发生了重大变化，资本主义国家致力于摆脱战争后遗症，而在西欧无产阶级革命陷入低潮之后，苏联也无力领导各国工人发动世界革命，资本主义世界体系与社会主义世界体系出现了"某种相对的均势"，苏联为此赢得了将近二十年的黄金发展期。然而，在 20 世纪 20 年代后期，资本主义自身无法摆脱的痼疾又使得西方资本主义国家面临着世界范围经济危机的危险。斯大林敏锐地认识到，西方正"产生着最深刻最尖锐的世界资本主义危机，这种危机孕育着新战争"，[①]"国际形势已经开始起根本的变化"，"整个欧洲都在重新准备力量和重新布

① 《斯大林全集》第 10 卷，人民出版社 1954 年版，第 234 页。

置力量"，"战争的前提日益成熟"，"战争的爆发不可避免（当然不是明天，不是今天，而是几年以后）"。① 到了 1927 年 8 月 1 日，斯大林在"国际形势与保卫苏联"的演说中对国际战争形势更是作了直截了当的预判："现在战争问题是基本问题。"②

斯大林对战争形势的预见，使得整个国家都笼罩在战争的阴影之中，全国上下都开始形成了浓厚的战备思维，一切社会生活都围绕着国防—战备的轴心高速运转起来。在战争逼人的环境之下，苏联构建了一整套适应战备的高度集权的政治体制。其主要表现是③：第一，一切权力归苏联共产党。1927 年，斯大林强调：苏联实行共产党一党领导体制和"党的垄断"，不允许其他政党和组织分掌权力。④ "我们的苏维埃组织和其他群众组织，没有党的指示，就不会决定任何一个重要的政治问题和组织问题，——这个事实应当认为是党的领导作用的最高体现。"⑤ 第二，苏联共产党的权力归于党的中央委员会和政治局。斯大林明确指出，"最高机关是中央全会"、"中央全会决定一切"、"政治局是拥有全权的机关"。⑥ 第三，中央委员会及其政治局权力最终集中于总书记斯大林。在高度集权的政治体制下，苏共中央委员会的权力实际上大于党的全国代表大会的权力，政治局的权力实际上大于中央委员会的权力，总书记斯大林的权力实际上大于政治局的权力。

3. 文化环境的变化

在极端紧张的备战环境之下，为了赢得战争之胜利，不但要举全国之物力与财力，以抗顽敌，而且还要求统一思想，铸就意识形态领域的钢铁长城。20 世纪 20 年代末，为了管控思想，凝聚意志，苏联进行了领导体制改组，建立了高度集中的意识形态管理体制，使得苏联的文化环境发生了巨大的变化。

（1）文化氛围由宽松走向紧张

国际共产主义运动史上杰出的马克思主义思想家罗莎·卢森堡曾经说

---

① 《斯大林全集》第 7 卷，人民出版社 1956 年版，第 13—14 页。
② 《斯大林全集》第 10 卷，人民出版社 1954 年版，第 38 页。
③ 刘延合：《苏东剧变主要原因探析》，山东大学出版社 2008 年版，第 123—125 页。
④ 《斯大林全集》第 10 卷，人民出版社 1954 年版，第 191 页。
⑤ 《斯大林全集》第 8 卷，人民出版社 1954 年版，第 36 页。
⑥ 《斯大林全集》第 7 卷，人民出版社 1954 年版，第 328 页。

65

过一句经典名言:"没有自由的意见交锋,任何公共机构的生命就要逐渐灭绝,就成为没有灵魂的生活,只有官僚仍是其中唯一的活动因素。"①这句话指出了思想的交锋对于一个国家公共生活和公共机构的重要意义。文化与政治和经济不同之处在于,它更加注重自由之思想、独立之精神,真理只有在相互驳斥与辩论中才会愈辩愈明。这也说明了一个国家内部存在的各种不同的社会思潮与文化学派之间的争端,应该通过探讨和辩驳的方式加以解决。可惜的是,在这一点上,苏联,尤其是斯大林主政时期,频出恶手,给国家的文化事业造成了很大损失。布尔什维克在领导人民夺取革命战争的胜利过程中,俄国实际上并没有为社会主义革命准备好成熟的物质条件,社会主义革命之所以能取得成功,在很大程度上靠的是共产主义意识形态为各族人民提出的黄金彼岸和终极图景的理想感召。因此,苏联成立之后就十分倚仗共产主义意识形态提供的政治合法性。共产主义意识形态作为国家文化体系中的最高层,涵摄着各种政治亚文化、民族文化和社会思潮,它们之间并不是你死我活、非此即彼的绝对对立关系。在共产主义意识形态的统领与引导之下,多元的民族文化与社会思潮实际上是可以相互包容与多元共存的。在布尔什维克领导人民进行革命的过程中,受制于当时独特的历史环境,列宁更多的是继承了马克思主义强烈的革命批判精神,并从俄国革命民粹主义中汲取批判的精神养料,主张对一切不利于社会主义革命和建设的思潮进行"无情的批判"。在这样一种形势之下,苏联共产主义意识形态就具有了浓烈的不容异见性。1922年,苏维埃经过精心准备,将皮·亚·索罗金、尼·别尔嘉夫,以及莫斯科大学和彼德格勒大学的校长、教授等161名当时俄罗斯最顶尖级的学者、专家、文化人和新闻记者集中在史称的"哲学家之船"上,将其驱逐到了德国,首开苏维埃政府驱逐政治异见者和智识精英的先例。苏维埃政府在文化问题的处理方面虽然不尽如人意,不过由丁列宁自身的政治素养以及他对文化问题比较深刻的理论认知,他在同各种反苏维埃的资产阶级思潮作针锋相对的斗争的同时,也能够注意到文化自身的发展规律,将文化任务看成是一个长期完成的过程。他指出:"文化任务不能像政治任务和军事任务解决的那样迅速。……在危机尖锐化时期,几个星期就可以取得政治上胜利。在战争中几个月就可以取得胜利,但是在这样短的时期要取得

---

① 《卢森堡文选》下卷,人民出版社1990年版,第503页。

文化上的胜利是不可能的。"① 也因此之故，十月革命以后，苏俄的文化氛围虽说也有紧张之时，但总体上还算差强人意，文化发展和艺术创作基本上处于一个比较自由宽松的环境之中。斯大林执政之后，苏联意识形态的管理和控制日趋森严，苏联建立了严厉的书报检查制度，不断开展意识形态领域的政治大批判，树立了官方思想的理论范式。将文化之间的自由论争与正当表达，视为扣动扳机射向苏共心脏的子弹，并通过行政手段和暴力机器将与斯大林政见相异者施以残酷的思想镇压甚至是肉体消灭。一时之间，文化管理手段行政化，文化问题讨论政治化，文化争鸣阶级斗争化，使得苏维埃政权初期形成的"文化的革命性高涨和社会精神生活的民主化"的局面②荡然无存，文化界充满了肃杀之气。

（2）文化发展由开放走向封闭

文化发展是在继承前人文化成果基础上一个推陈出新的过程。每一个时期的文化发展都是在吸纳和借鉴前人的成果上形成的，一个国家的文化的发展，既离不开对本国历史文化的兼收并蓄，也离不开对世界优良文化的广取博收。对于文化而言，只有在会泽百家的基础上，才能自成一家之言。列宁曾深刻地指出："要把资本主义积累的一切最丰富的、历史上是我们必需的全部文化、知识和技术，由资本主义工具变为社会主义的工具。"③"马克思主义这一无产阶级思想体系赢得了世界历史的意义，是因为它并没有抛弃资产阶级时代最宝贵的成就，相反却吸收和改造了两千多年来人类思想和文化发展中一切有价值的东西。"④

然而，20 世纪 20 年代中期以后，随着高度集中的经济政治体制的建立和对大战即将到来的心理预期，苏联的文化发展处于一片风声鹤唳之中。经过了历次大批判和大清洗之后，文化界万马齐喑，对独立之精神、自由之思想噤若寒蝉，在被抽去了灵魂和脊梁之后，文化界更多的只是粉饰太平和大唱赞美诗。而在另一方面，斯大林将资本主义文化与社会主义文化置于水火不容之地，对于资本主义文化全盘否定，一概抹杀。从 20 世纪 30 年代开始，苏联强化了对知识分子的出国审查，严格限制了文化

---

① 《列宁全集》第 33 卷，人民出版社 1957 年版，第 60 页。

② ［俄］M.P. 泽齐娜、Л.B. 科什蔓、B.C. 舒利金：《俄罗斯文化史》，刘文飞、苏玲译，上海译文出版社 1999 年版，第 275 页。

③ 《列宁选集》第 3 卷，人民出版社 1995 年版，第 572 页。

④ 《列宁选集》第 4 卷，人民出版社 1995 年版，第 299 页。

工作者与西方文化界的接触和交流。苏联这种力图维持社会主义文化纯洁性的努力最终将苏联文化发展置于封闭与隔绝的境地。而至 1938 年，斯大林以数年之力主导了联共（布）党史的编写，《联共（布）党史简明教程》面世之后，备受官方推崇，并迅速赢得了至尊经典地位。此后，苏共党史、苏联哲学和各种社会科学只能对这部"红色经典"进行"仰望"和"诠释"，而不能有所"异议"和"突破"。"这样，苏联的整个马克思主义理论和社会科学便在《简明教程》的高大壁垒前停顿了下来，走上了僵化和停滞的道路。"①

（3）理论发展从创新走向教条

理论来源于实践，又反过来指导实践。实践是一个流动不居的过程，理论之树若要常青，必然要随时而化，与时俱进。任何想以理论终结者面目出现的个人，都必然会受到历史的嘲讽。正如恩格斯所说："我们是不断发展论者。"② 列宁也指出："对于俄国来说，根据书本争论社会主义纲领的时代也已经过去了，我深信已经一去不复返了。今天只能根据经验来谈论社会主义。"③ 列宁主义就是列宁根据马克思主义的基本原理结合俄国具体的社会状况和国际形势创造性发展的结果。列宁的建国思想由单一制向联邦制转化，治国政策由战时共产主义向新经济政策转化，都反映了列宁根据实践变化不断调整理论认知的与时俱进的能力。斯大林主义虽然也是斯大林根据苏联 20 世纪二三十年代变化发展了的局势结合马列主义基本原理而形成的理论创制，但是斯大林主义在意识形态方面最大的弊端在于它垄断真理，将理论绝对化，将自我视为绝对真理掌控者，缺乏发展与创新的内在动力。"在大多数社会科学领域，斯大林垄断了'发明权'和作出结论的权力，而所有其他人只能推广普及和进行注释。由此而来的是教条主义的统治、死啃书本、停滞僵化和惰性。"④ "任何新的东西都必须由他来说，而他人只应该重复和传播那些由他发现和宣布的建设社会主义的新法则"，"只要他活着，只要他是伟大的领导者，全部理论问题从

---

① 陈之骅等主编：《苏联兴亡史纲》，中国社会科学出版社 2004 年版，第 253 页。
② 《马克思恩格斯全集》第 22 卷，人民出版社 1998 年版，第 628 页。
③ 《列宁全集》第 34 卷，人民出版社 1985 年版，第 466 页。
④ ［苏］罗·亚·麦德维杰夫：《让历史来审判——斯大林主义的起源及其后果》，赵洵等译，人民出版社 1981 年版，第 852 页。

头至尾都必须由他来决定"。①

（4）政治文化从政治民主走向个人崇拜

政治生活的繁复性是整个世界纷繁复杂的一个缩影。政治事务的繁重与艰辛，再加上个人知识储备、学识架构、智力水平、精力损耗等诸多问题，决定了党内生活必须要广开言路，集思广益。包打江山式的个人主义向来受到马克思主义的摒弃。马克思在给法国政治活动家威尔芙姆·布洛斯的信中写道："由于厌恶一切个人迷信，在国际存在的时候，我从来都不让公布那许许多多来自各国的、使我厌烦的歌功颂德的东西；我甚至从来不予答复，偶尔答复，也只是加以斥责。恩格斯和我最初参加共产主义团体时的必要条件是：摒弃一切助长个人迷信权威的东西。"② 列宁也坚决反对个人崇拜，他指出："工人领袖不是天使，不是圣人，不是英雄，而是普通的人。"③ "只有相信人民的人，只有投入人民生气勃勃的创造力泉源中去的人，才能获得最终胜利并保持政权。"④ 因此，列宁时期民主集中制原则得到了较好贯彻，党内民主得到了较好体现，党内生活也比较宽松，对党内不同意见的争论，也能够较为正确地加以对待。

然而，随着斯大林在历次政治斗争中最高权力地位的确立，党内风气为之一变。党内民主不断收缩退守，个人集权不断攻城拔寨，到20世纪20年代末，党内民主几乎无立锥之地，斯大林大权独揽，个人崇拜风靡一时。尤其是在1929年斯大林五十寿辰之时，全党全社会掀起了一场轰轰烈烈的造神运动。报纸连篇累牍地刊登文章，把斯大林吹捧为活着的列宁，全国各地每个城镇的广场和公共建筑物内到处是斯大林的全身和半身塑像。⑤ "在所有的大街小巷，在合适与不合适的地方，斯大林巨大的半身塑像和画像随处可见。人们听到的讲话，不仅是政治讲话，甚至任何科学主题和艺术主题报告，都充满了对斯大林的颂扬。"⑥ 各种媒介不遗余

---

① 《赫鲁晓夫回忆录》，张岱云等译，东方出版社1988年版，第390页。

② 《马克思恩格斯全集》第34卷，人民出版社1998年版，第309页。

③ 《列宁全集》第21卷，人民出版社1990年版，第135页。

④ 《列宁全集》第26卷，人民出版社1959年版，第273页。

⑤ ［英］伊恩·格雷：《斯大林——历史人物》，任泉等译，新华出版社1981年版，第289页。

⑥ ［苏］德·沃尔科戈诺夫：《胜利与悲剧——斯大林的政治肖像》，苏群译，新华出版社1989年版，第389—390页。

力地吹捧斯大林，称他是"天才领袖"、"伟大的统帅"、"伟大的革命家"、"一切进步和先进事物的象征"。在各种党会上，各级领导人在讲话中都对斯大林进行肉麻吹捧，"一切时代最伟大的人物"、"一切时代科学的泰斗"、"我们星球上最伟大的人物"、"永不犯错的理论家"，种种溢美之词，华彩流章，不一而足，以致雷日科夫认为，"这个体制最重要的特点之一是必须和无限地颂扬斯大林。……在斯大林之前和斯大林之后，世界上没有任何一个人像斯大林一样受到如此大规模的全国有组织的颂扬"。[①]

（二）斯大林的政治心理与族际政治整合模式的形成

社会环境的变化构成了苏联族际政治整合模式形成的客观因素，而政治领袖斯大林的政治品格使得苏联族际政治整合模式从可能走向了现实。"一个国家的历史发展如同人的一生那样，有许多十字路口，有许多可供选择的机会。斯大林个人的品性在斯大林模式形成中的作用，就是表现为在几种选择中主宰了选择。其中可供选择的机会是由客观社会条件提供的，如何选择则是由主观决定的。"[②] 对于苏联族际政治整合模式的形成，斯大林的作用也是如此，他不自觉地扮演了苏联族际政治整合模式催生婆的角色。

按照玛格丽特·赫尔曼的说法，"性格是使人成为一个独特个体的所有方面的总和，如他的生平信息（如年龄、出生地），他的能力与技艺，他所受的训练，工作经历、情感、认知、喜好、态度和信仰，他的角色感知和价值观"。[③] 一个人的性格是在其成长环境中塑造的，它决定着一个人的待人风格与处事模式。成长环境包括自然环境与社会环境。社会环境又包括家庭环境、民族环境、教育环境等。

从家庭环境来讲，家庭向来被人们看作是"人类性格的制造工厂"。心理学研究表明家庭环境中亲子关系、家庭气氛和父母榜样，家庭结构以及出生顺序都是影响个性品质的重要因素。其中任何一方面的不足都可造成不良的个性品质。斯大林出生于格鲁吉亚，父亲维萨里昂·伊凡诺维

---

① ［俄］尼·雷日科夫：《大动荡的十年》，王攀等译，中央编译出版社 1998 年版，第 362 页。

② 叶书宗：《苏联的革命与建设——历史的回顾与总结》，上海社联 1986 年版，第 218 页。

③ Margaret Hermann, *A Psychological Examination of Political Leaders*, New York: Free press, 1997, p. 107.

奇·朱加施维里是一个鞋匠，为人粗犷豪放、暴躁刚烈、反复无常，而又好酒成性。母亲叶卡捷琳娜·格奥尔吉耶夫娜·格拉泽是一个帮工，性格质朴无华，诚实克己、坚强不屈。夫妻俩都是目不识丁的农奴后代，属于格鲁吉亚少数民族的下层劳动人民。"父母被认为是孩子第一任教师，是孩子学习的榜样。社会信仰、规范和价值观等首先通过父母的'过滤'而传给子女。父母言行都潜移默化地影响孩子性格的发展。"[①] 斯大林在成长的过程中，性格特征上不可避免地打上父亲暴躁刚烈和母亲坚定不屈的特质。

从其生长的民族氛围来讲，约瑟夫·维萨里奥诺维奇·斯大林出身于格鲁吉亚这样一个古老的民族集团。格鲁吉亚历史悠久而动荡，民间故事和民族传说源远流长。在民歌、民间故事、民族传说之中记述的著名的高加索强盗，在人民群众口耳相传的过程中被描绘成民族英雄，他们劫富济贫，侠骨柔肠，对底层民众宽大厚道，对达官贵人却心狠手辣。传说故事中的格鲁吉亚英雄好汉们自然成了约瑟夫心中崇拜并热衷模仿的榜样，以至在年龄稍长时竟以绿林好汉柯巴（无情的人）作绰号，自称柯巴·斯大林。

待到年龄稍长之后，斯大林开始步入求学阶段，其中 1894 年 10 月到 1899 年 5 月的第比利斯神学院求学经历，是斯大林思想与性格成熟的一个重要阶段。19 世纪末 20 年代初，世界进入帝国主义和无产阶级革命时代。沙皇俄国作为军事封建的帝国主义国家，对内是各民族的牢狱，对外是世界反动势力的堡垒。而斯大林所就读的第比利斯神学院，在某种意义上是沙皇专制制度的缩影，学校"校纪森严，学生一个小过失就要受到在地下室的一间小黑屋子里关禁闭的处分。修道士的迫害，低劣的饭食，以及缺少新鲜空气和运动，使不少学生身心健康受到损害"。[②] 学校强权和暴力的氛围，极大地激起了斯大林的反抗意识，斯大林正是在"学院实行侮辱人的校规和耶稣教会办法"的抗议过程中，走上了真正革命的道路。

在斯大林成长过程中，俄罗斯民族心理所固有的皇权崇拜思想与强国追求意识深深地影响着他的政治品格。"俄国在欧洲来说，是一个带有东

---

① 叶奕乾、何存道：《普通心理学》，华东师范大学出版社 1997 年版，第 557 页。
② 解力夫：《纵横捭阖——斯大林》，世界知识出版社 1989 年版，第 6 页。

方型专制主义传统的国家。俄国农民、俄国境内各民族的皇权思想严重。"① 俄国民众普遍存在皇权崇拜的集体无意识心理，成了斯大林政治品格形成的重要来源。皇权崇拜心理和其在灵魂深处对格鲁吉亚传说中行侠仗义的英雄们的景仰，使他形成了别具一格的英雄史观，他认为掌握人类社会发展规律的无产阶级领袖能够创造历史。这也从侧面促使斯大林选择高度集权的自上而下的暴烈而刚猛的族际政治整合模式作为苏联民族问题治理的主要方式。

二　苏联族际政治整合模式的建构与巩固

20 世纪 20 年代末期，斯大林为了有效地控制各个加盟共和国，消磨各个民族共同体成员的民族特色，巩固国家共同体，进行了气势恢宏的六位一体的族际政治整合，具体而言，苏联国家共同体一体化的构建，是从国家权力整合、政治角色整合、政府机构整合、军事队伍整合、民族文化整合、民族利益整合六个方面去构建的。

（一）国家权力整合

族际政治整合实质上是政治系统运用国家权力将各个民族共同体模铸成一个巩固的政治共同体的过程。因此，从这个意义上说，国家权力就是族际政治整合的命脉，国家权力的配置关系到了族际政治整合的成败。在苏联政治一体化的过程中，国家权力整合是苏联族际政治整合一个最为鲜明的特质，也是苏联巩固国家共同体一个最为器重的法宝。所谓国家权力整合，即苏联共产党通过种种运作，将原属于其他政治团体和地方加盟共和国的权力集中上移至苏共中央，最终使得苏共中央成为推动国家运转的发动机。这也就是说，在国家权力横向配置上，苏联聚拢了原来分属于苏维埃、俄共（布）、政府（人民委员会和劳动国防委员会）的权力，实现三权归一；在国家权力的纵向划分上，苏共回收了原本属于地方各加盟共和国的自治权力，联盟中央大权独揽。

在国家权力的横向配置之上，斯大林认为，党是政权的核心，② 党作为国家权力的垄断者不允许其他政党和组织分掌权力，③ 党的口号"具有

---

① 叶书宗：《苏联的革命与建设——历史的回顾与总结》，上海社联 1986 年版，第 214 页。

② 《斯大林选集》上卷，人民出版社 1979 年版，第 418 页。

③ 《斯大林全集》第 10 卷，人民出版社 1954 年版，第 191 页。

法律效应，应该立即予以执行"。① 党领导国家原则于 1934 年首先写进苏共党章，1936 年又载入苏联宪法。这就赋予苏联共产党高于国家最高权力机关——最高苏维埃的地位和权力，这就是通常所说的"党管国家"、"通过苏维埃而管理国家"、"一党专政"。② 与此同时，斯大林有意无意地贬低苏维埃的历史地位，将苏维埃仅仅作为服膺于苏共的一个联系党与群众的桥梁，而对于政府的权力，斯大林通过将党内威望不高的李可夫、加米涅夫和莫洛托夫安置在人民委员会主席的职位上，从而实现了对国家行政权力的不断弱化。③ 如此一来，苏共就统合了原属苏维埃和人民委员会的权力，真正实现了一党专政，党管国家。

在国家权力转移到党的手中之后，按照苏共党章的规定，党的全国代表大会是党的最高权力机关，党的全国代表大会每年召开一次。④ 中央委员会是党的领导机关，负责处理全党事务。中央全会一般是半年召开一次，在两次全会之间，政治局是领导中央委员会工作的机关。政治局不是日常办公机关，在其休会期间，由书记处领导日常工作，在党的高层权力机关中，书记处是常设机构。⑤ 但是，在斯大林执政期间，党的政治生活极不正常，党的全国代表大会经常不能正常召开，党的十七大（1934 年）与党的十八大（1939 年）相隔五年，而十八大（1939 年）到党的十九大（1952 年）竟然相隔 13 年时间。与此类似的是，中央全会的召开也完全得不到任何保障。据统计，中央全会、中央监察委员会联席全会以及全党代表会议加在一起，1923—1929 年平均每年召开三次，1930—1936 年平均每年召开约两次，1937—1952 平均每年不到一次，1941—1949 年八年期间一次中央全会都没有召开过。⑥

---

① 《斯大林全集》第 12 卷，人民出版社 1955 年版，第 58—59 页。

② 《斯大林全集》第 8 卷，人民出版社 1955 年版，第 40 页。

③ 陈之骅等主编：《苏联兴亡史纲》，中国社会科学出版社 2004 年版，第 225 页。

④ 1903 年党的三大决定实行党的全国代表大会年会制；1917 年十月革命胜利之后，列宁遵照党章，每年召开党代会。1927 年，斯大林在党的十五大上修改党章，将党代会年会制改为每隔两年召开一次；1934 年党的十七大又修改为每 3 年召开一次党代会；1952 年苏共十九大时，党代会又修改为每隔 4 年召开一次；1971 年勃列日涅夫时期，苏共第二十四次代表大会又将之修改为党代会每隔 5 年召开一次。

⑤ 沈宗武：《论苏联共产党高层权力结构的变迁与苏联解体》，《湖北行政学院学报》2004年第 1 期。

⑥ 陆南泉等主编：《苏联兴亡史论》，人民出版社 2002 年版，第 480 页。

由于党的全国代表大会和中央全会的召开都极不正常，作为领导中央委员会工作的政治局和作为常设机关的书记处，其重要性就大大地凸显出来。而苏联共产党民主集中制的组织原则，更是使得政治局和书记处成为权力集中的核心阵地。20 世纪 20—30 年代，政治局委员设有 7—9 人，包括政治局候补委员在内，共 9—15 人。在政治局这样一个核心权力圈之内，又按照政治局委员与总书记斯大林亲疏程度的潜规则，形成了核心权力的"圈中之圈"。这个"圈中之圈"通常由 3—5 人组成，其成员唯斯大林马首是瞻，有敢于异议者，即被清除。因此，苏联的权力结构配置就体现为"百权归一"，用托洛茨基在《我们的政治任务》中的话来说就是："党的组织取代了党本身；中央委员会取代了党组织；而到头来党的独裁者取代了中央委员会。"

与此类似的是，在联盟中央与地方的纵向权力划分上，各加盟共和国的自治权力逐渐上移与集中至联盟中央。"苏联政府只是以形式主义的方式满足法律上的'主权平等'"，"随着苏联高度集权的政治体制的形成和联邦制国家体制的严重变形，各加盟共和国所享有的主权地位和主权范围呈现逐渐缩小和削弱的趋势，各加盟共和国在宪法上所享有的政治主权、法律主权、经济主权、文化主权逐渐向联盟中央政府集中"。①

具体而言，各加盟共和国的主权弱化主要体现在：其一，在政治主权上，按照 1924 年苏联宪法的表达，苏维埃社会主义共和国联盟中央在政治主权上所强调的是"各加盟共和国政治生活一般规范"的"规定权"，诸如各加盟共和国设立自治机构（共和国、自治州）等权力，原是 1924 年宪法题中应有之义。但是，1936 年苏联宪法明文规定，"批准各加盟共和国内成立新自治共和国和新自治省"的权力属于中央联盟。

其二，在法律主权上，1924 年宪法规定"苏维埃社会主义共和国联盟中心执行委员会颁布法典、法令、决定及指令，统一苏维埃社会主义共和国联盟的立法及治理工作并规定苏维埃社会主义共和国联盟中心执行委员会主席团及人民委员会的活动范围"。然而，在 1936 年，苏联宪法明确

---

① 张建华：《对苏维埃联盟的成立和苏联宪法的历史分析》，《中共天津市委党校学报》2003 年第 1 期。

规定，"苏联的立法权只能由苏联最高苏维埃行使"，这就等于剥夺了各加盟共和国"颁布法苏维埃社会主义"的权力。与此相应的是，在司法权方面，1924 年宪法所着重强调的是苏维埃社会主义联盟中央最高法院的"全联盟立法解释权"，"加盟共和国是否违宪的判定权"，"加盟共和国司法纠纷的调节权"，但是，在 1936 年宪法之中，联盟中央司法权扩展为"苏联最高法院在法律规定的范围内，负责监督联盟和加盟共和国所有审判机关的审判工作"。这就使得各加盟共和国的独立审判权在很大程度上成为虚置。

其三，在经济主权方面，联盟中央在 1936 年苏联宪法之中也实行了扩权。原属于各加盟共和国的相当一部分权力也被收归至联盟中央。联盟中央"对联盟兼共和国所属的工业和建设事业实行总的领导"，而且对事关国家命脉的"运输"、"邮电"、"金融"实现全面集权。更为重要的是，联盟中央的权力触角不仅仅全面伸向国家的命脉，还对加盟共和国具体经济活动也颇多干涉。它以国家根本大法的形式规定：苏联部长会议"通过各加盟共和国部长会议实现对经济行政区的国民经济委员会的领导"。

其四，在文化主权方面，各加盟共和国在文化教育方面的相当部分自主权也被收归至联盟中央。在苏联成立时，教育人民委员部在整个苏维埃国家机构中是唯一一个没有全联盟权限的机构。各加盟共和国教育人民委员部都保有相当广泛的自主权。但是，经过 20 世纪 20 年代末至 30 年代中期文化管理领域的批判与清洗，各加盟共和国的教育人民委员部被置于俄罗斯联邦教育人民委员部的直接领导之下。同时，苏共又通过一系列具有全联盟职权的机构，如全苏高等学校委员会、全苏艺术委员会，全苏电影委员会和全苏无线电广播委员会等，把文化领域的领导权全部集中到了联盟中央，这就最终完成了对整个文化教育领域的集权过程。①

（二）政治角色整合

在现代政治体系中，特定的政治主体所扮演的政治角色并不是单一的，它是由一系列的正式的与非正式的、指定的与获得的、经常的与临时的、显现的与潜在的种种角色混合而成的。角色的多样性和繁复性，致使政治角色的扮演者常常处于角色紧张和角色冲突之中，甚至不免于政治角

---

① 陈之骅等主编：《苏联兴亡史纲》，中国社会科学出版社 2004 年版，第 226—227 页。

色失败的厄运。从族际政治整合的角度而言，政治主体最重要的角色有两种，一种是国家行政主体的政治角色，一种是民族政治精英的政治角色。这两种政治角色的角色扮演在共同的政治舞台上却蕴藏着不同的角色规范。国家行政主体的角色规范要求少数民族政治精英，按"公共人"的角色扮演所规定的行为模式，从公共理性出发最大限度地维护和促进公共利益；但是，民族政治精英的角色扮演却要求民族精英按照"民族人"的角色要求，秉承民族意识，为了民族利益而鼓与呼。这种角色扮演所规定的不同行为模式在同一政治主体身上不可避免地产生交错和冲突，少数民族政治精英更加倾向于何种政治角色规定的行为模式，就决定了一个国家共同体是稳固还是离心。

苏联为了国家共同体的巩固，在政治角色（民族政治精英）整合方面，所采取的策略主要有三种，一是教育，二是控制，三是清洗。教育，即通过吸收少数民族干部入党，用马列主义思想来教化各类民族干部，教导他们超越狭隘的民族主义和民族利益，发扬族际主义甚至是国际主义精神，忠于甚至献身于无产阶级革命的利益。自列宁时代以来，布尔什维克就十分重视对少数民族干部的培养和教育。尤其是苏联成立后，苏共非常注重通过建立共产主义大学、党校、各类干部进修学校，提高少数民族党政领导干部的理论水平和共产主义道德修养。在苏联国民教育体系中，苏共力图通过对少数民族政治精英进行马克思主义理论的灌输与共产主义道德的培育，促使各少数民族政治精英在面临民族主义与族际主义、民族利益与国家利益、民族情感与国家情感的角色博弈中，自觉地超脱自我民族角色的扮演，而主动开启国家政治主体的行为模式。

控制是苏共通过"等级官员名册"的干部制度（以下简称"官册制度"）来保证各少数民族干部忠于联盟中央从而维护国家共同体稳固的一个重要举措。"官册制度"由三个清单组成：第1号清单是《俄共（布）中央任免的中央机关及其地方机关职务清单》（1923年制定，1925年修订），清单规定了由组织分配部考察任命的官员数量为1870人，涉及党、国家、工会、合作社和其他组织最高领导职务，由党的最高机关——政治局、中央组织局和中央书记处批准。第2号清单是《工作者之任免由中央机关和部门预先通知中央委员会的人民委员部与中央机关职务清单》（1923年制定），清单规定由组织分配部考察任命的官员数量为1875人。这两个清单任命人数占到了任免官员的大多数——57.2%。第3号清单是

"部门官员名册和地方官员名册"，名册中所涉及的职位由国家每个主管提名和任命，但须得到中央组织分配部的批准。这三个清单所涉及的任免干部范围极为广泛，不仅包括党和国家领导干部的任免，还包括对社会组织（合作社中心、合作银行等）领导干部的任免。并且，在官册制度的实际运行中，党的总书记不仅控制着第 1 号和第 2 号官册人员的任命，而且经常也操纵着第 3 号官册人员的任命。① 正是在独具特色的官册制度核心架构上，斯大林通过任免从中央到地方的各级领导干部，客观上促进了各少数民族干部在政治角色的扮演方面，超越民族精英的角色而忠诚于国家政治主体的角色。一旦少数民族干部国家政治主体的立场有失坚定或者角色扮演失败，那么，自上而下的任免制度就可以将之清理出局，从而保证国家共同体的政令统一，令行禁止。

清洗，在这里是指斯大林有意识地清除掉具有明显民族意识的民族政治精英，而代之以在新的历史条件下成长的，经过无产阶级革命教育的、完全相信党的宣传的民族政治精英。虽然，斯大林对民族精英的清洗，并不仅仅出于巩固国家共同体和控制民族共同体的单纯努力，而是一个既包含二战来临之际清除第五纵队，巩固大后方的正当目的，也包括了权力斗争内在企图的混合动机输出的产物。但是，从族际政治整合的实际效果而言，斯大林的政治清洗，确实折射出了斯大林试图通过铲除深具民族意识和民族传统的旧型民族政治精英，而以经过两代苏维埃革命领袖教育的新型无产阶级民族政治精英取而代之，从而达到有效控制民族共同体的目的。根据埃莱娜·卡·唐科斯的分析，在 20 世纪 30 年代初期，斯大林以赤裸裸的暴力代替了教育。他摧毁了社会传统生活的条件，几年之后，他又在他发动的清洗中除掉了 20 年代的民族优秀人物，他认为他们都犯了走民族主义老路的不可饶恕的罪行。从整个苏联来说，这种清洗是盲目的，没有理智的，但在边远地区，这种清洗却明显是有理智进行的。这些清洗有步骤地清除了旧的和在 20 年代提拔起来的民族干部。斯大林为那些具备苏联民族关系新观念的新一代中坚分子的上台扫清了道路。② 当

---

① 沈志华主编：《一个大国的崛起与崩溃》，社会科学文献出版社 2009 年版，第 190—199 页。

② ［法］埃莱娜·卡·唐科斯：《分崩离析的帝国》，郝文译，新华出版社 1982 年版，第 17—18 页。

然，斯大林发动的政治清洗和取代，对于政治共同体的巩固其负面意义要远远大于正面意义，这种对国家政治精英主观和随意的清洗、铲除和杀戮，不但导致国家政治合法性流失，民族共同体的离心，而且就微观意义而言，其效力也殊不足道，虽然"新的优秀人物到处涌现并逐步取代了那些充满民族精神的旧的优秀人物"，然而，斯大林又不无恼怒地看到，那些"被共产党推向前进的这些人物又染上了他们应当使之消亡的民族精神"。①

（三）政府机构整合

政府机构整合，即苏联共产党通过各种国家政治机构的设置，加强对各加盟共和国的对口领导，以强化政治一体化的一个过程。具体而言，是指联盟中央通过扩展中央政府机构，强化对各加盟共和国国家机构的领导与控制，从而保证联盟中央与各加盟共和国在政治上高度一致。苏联政府机构整合，可以从两个方面去考察，一是联盟中央政府机构与地方加盟共和国政府机构数量的对比；一是联盟中央政府机构与地方加盟共和国机构所管辖的领域重要度的对比。

苏联的政府机构，是一个囊括了多种层次的复杂体系，它包括部长会议及其领导下的各全联盟部、各联盟兼共和国部、各全联盟国家委员会和联盟兼共和国委员会，以及部长会议所属的其他机关。全联盟部，是在苏联全境直接地或通过其设立的机关来管理其所属的部门，属于全联盟部管理的主要是重工业、运输、建筑、航空和海运等领域。联盟兼共和国部，是通过与加盟共和国同名称的部实行管理，并且直接领导属于它管理的企业和公司。属于联盟兼共和国部管理的主要是农业、轻工业、渔业和文化、卫生、商业、财政等部门。全联盟国家委员会和联盟兼共和国委员会是属于综合性的部门，实行跨部门、跨行业的管理。②

从机构数量对比来看，苏联族际政治一体化的过程，就是中央政府机构不断地自我膨胀、自我扩权、自我强化的一个过程。在这个过程中，中央政府机构不断地扩大对各加盟共和国的管理力度、管理广度和管理深度。在列宁时期，人民委员会不过下设内务、农业、劳动、陆海军、工商

---

① ［法］埃莱娜·卡·唐科斯：《分崩离析的帝国》，郝文译，新华出版社1982年版，第16页。

② 童威：《论苏联行政管理机构的三次大膨胀》，《今日苏联东欧》1987年第5期。

业、教育、财政、外交、司法、粮食、邮电、民族事务、铁道十三个人民委员部。而至斯大林时期，截止到 1936 年，人民委员会下设 12 个全联盟部、13 个联盟兼共和国部和 5 个国家委员会。到了 1939 年，仅政府下属部就有 34 个，1940 年更是增长为 39 个。二战结束后，由于进一步强调部门专业化，政府机构更是大幅度增设，到 1947 年已有独立部 58 个。虽然 1948 年苏联对政府机构进行了调整，然而到 1953 年斯大林逝世时，苏联部长会议仍设有 57 个部委机构。① 中央政府机构的膨胀，深刻地揭示了苏共中央力图通过"强中央，弱地方"这样一个政府体制的设置，加大联盟中央在全苏范围权力行使的力度，尤其是通过各种各样的对口管理，强化对各加盟共和国政府机构双重领导的力度。

从联盟中央与地方加盟共和国管辖的领域而言，各联盟部和联盟兼共和国部垄断了所有的重要领域，而纯属于各加盟共和国政府机构只是负责管辖一些完全是地方性的事务。以白俄罗斯 1977 年的政府组成为例，联盟—共和国部负责农业、交通、工业设备、文化、教育、财政、食品工业、外交、森林、卫生、中等和高等专门教育、工业建设、房屋、法律、土地和水利资源、轻工业、肉类和奶制品、供应和储藏、农村建设、木材和木材加工工业、贸易。在白俄罗斯 15 个国家委员会或专门行政机构中，有 12 个受中央和该共和国部长会议双重领导，只有 3 个属于白俄罗斯政府管辖。受双重领导的包括计划委员会、建设委员会、人民监察委员会、国家安全委员会等关系国计民生、国家安全的重要领域，而受地方领导的仅仅只是一些如自然保护委员会、物质供应和技术委员会、天然气供应委员会等无关大局的半边缘领域。②

（四）军事队伍整合

在苏联国家治道之中，军队不仅仅是一个保家卫国的中流砥柱，而且还是消磨民族特性、实现国家政治一体化的大熔炉。在苏联成立之前，苏俄各少数民族以民族为单位建立"民族军队"，布尔什维克为了更有效地团结各少数民族拱卫苏维埃政权，列宁和托洛茨基不得不将各种民族军队并入正在创建的红军之中。因此，这个时段苏俄红军的特色是军队的

① 郭建平：《苏联政府机构的演变》，《党校科研信息》1987 年第 3 期。
② ［法］埃莱娜·卡·唐科斯：《分崩离析的帝国》，郝文译，新华出版社 1982 年版，第 119—120 页。

"民族化"。由于各个少数民族的民族军队与红军在推翻沙皇反动政权的目的上是一致的，因此，在革命进行的过程中，以民族为编制组建军队，对发挥民族军队的战斗力，实现无产阶级革命的胜利具有明显意义。苏联成立后，"民族化"的军队与苏联"同质化"的国家建构就产生了内在冲突。少数民族组建民族军队，其根本目的在于捍卫自己的主权，它蕴藏着民族独立的内在因子，这与苏联共产党建立一个巩固的联盟，实现国家政治一体化的初衷是有所背离的。列宁和斯大林显然对此也有所警惕，因此，1938年，苏联军队开始实行重大改革，实行普遍兵役制，所有成年男性公民，不分民族与文化水平，都必须服兵役。同时，军队实现了统一领导，按民族编制的民族部队被打乱，重新进行了各民族混合编制，军事学校和干部的培养都抛弃了民族原则。这就意味着，除了同一民族的人都已分散编入不同的部队以外，军队的语言——俄语重新成为了苏联各族人民的共同语言。①

从族际政治整合角度来看，苏联的义务制兵役成为了国家同质化的一大利器。由于实行普遍的义务兵役制，各个民族的成年男性公民都被纳入国家军事体系，他们在一定时间段里（海军兵种服役期限为3年，其他兵种服役期限为2年）脱离了传统的民族地理环境和文化氛围，置身于一种完全不同以往的、理论上是多民族混杂实际上是俄罗斯族占优势的环境之中。1938年以后，由于采取的混合编制（二战期间，出于作战部队战斗力最大化的考虑，斯大林恢复过一段时期的按民族编制部队的传统做法），新战士编入混合编制的部门单位，从而得以更大范围地接触到各具特色的民族成员，这是苏联军队消灭民族界限有意为之的结果。在军队中，各民族成员接受统一指挥，接受统一政治思想工作的教诲，使用统一的语言（俄语），这就使得各少数民族民族意识逐渐受到了消磨，"苏联军队就成为了实现全国一体化的最好工具"。② 军队的锻造对于国家一体化的效力是显而易见的，按照伊万·久巴的研究，"几百万乌克兰青年在服役期满复员后，在民族立场方面已经晕头转向，对民族语言也失去了热情。更为甚者，他们成了对其他青年和所有居民进行俄罗斯化的力量，还

---

① ［法］埃莱娜·卡·唐科斯：《分崩离析的帝国》，郝文译，新华出版社1982年版，第152页。

② 同上书，第153页。

有很大一部分乌克兰青年在服役期满后就不再回乌克兰了"。①

（五）民族文化整合

民族文化是一个民族在长期历史发展中形成的关于民族历史演变的历史记忆，它以一种潜移默化的方式不自觉地影响着人们的思维和行为模式。多民族国家存在的民族文化多样性与异质性的客观现实，是国家共同体非稳定性的潜在因素。因此，进行文化整合，以政治文化同质性来统摄并涵括民族文化的多样性，并以此作为构建国家同质的桥梁，就成为了多民族国家族际政治整合的通行做法。

苏联的民族文化整合，表现为两种形态，一是以共产主义意识形态来统摄各种民族文化，在构建政治文化同一性的同时，甚至不惜戕害政治亚文化的多样性；二是以俄罗斯民族文化来同化各种民族文化，消磨各种民族文化的特质，最终实现文化同质。苏联以共产主义意识形态来统摄民族文化，我们将在后文论及，这里仅就苏联以俄罗斯文化同化各种民族文化作一个简短分析。

斯大林以俄罗斯文化同化民族文化，采取的是"篡史同言"的方式。所谓"篡史"，就是歪曲沙皇征服少数民族的历史，淡化各少数民族抗争沙皇殖民统治的英雄壮举。对于被征服的民族来说，沙皇俄国的奴役史先后被宣传成"绝对的坏事"、"相对的坏事"、"最小的坏事"，甚至"绝对的好事"。阿塞拜疆共产党的主要领导人巴基罗夫就明确地表达过这种观点。他在1952年这样写道："绝不应当低估沙皇殖民政策的反动性，但我们也不应当忘记……被俄罗斯兼并，这对于那些被兼并的民族来说是唯一的出路，而且这种被兼并对它们未来的命运只有好的影响。"② 斯大林"篡史"所折射出来的"文化同化"与列宁时期的"文化调和"截然不同，斯大林认为，民族文化分裂了人们的思想意识而不是使他们互相接近，因此，少数民族文化必须受到批判。同时斯大林将民族文化看作是反动历史的象征，"一切民族文化的不朽珍品——史诗，民间诗歌等等——都遭到了无情的攻击并被禁止。斯大林并不止于对过去文学遗产发起攻

---

① ［苏］久巴：《国际主义还是俄罗斯化》，商务印书馆1972年版，第137页。

② ［法］埃莱娜·卡·唐科斯：《分崩离析的帝国》，郝文译，新华出版社1982年版，第23页。

击。他还要攻击和取消民族文化的一切形式，甚至是很现代的表现形式"。①

"同言"，就是通过国家语言的一体化，强迫各少数民族学习俄语，以俄语作为加强民族交往和民族友谊的强有力工具。在列宁时代，列宁曾经认为，俄语作为一种语言工具，作为一种约定俗成的交流通道，由于俄语所拥有的广泛的使用群体和语言本身的便捷性，各非俄罗斯民族总有一天会自愿使用俄语。但是，20 世纪 30 年代中后期，斯大林违背各少数民族"自愿地学习俄语"的原则，开始以行政力量大力强制性推广俄语。1938 年 3 月，苏联人民委员会和联共（布）中央做出了《关于在各民族共和国和州必须学习俄语的决议》，规定在各民族学校开设俄语必修课，要求中学生在口头和书面上能够自如运用俄语，独立阅读俄文报刊和书籍，通过掌握俄语来熟悉俄罗斯文化。20 世纪 50 年代以后，苏联官方更是宣布俄语为各民族交际的统一语言。②

在国家一体化的过程中，统一的语言（国语）的推广和使用，乃是一个无法绕开的必然课题。民族隔阂的消除、民族互动的展开、民族对话的形成，如果缺乏一个统一的语言媒介，民族间的正常交流就无法顺利地展开。因此，实行语言一体化乃是多民族国家族际政治整合的一个通行做法，然而，统一语言的推广与使用，也不能违背语言自身发展演变的内在规律。语言的形成、发展、壮大与灭亡正如人的成长与消亡一样也有其自身内在的规律性，国家语言一体化的急躁冒进与拔苗助长，往往会导致与国家一体化既定目标适得其反的效果。在国家语言一体化过程中，苏联人为地抬高主体民族语言的地位，将少数民族语言贬低为次等地位，客观上伤害了少数民族习俗、尊严与利益，最终在 20 世纪 60、70 年代，引发了少数民族一场又一场的反对俄语语言同化的运动。斯大林时期，苏联为国家一体化种下了"语言同化"的种子，种瓜得豆，收获的却只是"民族离心"的果实。

（六）民族利益整合

一个多民族国家政治体的稳固与国家内部民族利益整合是密切相关

---

① ［法］. 埃莱娜·卡·唐科斯：《分崩离析的帝国》，郝文译，新华出版社 1982 年版，第 24 页。

② 赵常庆等：《苏联民族问题研究》，社会科学文献出版社 2007 年版，第 140—141 页。

的。既然多民族国家是各个民族共同体基于利益最大化理性选择的结果，那么，一个多民族国家能否实现各个民族共同体利益的有机整合就关系到国家共同体是否能实现长治久安。民族共同体利益的有机整合，是建立在民族利益分配正义的基础之上的，是将各个民族利益共同体锻造成统一的国家经济利益共同体的过程。

著名学者 L. 派伊在研究发展中国家的政治困境时，曾概括出了著名的"六大危机"，即认同危机、合法性危机、贯彻危机、参与危机、整合危机、分配危机。① 这些危机并不是孤立的个体，而是一个相互关联的体系，在其中，整合危机与分配危机是紧密地联系在一起的。在苏联，由于在历史上形成的民族经济发展的非均衡性，为了实现国家利益分配的正义，苏联采取一平二调的平均主义整合方式，对各少数民族共同体加大扶助力度，借以帮助少数民族共同体逐步赶上中部地区发达民族的经济发展水平。苏联对少数民族共同体的扶持，构成了苏联规避分配危机和整合危机的前提性条件。

但是，一个国家经济共同体的打造，仅仅靠分配正义是不够的，它还有赖于在全国范围内建立统一的经济或统一的市场。这就是著名社会学家爱德华·希尔斯所说的，构成并维系一个社会需要三个方面的要素：一是统一的经济或统一的市场；二是统一的文化；三是统一的政治权威。三者中任何一方受到削弱都意味社会的统一性受到削弱。② 在这三个方面的要素中，统一的经济或统一的市场具有基础性意义。对苏联这样一个多民族国家而言，如果要维系国家共同体的稳定，首先必须使各民族共同体成为一个统一的经济或统一的市场，也就是说将各个民族共同体锻造成相互依赖的国民经济共同体。为了将苏联锻造成一个统一国民经济共同体，苏联采取的做法就是在各加盟共和国中实行专业化的劳动分工和专业化的经济布局，增强各加盟共和国对联盟中央，对其他民族共同体的经济依赖，促使各加盟共和国形成"各个民族共同体是一个紧密的国家利益共同体"的意识。苏联的民族利益整合以行政手段建构了各个民族相互联结、相互支援的利益纽带，但在客观上也使得各个加盟共和国向单一型经济发展。

---

① L. W. Pye, *Aspects of Political Development*, Boston：Little, Brown & Company, 1966, pp. 63 – 67.

② 张静：《国家与社会》，浙江人民出版社 1998 年版，第 21—22 页。

如苏联 1965 年把哈萨克斯坦一万平方公里适宜种棉花的土地，划给乌兹别克斯坦，让哈萨克斯坦只生产粮食。1963 年苏联又把哈萨克斯坦 350 万公顷土地，划给乌兹别克斯坦种棉花，同时又把乌兹别克斯坦 505 万公顷的可作牧场的土地，划给塔吉克斯坦专门发展畜牧业。1971 年，苏联当局又将乌兹别克斯坦 2.2 万平方公里不适宜种棉花的土地，划给哈萨克斯坦种粮食，迫使乌兹别克斯坦成为专门生产棉花的共和国。

三　斯大林时期族际政治整合模式的效力与影响

多民族国家族际政治整合的根本在于消解民族与国家之间的二元张力，实现国家共同体的巩固。多民族国家族际政治整合的目的虽然一样，但手段却各有不同。斯大林采取的手段乃是通过国家权力自上而下地对各民族共同体"纵深"的掌控，控制或者压制民族与国家之间的二元的张力，从而实现国家共同体的巩固。这种族际政治整合模式，在当时特定的历史条件下，也确实将民族与国家之间的张力压制在国家共同体运转的最低限度之内，然而，在苏联威权主义政治权力的单向运行的高压之下，苏联民族共同体的团结更近于一种"机械团结"，而不是"有机团结"；①国家共同体的稳定更近于一种"刚性稳定"而不是"韧性稳定"；② 国家共同体的联结更近于一种"民族集合体"而不是"国族共同体"。

（一）"机械团结"：苏联族际政治整合的后果之一

我们之所以将苏联的民族共同体团结类型划定为"机械团结"而不是"有机团结"，其最为基本的理由主要如下：

就政治方面而言，各个民族共同体的团结，是国家压力体制强力撮合的结果，是政治系统通过"权力纵深"进行深入规制的结果，是联盟中央通过政党—人事纽带强有力的控制与清洗的结果。各个民族共同体的团

---

① "机械团结"和"有机团结"本是涂尔干提出来的一种区分社会团结的类型。这里我们将其借用过来作民族团结类型的分析。"机械团结"是指通过强烈的"集体意识"或"所有群体成员的共同感情和共同信仰"而把个体联结起来的那样一种社会结合类型；而"有机团结"是指通过"职能上的相互依赖"而将个体联结起来的那样一种社会结构类型。

② "刚性稳定"是于建嵘提出来一个概念，主要是指一个社会的政治和社会结构缺乏必要的韧性和延展性，没有缓冲地带，执政者时刻处于高度紧张状态，企图运用一切资源来维系其"专政"地位，最终可能因不能承担十分巨大的社会成本而使社会统治断裂和社会管制秩序失范。"韧性稳定"是蔡永飞与于建嵘讨论时提出的一种社会稳定类型。这种稳定类型不仅是分权开放的、动态的、和平有序的，而且还是可以自我修复的。

结并不是在长期历史交融中自然长成的。联盟中央在对各个加盟共和国进行控制的过程中，剥夺了各个加盟共和国法定的自治权力，虽然在压力性体制之下，联盟中央成功地将各个民族共同体之间冲突限制在不伤害国家共同体运行的底线之内，但是，以强力将民族共同体之间的张力限定在低水平范围之内，并不能从根源上解决民族团结的问题，甚至还有可能恶化民族与国族之间的关系。

就经济方面而言，各个民族共同体发挥族际主义精神，构建统一的经济共同体，并不是各个民族共同体在经济方面相互补充相互依赖而自然联结的结果，而是国家主导和行政划分的结果。民族共同体被单方面强调要求服从国家利益，并不能独立自主地依据地方特色建立相对完整的立体的经济体系。它客观上导致了许多少数民族共同体形成了单一的畸形经济结构，民族共同体成员生活水平也相对低下。而由于苏联长期实行的一平二调政策，作为主体民族的俄罗斯族和作为发达地区的乌克兰以及波罗的海都认为自己在"拉平"中政策利益受损。斯大林时期政治共同体的经济水准虽然有了很大飞跃，但是这种飞跃是建立在民族共同体经济结构单一和民族共同体成员生活水准低下的基础之上的，本身就暗含着经济持续增长力不足和经济格局不稳的内在弊病。经济是政治的基础，利益是民族共同体最为基本的行为逻辑，经济格局的根基不牢，就成为政治格局地动山摇的先声。

就文化方面而言，苏联政治文化的建构是在一个闭合性的环境之下，以共产主义意识形态的外在"灌输"来消磨原生的"民族意识"。在民族共同体成员智识水平尚不高的情况下，在社会尚未完全分化的历史条件下，它客观上是民族团结的一种精神—信仰纽带。但是，这种闭合环境"灌输"出来的共产主义信仰，本身就带有弱质性和非免疫性，它并不能形成对民族主义文化对抗的压倒性优势。而斯大林以俄罗斯文化为基础，企图通过对各个少数民族"篡史同言"的同化实现国家文化的同质性，其效果只能是适得其反。一个民族独有的文化体系和文化特征是一个民族之所以成其为民族的重要表征，也是一个民族最为敏感的神经。斯大林文化强制同化的做法，不但违背了列宁民族平等的原则，而且激发了少数民族的逆反心理，加大了少数民族的离心倾向。

就军事方面而言，军事队伍的整合确实在苏联族际政治整合中占据着独有的地位，它是消磨民族特质的一个大熔炉，也是促进民族融合的一个助推器。由于普遍兵役制的施行，各种各具民族特质的成员在军队这样一个特殊的"国际主义大学校"里经受到了统一的马列主义理论和思想道德教育的淬炼，在一定程度上提升了忠于党忠于国家忠于人民忠于社会主义事业的觉悟，并且由于在较长时间脱离了传统的民族文化环境，拥有了更为广阔的民族视界和接触到了更为多样的民族文化，他们原生的民族意识也有所褪色。但是，如果我们换一个角度观察，苏联军队这所"国际主义大学校"并不像国家宣传机器所描绘的那么"纯粹"。苏联虽然致力于打造"一支超民族的军队"，但是由于军队也无法祛除大俄罗斯的魅影，苏联军队就其本质，更像"一支俄罗斯化的军队"，不管是在武器配备，还是在军官提拔等方面，俄罗斯人都占有得天独厚的优势。据埃莱娜·卡·唐科斯的研究成果，"高度精良的武器要求人们受过一定程度的教育和熟练掌握军队的语言——俄语。所以，从中亚招来的新兵更多的是编在建筑工程队，很少编在使用现代化武器的部队"，而在属于苏联最高苏维埃成员的军事将领中，"斯拉夫人占95%（其中俄罗斯人占80%，乌克兰人占15%）"。[①] 由于苏联军队里的俄罗斯倾向十分明显，所以，苏联的军队的党政工作只能对"民族关系趋于松散的民族"俄罗斯化，而"那些来自民族连带关系没有受到多大破坏的民族的人似乎并没有进一步受到兵役的影响。相反，他们可能在纯俄罗斯环境中更进一步意识到一体化的压力……从而认为更有理由坚持自己的民族准则"。[②]

（二）"刚性稳定"：苏联族际政治整合的后果之二

苏联国家共同体的刚性稳定，乃是族际政治整合刚性整合所必然产生的结果。这种刚性稳定是建立在苏联集权的、排他的、封闭型的政治体制之上。联盟中央集国家大权于一身，各加盟共和国处于少权甚至无权的地位。这种集权而又封闭性的政治体制追求的是族际的绝对和谐和国家的完全同质。它缺乏对族际矛盾的消化能力，对民族共同体正常的利益表达和族际政治正常的利益博弈或文化角力，作过度的政治解读，并且在严酷的政治环境之下，过度的政治解读常常发展成过火的政治行为。苏联的刚性稳定是国家政治权力自上而下的刚性推进必然产物，联盟中央收缴各加盟

---

① ［法］埃莱娜·卡·唐科斯：《分崩离析的帝国》，郝文译，新华出版社1982年版，第154、156页。

② 同上书，第157—158页。

共和国的权力，然后又通民主集中制的建党原则和干部任命制的组织原则保证国家政治权力自上而下流畅的运转。苏联族际政治整合所形成的刚性稳定虽然也把守住了"族际冲突不能妨害国家共同体基本运行"的底线，但是其风险是值得警惕的。

在苏共对政治秩序的追求中，苏联并没有能够建立起各个民族共同体权利共享的平台，也没有能够建立起一种制度化与规范化的民族矛盾缓冲机制、民族政治博弈机制、民族文化包容机制。这也就是说，苏联族际政治整合所形成的刚性稳定虽然实现了对民族矛盾的管制，但是没有能够从根源上化解民族矛盾。按照"社会安全阀"理论，在社会系统中，团体之间、个人之间、个人与组织之间以及各个层次之间都存在不可避免的、广泛的矛盾和冲突。这种矛盾和冲突不能掩盖也不能压制，而应让它表现、发生、显现出来，要让不同的观点、不良的社会情绪能够得到"宣泄"，从而使得对立情绪的人在心理上获得平衡，为矛盾的缓和与解决奠定基础。这就需要社会建立一种"安全阀制度"。所谓"安全阀制度"就是在不毁坏社会结构的前提下使敌对的情绪得以释放出来，从而得以维护社会稳定的制度。敌对情绪并不等于社会冲突，如果敌对情绪能通过适当的途径得以发泄，就不会导致过度冲突从而妨害社会的稳定，就像锅炉里过量的蒸汽通过安全阀适时排出而不会导致爆炸一样。以"社会安全阀"理论来分析苏联的族际政治整合，我们认为，斯大林时期，在民族系统体系中，国族与民族、民族与民族、民族成员与民族成员之间存在着各种层次的矛盾，尤其是大俄罗斯沙文主义的凸显，致使民族矛盾十分尖锐，苏联虽然展开了力度极大的刚性整合，但是，由于族际政治整合价值基点——民族平等——的倾斜，少数民族与主体民族之间的矛盾依然没有得到长足的改观。只不过在国家压力性体制之下，少数民族对主体民族的不满表现出极度的自我克制而已。虽然他们表面服膺于苏共的领导，遵循苏共整合实践中非正义性博弈规则，但内心实则滋生并聚积着不满与愤怒。在排斥性政治体制之中，由于缺乏缓冲地带和社会安全阀的减压，少数民族共同体所累积的不满情绪既得不到制度化的表达与宣泄，又得不到有效的疏导与化解，当不满情绪累积而突破民族共同体所能承载的极值的时候，就会带来无法预料的大爆发。更为重要的是，在联盟中央高度集权体制之下，联盟中央的权力触角伸向了民族共同体各个毛孔，如此一来，联盟中央往往不由自主地被推向民族冲突的前台，要直面民族冲突，中间没有任何缓冲和回旋的余地，而且斯大林时期，联盟中央往往扮演着俄罗斯族代言人的角色，习惯于用行政命令和暴力手法解决一切民族纷争，这就客观使得民族与民族、少数民族与主体民族之间的矛盾，转化为民族与国族、民族与国家政权之间的矛盾。当这种矛盾随着时间的推移逐渐累加而又无法通过制度化渠道正常宣泄之时，离压倒骆驼的最后一根稻草的出台也就不远了。

第 三 章
苏联族际政治整合模式的内容

苏联族际政治整合体系是静态的结构体系与动态的运行机制两相结合的混合体。在苏联族际政治整合体系中，如果说族际政治整合的"目标"与"任务"涉及的是族际政治整合的"终点"，那么，族际政治整合的"价值取向"涉及的就是通过何种"方向"迈向"终点"的问题，而族际政治整合的"路径选择"与"运行机制"涉及的就是在既定目标规定的方向下以何种"方式"到达终点的问题。苏联族际政治整合的"终点"、"方向"与"方式"，环环相扣，有机统一，共同构成了苏联族际政治整合完整的横截面。

第一节　苏联族际政治整合模式的结构体系

族际政治整合模式的静态结构体系是动态机制的运行载体，是族际政治整合权力的承载物，厘清静态的整合结构体系是我们深入地剖析苏联族际政治整合的前提。

一　苏联族际政治整合模式的构成

（一）苏联族际政治整合的主体

"主体"一词，最早见于哲学领域，在古希腊亚里士多德的哲学范畴里，主体用来表示某种特性、状态和行动的承担者，并与实体的概念等同。在马克思主义哲学视野里，"主体"是有头脑、能思维的从事社会实践活动和认识活动的个人和社会集团。从哲学的本体论来看，主体是指事物的属性、关系、运动变化的承担者和载体，从认识论来看，主体是指认识活动和实践活动的承担者。"主体"一词被引入政治学领域之后，用来泛指某一具体的社会关系和社会过程中处于主动地位的人或群体，相反，处于被动的相对方则被称为客体。

在政治学的研究视野里，政治主体有广义和狭义之分。从广义上讲，政治主体是指在社会政治关系或政治过程中，具有主体地位身份并以其存在或行为对政治资源的分配产生作用的政治决策者和政治参与者。它包括国家和政府、阶级和阶层、政党与利益集团、民族与种族、臣民与公民、文官或官僚、政治家或政治领袖以及国际组织和国际社会等。① 从狭义上讲，政治主体是指"在政治关系和政治过程中处于支配地位和主导地位的政治行为者"，② "包括领袖、统治阶级、政府、执政党等，这类政治主体掌握着国家的主要政治权力，是国家政治的决定者，支配着国家政治发展方向和途径"。③ 我们在这里对政治主体的界定采用狭义的说法，即主要关注政治活动中起决定性力量的集体和个体。

以"政治生活中起决定性的作用"这样一个标准来衡量，苏联族际政治整合的主体即苏联的执政党——苏联共产党。在一个多民族国家的政治生活中，多种政治势力共生共存，乃是现代国家政治场景的一种常态。在这其中，政党政治是一种最基本的政治现象，在政党逐鹿中胜出的执政党通过国家法定程序把自我的施政纲领上升为国家意志，进而实现政党治国的抱负，乃是现代国家的一道习以为常的风景。苏联政治生活的特殊性在于，苏联共产党在国家体制中是一党执政，大权独享，他并不存在和其他党派联合执政、分享政权，或者轮流执政、角逐政权的问题。苏联共产党独掌政权的现象乃是布尔维克在领导人民进行无产阶级革命中历史选择的一种结果。在十月革命前后，俄国的各种政治力量竞相登上历史舞台。以立宪民主党为代表的资产阶级保守政党，以社会革命党和孟什维克为代表的"民主派"，以布尔什维克为代表的革命激进派等各种政治势力竞相崛起，当真是你方唱罢我登场。在共同反对沙皇反动的专制统治中，各股政治势力相互合纵连横，最终大浪淘沙，吹尽狂沙始到金，布尔什维克党最终成为了苏俄的执政党。在布尔什维克确立了执政地位之后，由于政见

① 施雪华主编：《政治科学原理》，中山大学出版社 2001 年版，第 83 页。

② 初曾贤主编：《政治学原理》，中国政法大学出版社 1997 年版，第 63 页。

③ 《当代世界政治实用百科全书》，中国社会科学出版社 1997 年版，第 201 页。

的分歧，布尔什维克和其他政治团派的矛盾逐渐公开、升级，最终分道扬镳。在布尔什维克力量逐渐强大并足以独掌政权之后，布尔什维克就不再考虑和其他党派联合执政的问题了，苏俄也就形成了一党执政的政治格局。正如1922年俄共（布）十一大所宣布的，"剥夺一切敌视苏维埃政权的政治集团的组织自由"，"俄国共产党是国内唯一合法的政党"。①

党管国家是与布尔什维克一党执政相生相随的另外一个政治结果。由于俄国民众长期浸淫于王权专制文化和臣民服从文化之下，智识水平和政治素养十分低下，他们并不具有足够的政治能力来行使民权，苏维埃虽然是按照党纲规定的通过劳动者来实行管理的机关，而实际上是通过无产阶级先进阶层来为劳动者实行管理而不是通过劳动群众来实行管理的机关。② 布尔什维克就是无产阶级先进阶层的集中体现，就理所当然地成为了苏俄国家的管理者。俄共（布）八大通过的《关于组织问题的决议》中提出："俄国共产党既然执掌了政权，掌握了全部苏维埃机构，自然应当使自己数以万计的党员去管理国家。"③ 在1920年10月11日，列宁在给布哈林的一张便条上直白地写道："只要以整个中央的名义声明（并论证）以下几点就够了……无产阶级＝俄国共产党＝苏维埃政权。"④ 1922年俄共（布）十一大政治报告中，列宁以斩钉截铁的语气说道："当我们说到'国家'的时候，国家就是我们，就是无产阶级，就是工人阶级先锋队……国家就是工人，就是工人阶级的先进部分，就是先锋队，就是我们。"⑤ 在这里，列宁实际上已经表露出了十分明显的党国同构、党国一体思想。

斯大林执政以后，苏联族际政治整合模式的主体与列宁时期相比，有了不小的变化。在苏联成立之初，由于列宁秉承民族平等的价值理念，苏联各加盟共和国拥有较为广泛的自主权，再加上列宁时期党内民主气氛较为浓郁和宽松，族际政治整合的主体更多地体现为包括联盟中央和加盟共

---

① 《苏联共产党代表大会、代表会议和中央全会决议会编》第2分册，人民出版社1964年版，第173页。

② 《列宁选集》第3卷，人民出版社1995年版，第770页。

③ 《苏联共产党代表大会、代表会议和中央全会决议汇编》第1分册，人民出版社1964年版，第565页。

④ 《列宁全集》第49卷，人民出版社1988年版，第583页。

⑤ 《列宁选集》第4卷，人民出版社1995年版，第670页。

和国政治精英在内的苏联共产党整体。斯大林与众不同之处在于，随着高度集中的政治体制的建立，联盟中央逐渐收回了原来法律赋予加盟共和国的各项自治权力，实现了国家权力的高度集中。联盟中央不仅实现了对国家、对社会"公域"的严密管制，而且还实现了对公民"私域"的全面干涉。苏联族际政治整合模式的主体更明显地体现了以国家领袖、书记处和政治局为代表的苏共中央。

（二）苏联族际政治整合模式的客体

客体，在哲学领域是一个与主体相对使用的概念，是指同主体相对的被动、消极和无意识的客观世界，是主体认识和改造的对象。在政治领域，广义的政治客体是政治主体追求、竞争、支配和争夺的对象，如权力、利益和政治环境等政治资源，狭义的政治主体，指在政治关系中，政治主体行为所涉及的被动的政治行为者，如领导关系中的被领导者。① 结合当前学界关于政治客体广义与狭义的研究，我们认为，苏联族际政治整合的客体就是由族际交往而形成的族际关系网络系统。作为族际政治整合主体的苏共通过政治权力梳理族际关系网络系统，保证族际关系的紧密性和团结性。

苏联族际关系网络系统作为族际政治整合的客体，我们可以从两个维度去分析。一个维度是群体的维度，即各民族之间的关系是如何演变的，它包括民族与民族、民族与国族之间的关系是如何演变的，国家政权（执政党）又是如何协调族际竞争、族际博弈、族际矛盾和族际冲突的。在民族之间的交流与交往之中，民族之间的互动很多时候都是以群体的面貌出现的。民族成员只有将个人利益融入群体，才有可能最大限度地保障自己的利益，各民族只有整合各民族成员的利益，在与他民族的竞争中才有可能最大限度地实现自己的民族利益。

另一个维度是个体的角度的，即作为民族领袖、民族精英、民族群众的"政治人"是如何在族际关系网络中活动的。作为"政治人"的民族成员，尤其是民族领袖和民族精英对一个民族的发展起着十分重要的作用。民族领袖与民族精英在领导民族政治生活、促成民族共识、发动民族运动等方面都发挥着十分突出的作用。由政治主体所推动的族际政治整合在很大程度都倚仗于对民族领袖与民族精英的整合。塑造民族领袖、民族

① 初曾贤主编：《政治学原理》，中国政法大学出版社1997年版，第63页。

精英与整合主体认识的同一性，是族际政治整合得以成功进展的必要保障。

族际政治整合主体与客体的划分并不是绝对的，而是相对的。在不同层级的政治生活中，主体与客体往往会发生转化。例如，苏联各加盟共和国中央委员，各加盟共和国政治精英，在苏共中央谋求政治一体化的过程中，他们就属于族际政治整合的客体，但是，对于各加盟共和国普通民族成员来讲，他们又成为政治整合的主体。

族际政治整合主体与客体的关系是对立的，也是统一的。族际政治关系网络系统不会自动满足族际政治整合主体的内在需求，这就决定了族际政治整合主体必须对其客体展开整合。族际政治整合的主体与客体又是统一的。离开客体，无所谓主体；离开主体，也无所谓客体。族际政治整合主体的知识水平、技术手段决定着对族际关系的认识和改造的深度和广度。族际关系的客观性又制约着族际政治整合主体活动不能摆脱客体规律及其条件的制约。

（三）苏联族际政治整合模式的结构

族际政治整合结构是指族际政治整合各个构成部分在族际政治整合体系中的搭配与排列。它是联结族际政治整合主体与客体的桥梁，也是族际政治整合得以进行的制度载体。苏联族际政治整合模式的结构，从纵向上考察，就是从联盟中央到各地方自治体系所组成的结构形式，也就是"联盟中央—加盟共和国—自治共和国—州（边疆区）"这样一种结构形式。在主权体系上，苏联将联盟主权和各加盟共和国的主权都以法律形式加以明文规定；在政权体系上，国家政权在法律上被划分为两部分，一部分归属联盟中央政府，另一部分授予地方各加盟共和国。但是，当斯大林体制建立之后，在高度集权统一的计划经济体制下，各加盟共和国、自治共和国、边疆区的经济生产都是由中央政府的计划部门统一组织的，有着非常具体的分工和合作。在苏联族际政治整合模式中，联盟中央是真正的权威体系，各加盟共和国等都只不过是苏联这架大机器上面的齿轮，联盟中央机构是控制齿轮转动的链条。[①]

二　苏联族际政治整合模式的目标

族际政治整合，就一般意义而言，可分为纵向间的族际政治整合和横

---

① 马戎：《前苏联在民族问题上出了什么错》，《南方周末》2008 年 10 月 13 日。

向间的族际政治整合。纵向间族际政治整合主要是解决国族与民族之间的关系，国家政治主体利用合法的公共性权威将各个次级民族共同体纳入共同框架，将狭隘的民族忠诚提升为更高层次的国家忠诚。而族际横向政治整合主要是指将各个民族共同体凝聚成了一个巩固的政治共同体。这个过程主要发生在民族与民族之间，更多地体现于民族与民族之间由于交流、合作、竞争等关系而自然演化的过程。族际政治整合的目标从纵向来讲，就是维护国家主权统一与领土完整；从横向上来讲，就是促进族际和谐与协调发展。

（一）保持主权统一，维护领土完整

主权是一个国家最为基本的要素之一，也是一个国家得以生存、发展和运行的前提。主权是一个政治共同体所有的绝对且永久的权力。[①]国家领土作为隶属于国家主权的地球的特定部分，[②]乃是一个国家主权活动和行使排他性权力的空间。国家领土若是失去了完整性，国家主权就必然存在残缺。因此，对每一个民族国家而言，维护国家主权独立和领土完整就成为了每个多民族国家整合的最为基本的目标，苏联亦不例外。自苏联成立之日起，帝国主义国家要么武力围剿，要么围困施压。新生的苏维埃政权无时无刻不感受到残酷的国际环境施加的外在压力。在苏联国内，各个加盟共和国在联邦制基础上构建了共同的政治屋顶，由于各个民族共同体复杂的异质性以及大俄罗斯沙文主义难以祛除的魅影，各个民族共同体在一定程度上还存在着离心的倾向。再加上双重主权固有的弊端，苏联国家共同体的巩固也并未完全如人所愿。因此，对于苏联而言，如何外御强敌，内治联邦，维护主权的统一与领土的完整，就成了苏联族际政治整合的首要目标。

（二）构建国家认同，促进国族认同

政治共同体的维系和发展，仅仅依靠公共权力的强力推进是远远不够的，它还取决于人们对于公共权力的认可和接受，对国家或政府的忠诚与认同，以及将政府权威视为正当的道德信条。因此，构建民族共同体成员对国家的认同，对国族的认同，对自我公民身份的认同，就成了一个国家

---

① ［法］让·博丹：《主权论》，李卫海、钱俊文译，北京大学出版社 2008 年版，第 1 页。

② ［英］詹宁斯，瓦茨修订：《奥本海国际法》（第一卷、第二分册），王铁崖译，中国大百科全书出版社 1998 年版，第 3 页。

共同体稳定的基本条件。在民族共同体成员的多层次的认同体系中，民族认同与国家认同是两个最为基本的认同取向。所谓民族认同，它是民族成员对本民族鲜明的价值判断和情感归依，是民族成员对自我民族身份的认可。它更多的是建在民族自然演化中的一种集体无意识。相对于国家认同而言，民族认同具有时间和逻辑上的优先性，具有"原生性"的巨大力量，而国家认同则由国家通过政治社会化的进程"后天建构"而成，它建立在以宪法为准则的公民基础上，是确认自己国家归属的心灵性活动，是一种抽象性的、哲学性的思考。它主要表现为一个民族成员对自我公民身份的认可。由于民族认同的原生性与坚韧性，在民族成员的认同序列中，民族认同与国家认同的先后顺序在一定场景下会发生错乱或倒置，出现民族认同凌驾于国家认同之上的现象，这无疑是国家共同体巩固的潜在隐患。因此，通过族际政治整合，塑造民族成员多层次认同体系中维系国家合法性的国家认同的至高无上性，乃是巩固国家共同体的重要法门。

苏联是一个民族众多的国家，也是民族认同和宗教信仰十分复杂的国家。少数民族的民族认同与宗教信仰往往交织在一起，共同构成了民族成员情感归依的内在张力。在一般意义上，少数民族的民族认同与国家认同并不会发生尖锐的冲突，少数民族往往拥有对民族和国家的双重认同，但是，如果国家并不能代表、维护和促进少数民族的利益，或者实行同化主义，冀图泯灭少数民族独有的民族特质，或者国家利益与少数民族利益发生激烈冲突，为了保障国家利益而不得不严重伤害少数民族的利益，如此种种，都有可能导致少数民族将民族认同置于国家认同之上。在沙皇历史上，沙皇同化主义的民族政策就曾经引起了少数民族民族认同的强化和民族意识与民族主义的凸显。因此，若要巩固苏联国家共同体，就必须采取与以往沙皇迥异的族际政治整合理念、路径、机制、策略，敦促少数民族超越狭隘的民族认同，构建更高一级的国家认同。这是苏联族际政治整合的一个重要目标。

（三）维护族际和谐，促进协调发展

自民族产生以来，族际之间的交相互动就成为了一种不可避免的常态。这种交相互动的形态，既有民族战争、民族冲突、民族压迫、民族竞争、民族掠夺、民族反抗等多种"紧张"形态，又有民族平等、民族联合、民族合作、民族互助、民族和平等多种"融洽"形态。族际"紧张"形态，往往会导致多民族国家政治动荡和社会不安，它不但是妨害政治秩序的隐形杀手，而且还是族际正常的经济交流和文化交流中断的潜在隐忧。与此相反的是，族际"融洽"形态，却是一个多民族国家政治稳定和社会安宁的基础性前提。多民族国家一个最为基本的特点就是民族多元与政治一体，多元的民族和谐地共处于同一政治共同体之中，对政治共同体的巩固坚实与良性运转，其重要意义是不言而喻的。苏联是由100多个民族组成的多民族国家，在沙皇俄国的统辖下，各少数民族在大俄罗斯沙文主义的肆虐下，政治上饱受压迫，经济上备受掠夺，文化上更是遭受多重摧残，再加上沙皇俄国对各少数民族实行"分而治之"的治理策略，挑动少数民族之间相互争斗，导致民族隔阂和民族矛盾十分突出。苏联成立后，布尔什维克倡导并躬身实践民族平等的原则和扶助少数民族的精神，民族关系得到了很大缓和，但是，由于沙皇俄国遗留下来的一系列民族问题的厚重性和顽固性，消除民族隔阂，解决民族矛盾，实现民族和谐必然是一个长期的、艰巨的、精细的历史过程。

多民族国家的建构是各个民族基于利益最大化理性选择的结果，因此，不管是民族隔阂的消除，还是民族矛盾的解决，以及民族和谐的实现，其基础都在于民族利益的实现。这也就是说族际政治整合的根本是在于利益整合，如果缺乏有效的利益整合，所谓的族际政治整合并不能触及族际政治的核心与灵魂，国家共同体的巩固也就缺乏安身立命的基础。换而言之，国家共同体若要巩固与长存，民族事实上的平等，即民族协调发展是一个无法绕开的历史性的重大课题。民族协调发展是民族和谐的物质基础，没有民族发展水平的大致均衡，所谓的民族和谐的建设不过是空中楼阁。苏联各民族之间发展鸿沟的巨大差异性，是妨碍苏联民族最为严重的阻碍之一。苏联要促进国家建构，促使少数民族超越狭隘的民族认同，上升到更高一级的国家认同，就必须要使少数民族在共同的政治屋顶之下，普遍分享国家发展的成果。只有在国家发展的基础上，少数民族的福祉得到普遍增长，苏联的国家建构与族际和谐才能拥有一个坚实的基础。

三 苏联族际政治整合模式的任务

苏联族际政治整合的任务是由族际政治整合的目标所决定的。为了维护国家主权统一和领土完整，促进国家认同与国族认同，苏联共产党就必须完善自身建设，构建强大的政治权威，形成优良的政治绩效，强化国家凝聚力与向心力；为了促进族际和谐，苏联共产党就应该努力消除族际隔阁，反对大俄罗斯沙文主义和地方民族主义；为了促进族际协调发展，苏联共产党就应该大力支援少数民族地区的建设。这些都是苏联族际政治整合模式必须完成的艰巨的任务。

（一）完善苏共自身建设，打造坚强有力的整合核心

苏联的成立，是苏联共产党"以党建国"的产物，即先有布尔什维克，然后才有苏联社会主义国家。苏联成立后，党就顺理成章地成为了"一切社会团体及国家机关之领导核心"。国家政策决定是由政党（政治局）做出，政府立法机关（最高苏维埃）将其合法化，政府内阁（部长会议）负责实施，而政党（书记处与中央委员会）为使人服从而实行监督。在苏联的国家政治体系中，苏联共产党是国家政权的枢纽和核心，他推动和操纵着整个庞大的国家机器的运转。因此，鉴于苏联共产党对于国家的举足轻重的意义，苏联共产党自身的素质建设就成为苏联族际政治整合成败的关键。苏共要提升国家治理的效力和族际政治整合的效力，一个先决的条件就是要对自身开展有效的政党整合，全面提升自己的政治素质、文化修养、组织能力、协调能力，把苏联共产党锻造成一个集信仰感召力、政党美誉度和政治清誉度于一身的坚强有力的整合核心。

政党整合作为苏联共产党修炼的先决条件，其整合主要体现为苏联共产党员的角色整合。苏共作为一个多民族政党，不管是民族领袖、民族精英，还是普通的民族政治人，都是身兼并扮演多重角色的复杂社会人。一个苏联共产党员身上至少体现了三种社会角色，一是国家行政主体，即"公共人"；二是民族政治精英，即"民族政治人"；三是作为理性的个体的存在，即"理性经济人"。这三种社会角色，具有不同的社会规范和行为模式。作为一个行政主体，他所扮演的"公共人"角色规定他必须超越小我和超脱自我的民族属性，最大限度地从公共理性出发去谋求公共利益。作为一个民族政治精英，他所扮演的角色规范又要求尽可能地为民族利益的优化而奔走呼号，在国家话语体系的集体表达中，为本民族赢得话语权。同时作为一个理性经济人，他扮演的角色又决定了他必须尽可能寻求自我利益的最大化。多重的特定社会角色价值观的不相容性或者相互排斥性，使得苏联共产党员多种社会角色之间充满了内在张力。作为角色扮演者的行政主体在角色冲突之下，常常身陷角色紧张、角色冲突，甚至角色失败的困境。卢梭曾经深刻地指出，在行政官员个人身上，体现着三种本质不同的意志：个人意志、团体意志和人民意志（公意）。按照自然

97

的秩序，公意总是最弱的，团体意志占据第二位，而个人意志则占据一切之中的第一位。① 这种按照"自然秩序"排列的"意志"序列，显然是不符合现代政治理念的。因此，对于苏共而言，其政党自身整合，首要的一点就是，如何通过约制、诱导、推动和激励，促进民族政治精英，超脱理性经济人或者民族政治人的角色扮演，更多地以代表"公意"的"公共人"来演绎其政治角色。这是苏共完善自我建设的必需，也是提升族际政治实践效力的必需。

(二) 构建政治权威，优化政治绩效，增加国家凝聚力

一个政治共同体的存在，单纯依靠强迫性权力不足以维持长治久安，治道的持续必须从单纯地依靠权力转变到以权威为基础的统治。政治权威对政治统治的持续、政治体系的运作和政治成本的降低具有重大意义。"如果一个社会中公民都愿意遵守当权者制定和实施的法规，而且还不仅仅是因为若不遵守就会受到惩处，而是他们确信遵守是应该的，那么，这个政治权威就是合法的，如果大多数公民都确信权威的合法性，法律就比较容易和有效地实施。"② 按照马克斯·韦伯的分析，政治权威主要有三种类型：传统型权威、个人魅力型权威、法理型权威。自斯大林时代以来，苏联政治权威的构建基本上是建立卡里斯玛型领袖的人格魅力的基础上的，这既是缘于斯大林个人的政治素质，也是因为苏联习惯服从的政治土壤。基于卡里斯玛型人格魅力所产生的政治合法性，虽然也能产生国家运转所必需的合法性，但它只能维系于一时，并不能以之作为万世之基业。随着领导人代际更替，建立在个人非凡感召力人格基础上的合法性必然产生"断裂"，而合法性的"断裂"，往往就意味着政权的更迭。因此，如何实现民众"合法性信仰"的转化，即民众由对领导者权威的认同，转向对政治体系和政治制度的认同，这是苏联族际政治整合面临的一个重大任务。

政治权威和政治认同的实践载体是一个政党执政输出的优良的政治绩效。苏联联盟中央要维系并发展自我之政治权威，就必须尽可能优化政治绩效。其一，发展民族经济，实现族际利益的合理分配。苏联由于历史等

---

① [法]卢梭：《社会契约论》，何兆武译，商务印书馆 2005 年版，第 78—79 页。

② [美]加布里埃尔·A.阿尔蒙德等：《比较政治学：体系、过程和政策》，曹沛霖等译，上海译文出版社 1987 年版，第 35 页。

诸多因素，各民族之间的发展程度迥异，民族之间经济差距的鸿沟是妨碍各少数民族形成国家认同的主要障碍。因此，要构建各少数民族对国家的认可与忠诚就必须尽力地消除民族事实上的不平等。其二，确保民族制度和政策的公平正义，切实维护少数民族的法定权利。苏联既然以民族平等作为团结各民族的价值基础与法律准则，因此，在实践活动中，就必须构建起一个制度正义与政策公平的保障体系，维护各民族的政治权利。其三，打造完整的具有感召力的意识形态，在各加盟共和国中树立共同的政治理想，形成共同的价值取向，以统一的政治文化作为国家一体化的精神纽带。意识形态是国家合法性的重要源泉，它以春风化雨、润物无声的方式，引导民众认可现存的政治体系与政治秩序，对于凝聚国家力量，减少政治交易成本具有重大意义。因此，如何打造完整的具有感召力的意识形态，促使各加盟共和国形成政治共识，保证苏联各加盟共和国统一政治屋顶的巩固就成为苏联族际政治整合的重要任务。

（三）反对大俄罗斯主义，遏制地方民族主义的膨胀

大俄罗斯沙文主义和地方民族主义是潜隐在苏联族际政治整合之中的一剂致命毒药。苏联的民族主义尤其是大俄罗斯沙文主义是影响苏联民族关系的总的根源，苏联的民族隔阂、民族矛盾、民族非均衡性发展都与大俄罗斯主义有着千丝万缕的联系。在列宁时期，列宁以大无畏的革命精神，高扬民族平等的大旗，为民族事实上平等进行了卓有成效的不懈努力。但是，由于大俄罗斯主义沙皇政府的统治下绵延数百年，不仅俄罗斯民族上层狂热地信奉大俄罗斯主义，而且，即便是普通俄罗斯人"在地主和资本家的压迫下，养成了一种可耻可憎的大俄罗斯主义沙文偏见"。[①]这也就是说，大俄罗斯主义并不是统治阶层上层的专利，而是有着浓厚的民意基础。绵延数百年的时间跨度和浓厚的民意基础，使得大俄罗斯主义"根深蒂固"，只要在条件适当的时候，就会跳出来戕害民族平等理念的贯彻。

地方民族主义是作为"反对大俄罗斯沙文主义的一种特殊防御形式"而存在的，它也是妨害国家建构与民族平等的一大绊脚石。地方民族主义与大俄罗斯主义不同的是，它是在历史上各非主体民族遭受主体民族压迫、遭受阶级压迫，为了维护民族生存和发展而形成的，从地方民族主义

---

① 《列宁全集》第38卷，人民出版社1986年版，第48页。

形成的角度来讲，地方民族主义在历史上有其合理性。因此，地方民族主义虽然也是妨碍民族团结的因素之一，也是族际政治必须解决的问题之一，但是，地方民族主义的处置策略应与对待大俄罗斯主义的"斗争"策略有所不同。

第二节　苏联族际政治整合模式的价值取向

多民族国家的族际政治整合的目标是维系国家共同体的统一，采取的具体行动却是多种多样的，不同历史条件下的族际政治整合行动有很大的差别。但是，族际政治整合中所蕴含的价值取向却具有稳定性。它作为族际政治整合的价值底蕴，决定着族际政治整合的基本走向。因此，讨论族际政治整合问题必须涉及价值取向的问题，也只有从价值取向上讨论问题，才能抓住问题的根本。[①]

一　"扶异求同"：苏联族际政治整合的价值取向

（一）苏联"扶异求同"价值取向的形成

多民族国家族际政治整合是国家建构的一种手段，是现代民族国家建构个体成员的国家认同、国族认同和公民意识的重要途径。国家建构，从表象上来讲，常常是以国族建构的形式出现的，即多民族国家通过政治权威的构建、同一政治文化的塑造、统一的公民教育体系的确立、统一的国家市场体系的建立，以及一体化的公共政策的推广来使民族国家凝聚成一个紧密的政治共同体、利益共同体和文化共同体。作为人群共同体尤其是作为政治共同体的国家，要实现其团结性、紧密性和巩固性，就必须要努力促成国家的同质性（即"求同"），国家形成同质性的过程，也就是一个去除异质性的过程（即"去异"）。"求同去异"作为多民族族际政治整合普遍的一个价值取向，其具体的政治实践形态却是大异其趣的。

苏联所采取的是一种"扶异求同"的价值取向，所谓"扶异求同"，是指在族际政治整合中，先将族际间的异质性区分出来，也就是通过民族识别，将各民族之间的差别与异质凸显出来，然后通过对弱小民族的扶持，使他们对国家感恩戴德，从而自觉自愿地实现对国家的认同和国族的

---

① 周平、贺琳凯：《论多民族国家的族际政治整合》，《思想战线》2010年第4期。

认同。

　　苏联"扶异求同"的价值取向，是布尔什维克在领导人民进行资产阶级民主革命和无产阶级社会主义革命中逐渐形成的。由于当时布尔什维克的主要任务在于发动无产阶级革命，实现无产阶级专政，民族问题是作为革命问题的一部分提出来的，列宁的族际政治整合思想还处于一种比较模糊的状态，就更加谈不上明确地提出族际政治整合的价值取向问题了。但是，毋庸置疑的是，列宁在民族问题的处理过程中，确实体现了"求同"的努力。早在1915年10月，列宁在《革命的无产阶级和民族自决权》中就明确提出："我们……想使各民族接近乃至融合起来。"① 1919年3月，列宁在《俄共（布）纲领草案》中写道："坚定不移地真正使各民族接近乃至融合，但是这要在真正民主和真正国际共产主义的基础上实现"，无产阶级政党领导社会主义革命，就是为了"使各民族接近和融合起来。"② "社会主义的目的不只是要消灭人类分为许多小国家的现象和各民族间的隔离状态，不只是要各民族互相接近，而且是要使各民族融合。"③ 可以说，在这里列宁已经比较初步地形成了族际政治整合的"求同"取向，即"实现各民族的接近与融合"。

　　那么，如何实现族际政治整合"求同"的价值取向呢？首先，列宁认为，民族的接近和融合是一个自然的长期的发展过程，不能过分强求。社会主义虽然能促使各民族接近，但要实现民族融合，是社会主义在全社会范围胜利以后才能逐步实现的，是在国家消亡之后，才能真正实现的。④ 其次，列宁反对以强制力量人为地推动各民族的融合。在列宁看来，无产阶级"力求各民族彼此接近以至进一步的融合，但达到这个目的的方法不是暴力，而仅仅是各民族工人和劳动群众自由的兄弟般的联合"。⑤ 如果胜利了的无产阶级强迫任何异族人民接受替他们造福的办法，那么，反而会引起适得其反的效果，会断送自己的胜利。⑥ 再次，列宁认为，如果要实现各民族的接近与融合，就应该反对民族压迫和民族歧视，

---

① 《列宁选集》第27卷，人民出版社1990年版，第85页。
② 《列宁选集》第3卷，人民出版社1960年版，第760页。
③ 《列宁全集》第22卷，人民出版社1958年版，第160页。
④ 《列宁选集》第2卷，人民出版社1960年版，第719—720页。
⑤ 《列宁全集》第29卷，人民出版社1985年版，第166页。
⑥ 《马克思恩格斯全集》第35卷，人民出版社1971年版，第353页。

"帮助弱小民族发展",实现各民族事实上的平等。1919 年 3 月,列宁在第三份党纲《俄共(布)党纲草案》中指出:在资本主义制度下曾是压迫者的那些民族的工人,要特别谨慎地对待那些被压迫民族的民族情感(例如大俄罗斯人、乌克兰人、波兰人对犹太人,鞑靼人对巴什基尔人等),不仅要帮助以前受压迫的民族的劳动群众达到事实上的平等,而且要帮助他们发展语言和图书报刊,以便清除资本主义时代遗留下来的不信任和隔阂的一切痕迹。① 在这里,列宁实际上是以"扶异"来"求同"的。

苏联成立后,列宁"扶异求同"的价值取向得到了进一步发展。在《关于民族或"自治化"问题》一文中,列宁表达了对各民族事实上的不平等现象的强烈关注。列宁认为,为了实现民族平等,压迫民族即大民族要处于不平等地位,"以抵偿在生活中事实上形成的不平等。谁不懂得这一点,谁就不懂得对待民族问题的真正无产阶级态度,谁就在实质上仍持小资产阶级观点,因而就不能不随时滚到资产阶级观点上去"。② 列宁关于民族平等的"抵偿理论",成了苏联民族政策制定的一个出发点。在斯大林执政初期,斯大林比较好地沿承和贯彻了列宁的"抵偿理论",对少数民族给予了大力扶持,使得少数民族地区发展速度发生前所未有的飞跃。斯大林认为,为了实现民族平等,我们必须"帮助各落后民族和部族的劳动群众在经济、政治和文化上繁荣起来,使他们有可能赶上走在前面的无产阶级的俄国中部",③ 这就"需要我们给文化上和经济上落后的各民族的劳动群众以真实的、经常的、真诚的和真正的无产阶级帮助"④,"胜利了的先进民族的无产阶级必须帮助,真正地和长期地帮助落后民族的劳动群众发展文化和经济,帮助他们提高到高级发展阶段,赶上走在前面的民族。没有这种帮助,就不可能建立社会主义最终胜利所十分必需的不同民族和部族的劳动者在统一的世界经济范围内的和睦共处和兄弟合作"⑤。

(二)"扶异求同"价值取向的功能

苏联应运而生的"扶异求同"的价值取向,在苏俄革命和苏联建设

---

① 《列宁全集》第 36 卷,人民出版社 1985 年版,第 101 页。
② 《列宁全集》第 43 卷,人民出版社 1987 年版,第 352 页。
③ 《斯大林论民族问题》,民族出版社 1990 年版,第 261 页。
④ 同上书,第 236 页。
⑤ 同上书,第 196 页。

时期起到了巨大的作用，对苏联的族际政治整合产生了深远的影响。

1. 政治动员的功能

对一场战争而言，"得道多助，失道寡助"，人心向背在某种意义往往决定着战争的成败。对于俄国资产阶级民主革命和无产阶级社会主义革命而言，其正义性毋庸置疑，但要"得道多助"，非有广泛的政治动员不可。只有将少数民族有效地动员起来，加入无产阶级革命阵营，才能确保革命的胜利。事实上，纵观沙俄政府侵略扩张和殖民统治各少数民族的历史，既是一部少数民族悲惨的血泪史，也是一部少数民族奋起反抗的英雄史。比如1662年在伏尔加河流域各族人民对沙皇俄国的反抗；1704—1708年，巴什基尔人对沙皇俄国的反抗；1667—1671年顿河哥萨克拉辛领导的农民起义；1695年，克拉斯诺亚尔斯克地区的武装起义，还有19世纪以来，高加索地区各族人民对沙皇俄国暴虐统治的顽强抗争等，如此种种，都是少数民族在沙皇俄国压榨下自发的、分散的反抗。由于各族人民的起义没有明确的政治纲领，也缺乏坚定统一的领导核心，各个少数民族展开的起义活动相继被沙皇扑灭。直至布尔什维克登上历史舞台，在列宁的领导下，推行民族平等和民族团结的政策，关心和关注弱小民族的利益和权利，各少数民族的民族起义才在无产阶级革命的感召下，在布尔什维克关心弱小民族利益的关怀下，逐渐走向了联合和团结，才使得无产阶级革命进入一个全新的历史境界。可以说，正是由于布尔什维克所推崇的"扶异求同"的取向，正是由于布尔什维克承认和重视少数民族的民族权利和利益需要，采取切实有效的措施维护和发展少数民族的利益，应和了少数民族的政治诉求，才极大地调动了各个少数民族参与无产阶级革命的积极性，瓦解了沙皇俄国统治的政治基础，为无产阶级革命战争的胜利立下了不可磨灭之功。

2. 政治整合的功能

斯大林执政之后，苏联建立了强有力的权力架构来实现对各民族的强力控制与大力整合，但是，即便是在宪政制度下，不论"当局人物多么谨慎、灵敏和有权势，也不管控制分裂的措施多么成功，我们都丝毫不能指望一劳永逸地消除一切对立的差异。有些分歧和政治分裂肯定永远存在"。①

————————

① ［美］戴维·伊斯顿：《政治生活的系统分析》，王浦劬译，华夏出版社1999年版，第321页。

因此，在这种情况下，苏联所实施的帮助弱小民族加快发展的取向，对于淡化各民族之间的"政治分歧与分裂"，对于苏共执政合法性的加强，以及为国家共同体赢得"散布性支持"极为重要。在一般情况下，利益是一个民族最基本的行动逻辑。一个民族与其他民族共建多民族国家，是基于利益最大化理性选择的结果。苏联以民族身份来分配民族利益的做法，强化了少数民族"利益共同体"的意识，这种"共同利益的思想会有助支持对当局和典则的一种更广泛的、散布性支持的输入"。① 在斯大林时期，国家从人力、物力、财力等方面给予了少数民族地区以巨额的投资和补贴。1928—1932 年，国家对各加盟共和国的预算补贴总数增长了 2.6 倍。其中对乌克兰的补贴从 10 万卢布增加到 1690 万卢布；对土库曼的补贴从 1480 万卢布增加到 6530 万卢布；同期，乌兹别克斯坦工业基本建设投资计划总数的 57.7% 由全苏资金提供，塔吉克斯坦建设投资的 78% 是由全苏提供。在国家和东部地区的支持下，少数民族地区的建设资金迅速增长，地区经济得到了快速发展。在第一个五年计划期间，少数民族地区的工业产量增长 2.5 倍以上。1937 年，东部各加盟共和国的金属加工产值比 1913 年增长了 17 倍；1940 年，东部各加盟共和国的发电量比 1913 年增加了 30 余倍②。苏联境内的各少数民族因为国家的扶助而使得自身生存境况大为改观，促使他们形成对政治共同体的大量的政治好感和牢固的政治情感，苏联各少数民族一度也以身为"苏联人民"而备感自豪。

3. 重构民族关系的功能

沙皇俄国的历史，就是一部由"地域性蚕食"走向"世界性侵略体制"的历史。沙皇"火与剑"的"文治武功"，书写的是各民族人民"血与泪"的悲惨史。在大俄罗斯沙文主义的统治下，各少数民族饱受政治压迫、经济掠夺和文化摧残。为了更好地维护和实行统治，沙皇俄国一方面散布大俄罗斯主义情绪，"制造"俄罗斯人的民族优越感，赋予俄罗斯民族的官僚、权贵、地主和资本家以各式各样的特权，让他们肆意地欺压、掠夺和蹂躏广大的非俄罗斯民族；另一方面还制造民族纠纷，挑动各

---

① ［美］戴维·伊斯顿：《政治生活的系统分析》，王浦劬译，华夏出版社 1999 年版，第 378—379 页。

② 张祥云：《兴衰之路——民族问题视域下的苏联民族国家建设研究》，人民出版社 2011 年版，第 86 页。

少数民族自相残杀，以便分而治之。如煽动鞑靼人中伤亚美尼亚人；策动巴什基尔人攻击哈萨克人；挑动格鲁吉亚人和亚美尼亚人、乌兹别克斯坦人和塔吉克人、埃文克人和科克亚克人相互仇杀。甚至由官方出面屠杀犹太人，仅在19—20世纪初，乌克兰地区就有20万犹太人被杀，70万人流离失所。总之，在沙皇俄国的统治下，族际隔阂，尤其是主体民族与少数民族之间的隔阂十分严重。而布尔什维克所倡行的"扶异求同"取向的民族政策，因为尊重、重视少数民族的利益，通过各种政策措施保障和民族法律地位和政治地位的平等，使严重的族际隔阂得到了一定程度的消解，沉重的民族历史积怨得到了缓和。尤其是在列宁时期和斯大林执政早期，能够有意识地自我约制大俄罗斯沙文主义的膨胀，从政治、经济、文化等诸多方面给予少数民族以大力扶持，为推动各个民族事实上的平等做了大量努力。再加上准战争环境下的国家安全威胁，各民族精诚团结，互通有无，民族关系得到了极大的改善。可以说，俄共（布）第十、第十二次代表大会召开期间及以后贯彻两项大会决议的近十年间，是苏联民族区域自治公认的成效卓著的时期。"这些年代里出现了所有加盟共和国的民族文化和国家建设空前繁荣以及自治共和国和自治州的民族复兴"，①"看来如果民族自治如能再继续十年，非俄罗斯共和国和州的民族问题就会完全解决而有利于当地居民"。②

4. 促进发展的功能

苏联"扶异求同"取向的族际政治整合，最明显的显性功能就是促进了各少数民族，尤其是弱小民族的发展。由于历史等诸多因素的影响，各民族在社会进程和发展程度上都存在着很大差距。如乌克兰、白俄罗斯等民族已步入资本主义发展阶段，而巴什基尔人、车臣人等小民族还处于未进入农业经济的游牧部族或仍保留着家长式自然经济的民族部落群体阶段，具有民族制度的特征。自布尔什维克实行"扶异求同"取向的政策以来，苏联和俄罗斯民族在经济、政治、文化、教育、医疗等各方面都对少数民族予以无私和大力的支持，各少数民族的发展速度和发展程度都有

---

① ［苏］雅本波卡斯卡娅：《消灭各民族间事实上的不平等》，《民族问题译丛》1955年第3期。

② ［苏］伊凡·麦斯特连柯：《苏共各个时期的民族政策》，人民出版社1983年版，第104页。

了很大提高。就发展速度而言，到 20 世纪 30 年代中期，苏联国内不同地区经济发展水平有所接近。各民族地区，尤其是以前比较落后的民族地区，经济有了突飞猛进的发展。同 1931 年相比，1940 年大工业的总产值在乌兹别克斯坦增加了 6 倍，在哈萨克斯坦增加了 19 倍，在格鲁吉亚增加了 26 倍，在吉尔吉斯斯坦增加了 152 倍，在塔吉克斯坦增加了 323 倍。[①] 此外，在各民族地区经济发展取得重大成就之外，各个少数民族的文化事业、社会事业也得到了广泛和快速的发展。各加盟共和国居民生活水平有了历史性飞跃，医疗卫生条件不断改善，人均寿命不断延长，住房条件不断优化，城乡煤气化走向普及，居民受教育程度普遍提高，物价指数增长平缓，居民收入持续增长。

（三）"扶异求同"价值取向的风险

苏联"扶导求同"的价值取向，其出现有历史的不得不然的因素，对苏联民族关系的调节和国家的政治整合起过巨大的历史作用。但是，"世界则事异，事异则备变"，一定历史条件下的合理性并不意味着永久的合理性，尤其对于潜藏着固有隐忧的"扶异求同"价值取向而言，更是如此。

首先，"扶异求同"的价值取向，以少数民族利益为归依，通过给予少数民族以倾斜性的经济扶助、广泛的自治权利和政治权利，来换取少数民族对国家的政治效忠。由于苏联对少数民族的经济扶助，是以少数民族身份为前提的。这就使得原本只有"民族界别"意义的民族身份具有了原来所不曾拥有的附加价值，无形中强化了少数民族对自己民族身份的认同；对于少数民族集体而言，由于以民族身份作为资源倾斜性分配的依据，客观刺激了少数民族利益意识的觉醒，使他们对国家资源的分配抱有更大份额的期待，除此以外，以民族身份作为资源倾斜性分配的依据还人为地将少数民族共同体塑造成了一个利益共同体，更加强化了少数民族原生的内聚力，加大了国家整合和国族建设的难度。

其次，"扶异求同"的价值取向强化了少数民族与少数民族之间的利益博弈与族际竞争。苏联为了进行"扶异求同"，将国内民族（尤其是在中亚一些少数民族尚不具备清晰的民族意识的情况下）——识别出来，

---

① ［苏］鲍·尼·波诺马辽夫主编：《苏联共产党历史》，人民出版社 1960 年版，第 564 页。

并以民族属性作为国家行政区划的基本单位进行资源分配。这无形中加剧了族际利益博弈和权力之争。一方面，在特定的时期之内，一个国家所能汲取和调配的资源是相对固定的，一个少数民族在资源分配中占据优势，客观上使得其他少数民族利益受损。这样就使得少数民族与少数民族之间，以利益共同体的身份进行利益博弈的可能性大为增加，进而使得少数民族与少数民族之间利益争夺的常态化。另一方面，苏联以民族属性作为国家行政区划，其地位分别是加盟共和国、自治共和国、自治州、民族区，在这样一种行政区划之下，很多少数民族关于本民族的生存境况和民族地位产生了疑问：为什么有的民族可以建立共和国、自治共和国，有的少数民族却只能建立自治区，有的少数民族连建立自治区的权利也没有；有的共和国建立了又被随意取消，有的民族自治地区却又名不符实，冠名民族并不占多数。"在这种结构下，有一些民族自然产生了为了拉平和提高自己'国家'的地位或者获得这种地位的想法。"① 这种少数民族关于自身"民族地位关注"在某种程度上超越了经典的政治准则"谁得到了什么"。他们往往淡化自身在国家资源倾斜性分配中的获得，而更加在意与"他者"相比中，本民族"没有得到什么"。少数民族横向比较产生的期待视野的受挫，也为少数民族精英操纵民族意识和调动民族情绪提供了便利条件。按照安娜·西蒙斯（Anna Simons）关于民族冲突的解释，精英政治领导人或有组织的武装歹徒首领（或者两者合二为一）通过强化集体认同中的族裔象征，可以从中获得帮助，他们同时也可以通过编造或挑起种族暴行来巩固族裔的忠诚。此外，个人在面对任何情况下，对亲属的效忠，或者在更广泛的意义上说，对"族性的效忠"，成为明智的选择，或者在艰难、绝望的情况下，成为唯一的选择。②

再次，"扶异求同"的价值取向，导致了主体民族和发达民族的被剥夺感和不满心理，并使得主体民族与发达民族产生离心情绪。在取向于弱小民族利益的民族政策下，俄罗斯民族作为主体民族与发达民族，在国家革命和建设时期，给予了少数民族以无偿的和大力的支持，以致少数民族地区取得了较大发展，而俄罗斯联邦发展却并不是那么理想，即便是在工

① 沈志华主编：《一个大国的崛起与崩溃》，社会科学文献出版社2009年版，第1163页。
② Anna Simons, "Democratisation and Ethinc Conflict: The Kin Connection", *Nations and Nationalism*, 3 (1997), p. 278.

业相当发达的乌拉尔地区，人民生活水平也大大低于苏联西部地区。这最终引发了俄罗斯民族的被剥夺感、委屈感和不满情绪，以至于他们认为俄罗斯就是一头"任人吮吸的奶牛"，产生了"甩包袱"的心理。与此类似的是，波罗的海沿岸三个共和国资本主义发展较早，科技基础好，经济发展较快，工业产值的增长速度一直居全苏之首，但是，在"弱小民族利益"的价值取向之下，该地区不少人对经济发展状况并不满意，首先，他们认为，波罗的海沿岸地区向其他共和国"输出的东西太多"，而本地区的工业原料和日常生活用品反而十分匮乏。在这种情况下，本地区经济发展必然受到全苏经济发展的制约，不能迈开更大的步子。其次，波罗的海虽然与苏联其他地区相比，经济发展较快，但同邻近的西北欧发达国家相比，却大大落后于原来经济发展水平并不相上下的瑞典、丹麦诸国，这些在波罗的海居民看来都是苏联执行"平调"政策、扶助弱小民族的结果。因此，他们认为，倘若能摆脱莫斯科的控制而独立，他们的经济会发展得很快，他们将生活得更好。①

最后，"扶异求同"的价值取向，激发少数民族民族意识的觉醒和增强，影响了少数民族成员民族意识与国家意识的平衡。十月革命胜利后，为了体现列宁民族文化平等的思想原则，苏维埃政府十分重视少数民族的文字改革、文字创制和民族文化的发掘。"自1922年阿塞拜疆的穆斯林民族使用突厥文字改为拉丁文字开始，一些民族文字的改革相继展开，到20年代末，除俄语、乌克兰语、白俄罗斯语、格鲁吉亚语、亚美尼亚语和犹太语外，其他的文字都改为拉丁字母。根据1918年10月俄罗斯联邦人民教育委员会在《关于少数民族学校》的决议中提出的政府要为没有文字的民族创造文字的主张，由人民委员会、人民教育委员会、科学院、著名的语言学家、民族学家组成委员会，在20—30年代先后为诺盖人、卡巴尔达人、车臣人、列兹金人、哈卡斯人等52个民族创造了本民族的文字。在语言平等政策的推动下，截至1932年底，就连涅涅茨等13个北方小民族也拥有了自己的文字。"② 苏联帮助少数民族进行文字改革、创制文字和发掘民族文化，其政策预设的逻辑在于，发展丰富多样的少数民

① 赵常庆等：《苏联民族问题研究》，社会科学文献出版社2007年版，第99页。
② 青觉、栗献忠：《苏联民族政策的多维审视》，中央民族大学出版社2009年版，第193—194页。

族文化，再以少数民族文化为载体来宣传社会主义内容。但是，随着民族文化形式——语言、文字、艺术的发展，它们越来越变为每个民族独特的民族特性和文化特性的象征。随着民族文化的发展，苏联原初所设想的民族文化的公式——"民族形式，社会主义内容"，正好颠倒了过来，变成了"社会主义形式，民族内容"。① 苏联对少数民族文化的态度，直接刺激了民族文化精英的使命感，他们收集和整理民俗，弘扬文化传统，"抉隐发微于古籍，牵强附会于现实，编造出'自古以来'的民族发展史，指称民族祖先，发明民族符号，从而为民族主义意识形态提供文化理论基础。在操纵历史记忆和操纵思古怀旧情绪的过程中，关于民族的神话就这样被编织了出来"。② 这就客观成为了少数民族民族意识觉醒的催化剂，成了民族主义滋生的土壤，激发少数民族对虚构的共同史和血缘的信念、对本民族同胞的依恋、对本民族实体的忠诚、对本民族成就的自豪和对其挫折的悲哀、对另外一些民族（特别是那些阻碍或看来威胁本民族独立的民族）的冷漠或敌意、对本民族前程伟大辉煌的希望。

二　"弱异求同"：苏联族际政治整合价值取向的变迁

斯大林执政中期以后，苏联的族际政治整合价值取向由"扶异求同"向"弱异求同"悄然发生了转化。所谓"弱异求同"，是指苏联在族际政治整合实践中，作为族际政治整合主体的苏联共产党党内许多党政领导干部的大俄罗斯沙文主义情结高涨，他们意图通过削弱或剥夺少数民族政治权利和文化权利，强制要求少数民族"俄罗斯化"，进而实现国族构建和国家同质的价值倾向。

苏联族际政治整合价值取向变迁，体现为苏联的族际政治整合"少数民族利益取向"转向了"主体民族利益取向"。列宁时期所坚持的民族平等的族际政治整合基座渐渐发生了倾斜，大俄罗斯主义沉渣泛起，列宁重视少数民族利益的传统做法被"俄罗斯中心化"取代。苏联的党政领导人尤其是政治领袖斯大林，在"沙俄帝国意识"的驱使下，歪曲沙皇俄国侵略少数民族的历史，美化沙皇俄国侵略少数民族的行径，公然赞扬

---

① ［美］罗伯特·康奎斯特主编：《最后的帝国——民族问题与苏联的前途》，刘靖北等译，华东师范大学出版社1993年版，第45—46页。

② 徐迅：《民族主义》，中国社会科学出版社2005年版，第79页。

为沙皇俄国侵略少数民族效力的著名将领。斯大林"沙俄帝国意识"的公开张目,促使理论界不断地对沙俄帝国侵略历史的"进步性"和"积极性"进行论证和赞美,科学院院士潘克拉托娃在《苏联通史》中更是指出,沙皇俄国"征服"中亚民族的一个过程,就是俄罗斯帝国给中亚各民族带来的"进步"、"文明"和"福音"的一个过程,"具有历史进步的意义"。①在政治领导人的"定调"与理论界的"论证"之下,苏联开始堂而皇之地推行"俄罗斯化"的"同化主义"。

苏联族际政治价值取向的转向对苏联国家建构和国族建设产生了巨大的影响。它导致了少数民族对国家政治认同的缺失、对主体民族政治信任的淡漠、对国家政权体系的疏离,以及对族际政治博弈规则的质疑。政治认同是民族共同体成员对特定政治单位(如国家、国家、政党、社团)的认可与归属。民族共同体成员将国家政治认同居于自身认同体系的最高层级,是国家共同体巩固的前提。如果国家作为政治共同体不能尊重民族共同体的利益需求或者损害民族共同体的文化尊严,那么,民族共同体成员就有可能将民族认同置于国家认同之上,从而在根本上妨害国家一体化的建构。苏联在大俄罗斯沙文主义的膨胀之下,妄图通过"同化主义"来实现国家同构和国族同质,实质上是对民族政治共同体法定权利的侵害,引起了作为防御俄罗斯沙文主义的地方民族主义的兴起,强化了民族成员对民族共同体的认同而进一步弱化了民族成员对国家共同体的认同。

政治认同是民族共同体对特定单位的政治态度,而政治信任则是民族政治共同体对其他政治共同体的态度取向。苏联作为一个多民族国家,在历史上由于沙俄帝国对各少数民族的粗暴侵犯,对少数民族实行分而治之,挑动少数民族相互残杀,使得苏联各民族(尤其是少数民族与主体民族之间)的历史隔阂十分严重。少数民族在历史上形成的被侵害的集体记忆,导致了他们对俄罗斯民族共同体抱着天然的不信任,这成为影响他们现行政治行为的重要因素。苏联在"弱异求同"的价值取向之下,不切实际地拔高主体民族的地位,贬低少数民族的地位,将各个民族人为地划分主流/边缘、进步/落后、领导/从属、杰出/平庸,在国家政治生活

① 安·米·潘克拉托娃主编:《苏联通史》第二卷,山东大学翻译组译,生活·读书·新知三联书店1980年版,第310页。

中事实上形成了民族关系的"二元结构"，并且以此为视角来进行同化主义的制度安排与政策输出，这就不能不引起少数民族的心理排斥，更加唤起各少数民族共同体关于俄罗斯民族共同体粗暴侵犯的历史记忆。特别是苏联族际政治整合中所体现出的鲜明的"文化一元论"，试图将少数民族的文化经过整合融入俄罗斯族的主流文化，对少数民族的心理创伤尤为严重，更加迟滞了他们对俄罗斯民族共同体的政治信任。

苏联族际政治整合取向的变迁，不但使得国家的政治认同、族际政治信任产生了问题，而且影响了民族共同体的政权取向。政权取向是民族共同体成员对国家政权体系的基本态度。这种忠诚或疏离的基本态度是由国家政权是否维护民族共同体的利益以及在何种程度上维护民族共同体的利益所决定的。苏联国家政权与民族政治共同体之间特殊的利益关联，形成少数民族共同体成员复杂矛盾的政权取向。一方面，苏联政治权力体系（苏共中央）在政治上虚化少数民族的法定权利，将原属少数民族的自治权收归联盟中央，在文化上推行"同化主义"，人为拔高俄语地位，客观上造成了少数民族语言萎缩等不良后果。种种不合时宜的做法，造就了少数民族成员的政治冷漠以及对国家政权的敌意与疏离。但是，在另一方面，国家政治权力体系却一如既往地在经济上给予少数民族大力支持，举国家之力来推动少数民族的加速发展，少数民族经济发展水平得到前所未有的改观。国家政权体系对民族共同体在政治上打压、文化上歧视与经济上扶持恰恰构成了一个矛盾的两极，民族共同体成员的国家政权取向也是一种矛盾的"爱恨交织"。

在民族共同体对国家共同体的态度类型中，还有一种基本的态度类型，即对族际政治博弈规则的态度。多民族国家的族际政治整合，其背后徜徉的当然是国家权力，但其外在表现形式，却普遍地呈现为规则和制度，即国家为族际政治的"玩法"确定一套各个民族政治共同体普遍认可的"游戏规则"或"博弈规则"。这套规则之所以能够为各民族共同体普遍接受，是因为它必须遵循"正义"、"民主"、"平等"、"法治"、"宽容"等现代社会公认的基本理念。在列宁时代，列宁为苏联的族际政治整合创制了一整套博弈规则，包括联邦制的政治设计、保障民族平等和民族自治的法律、促进民族发展结果"实质性的正义"的措施等。这为苏联族际政治整合赢得了一个良好的开端。但是，斯大林中期以后，苏族际政治整合价值取向的变迁，却废置了苏联族际政治原有的博弈规则，导致

111

了民族共同体成员对现有的博弈规则政治价值底蕴的质疑。尤其是平等原则和自治理念经过苏联成立前后十多年的宣传与实践，已经成为了各民族共同体普遍认可的博弈规则。斯大林在遵循族际政治博弈规则的表象之下，却违背博弈规则内在的价值底蕴。这不能不引起少数民族对既有的族际政治博弈规则产生强烈的质疑。当少数民族的质疑发展至不愿意遵守博弈规则之时，族际政治整合也就无法实现了，所谓的"国家同质"就更是成为镜花水月。

苏联族际政治整合价值取向的变迁、杂糅与扭曲，成为苏联族际政治整合模式崩溃的渊薮。"扶异"造成了少数民族意识的觉醒，强化了少数民族"民族身份认同"（而不是公民身份认同），使得少数民族利益共同体意识更为凸显；而"弱异"造成了民族主义高涨，民族情绪的反弹，国家向心力、凝聚力和美誉度的下降。可以说，苏联的族际政治整合，不管是"扶异"还是"弱异"，其最终想达到"求同"的结果都无异于缘木求鱼，并且，苏联"扶异"与"弱异"取向的扭曲交织，产生了比单纯"扶异"或单纯"弱异"更为失败、更为恶劣的后果：发展了的民族共同体更加具有能力去分裂国家共同体。

第三节　苏联族际政治整合模式的路径选择

族际政治整合的路径涉及的是如何实现族际政治整合目标，完成族际政治整合任务的方式的问题。多民族国家关于族际政治整合的路径出现了两种截然不同的选择，一种是"政治化"的整合路径，一种是"文化化"的整合路径。在高度集权的政治经济体制之下，苏联所选取的是"政治化"的整合路径。

一　族际政治整合的路径选择

对一个多民族国家而言，通过利益、政治、法律和文化等各种纽带将生活在其疆域中各具异质性的民族整合在一起，创造出一种超越传统民族认同的国家认同，这已经是多民族国家族际政治整合的一个共识。但是，如何在这样一个更大的政治共同体中协调各民族之间的政治、经济和文化关系，如何对待各民族不同的文化传统、社会结构和历史上形成的地区差异，如何面对少数民族对集体政治和文化权利的要求，创造统一国家的政治凝聚力，① 多民族国家并没有达成共识。在族际政治整合路径上，多民族国家往往因为对民族属性认知的大相径庭，出现了两种各具特色的路径选择："政治化"和"文化化"。

"政治化"的整合路径将"民族看作是政治集团，强调其整体性、政治权力和'领土'疆域"。② 这也就是说，在"政治化"整合路径的施政者和主张者看来，政治属性是民族的本质属性。政治属性攸关民族共同体的存亡。若无政治利益的血液流淌于民族共同体的肌体中，民族就如同一棵枯树。政治属性赋予民族共同体以稳定的自我认同，这也是民族共同体的核心标志。③ 政治属性作为民族共同体的本质属性，使得各个民族以集团面目去争取本民族的政治权力和民族利益具有丰富的理论前提。在此种意义上，族际政治就是各个民族以政治权力为后盾进行政治角逐和利益角力的互动过程。而为了保证各个民族在国家的政治舞台拥有同等的一展身姿的权利，就必须对民族的身份实现识别与认证，对各少数民族所聚居的疆域予以认定，赋予他们以相应的政治权力，并对弱小民族实行民族优惠政策扶助，以确保各个民族实现事实上的平等。族际整合"政治化"的路径，从本质上讲，是一种"以分促合"的逻辑演绎。在承认构成多民族国家的所有民族都是国家权力主体、拥有平等政治权利的前提下，针对多民族存在的特殊情况进行特殊的政治设计，制定一套符合多民族社会特殊要求的法律、制度和政治程序，以便杜绝某一优势民族对社会公共权力的垄断和对公共资源的独占以及对弱势群体的掠夺压迫，保护处于弱势地位的少数民族的各种政治权利和社会权利，并为此制定和贯彻向少数民族弱势群体倾斜的经济和社会政策，把传统族际关系的零和博弈转变为新的正和博弈。④

"文化化"的整合路径与政治化整合路径的首要区别在于关于民族基本属性的认定不同。在著名学者菲利克斯·格罗斯看来，当今世界的民族

---

① 王建娥：《族际政治民主化：多民族国家建设和谐社会的重要课题》，《民族研究》2006年第5期。

② 马戎：《理解民族问题的新思路——少数族群问题的"去政治化"》，《北京大学学报》（哲学社会科学版）2004年第6期。

③ 都永浩：《政治属性是民族共同体的核心内涵》，《黑龙江民族丛刊》2009年第3期。

④ 王建娥：《族际政治：20世纪的理论与实践》，社会科学文献出版社2011年版，第292页。

可以区分为国家民族和文化民族，他特别强调，作为由共同文化、共同传统维系的共同体的民族，与以国家形式结合而成的政治民族之间的差别是根本性的。[①] 菲利克斯·格罗斯指称的前一类民族，形成和维持的基础力量是共同的历史文化联系，因而从本质上看是一种历史文化共同体；后一类民族，形成和维持的基础力量是国家政权，因而从本质上看是一种政治共同体。因此，前一类民族可以界定为文化民族，后一类民族则可以界定为政治民族。在族际政治整合"文化化"的理论视野中，由历史文化传统而联结起来的文化民族（ethic group）主要被视为一种文化群体，国家既承认各族成员之间具有某些共性，但更愿意从分散个体的角度来处理族际关系，在强调少数民族的文化特点的同时淡化其政治利益，在人口自然流动的进程中淡化少数民族与其传统居住地之间的历史联系。"文化化"的逻辑思路在于，在现代社会特别是移民国家，民族（nation）越来越显示出作为一个稳定的政治实体的特征，相比之下，族群（ethic group）则逐渐淡化了政治色彩。随着族际之间的交流日益频繁和相互通婚，各族群成员之间的界限也在模糊化，有部分成员处于被其他族群同化的过程中。在这样一种情况下，所有族群的成员都应该被视作平等的国家公民。对于少数族群成员作为国家公民所应当拥有的各项权利，政府从"公民"这一角度予以保障，[②] 从而能够更好地淡化民族身份，凸显公民身份，淡化民族认同，强化国家认同，进而实现族际政治整合的任务。

二 苏联"政治化"族际政治整合路径

共产主义具有浓厚的"意识形态"色彩，也具有把许多文化差异、社会差异"意识形态化"的思想传统，以及采用"政治手段"来处理这些差异的倾向。在共产主义传统思想的影响之下，苏联继承了欧洲民族问题"政治化"的做法。

（一）苏联"政治化"整合路径的基本内容

苏联族际"政治化"整合路径是一个较为完备的体系，它以确立民

---

① ［美］菲利克斯·格罗斯：《公民与国家——民族、部族和族属身份》，王建娥、魏强译，新华出版社 2003 年版，第 27 页。

② 马戎：《理解民族问题的新思路——少数族群问题的"去政治化"》，《北京大学学报》（哲学社会科学版）2004 年第 6 期。

族身份和划定民族疆域为起点，赋予少数民族以特定的政治权利，再通过政治权力并以民族身份资格为标准进行价值的权威性分配，并且通常以行政命令或政治斗争的方式解决民族之间与民族内部之间的矛盾。

苏联政治化的整合路径首先体现于民族身份"制度化"。民族的识别和民族身份制度化与固定化，是苏联政治化整合路径展开的基础。苏维埃政权建立之后，苏俄就逐渐展开了一系列的民族识别工作。从 20 世纪 30 年代开始，苏联实行注有持有人民族类别的内部护照制度。在这种制度下，公民的民族类别取决于父母的民族属性，不可变更。只有那些通婚家族的子女到 16 岁时才有选择自己属于父母哪一方的权利①。苏联通过对少数民族和主体民族成员民族属性的确认，来辨别各民族成员是否享有国家赋予少数民族的特别的财政支持和政治权利的倾斜性分配。

其次，苏联政治化的整合路径在于民族权利的"制度化"。为了实现民族平等，保障少数民族的自治权力和自治权利，苏联以联邦制作为族际政治整合的制度设计，下辖 15 个加盟共和国、20 个自治共和国、8 个自治州和 10 个民族区，民族区域自治实体共有 53 个之多。在俄罗斯苏维埃联邦社会主义共和国，有 16 个民族自治共和国，5 个民族自治州和 10 个民族自治区。苏联赋予各加盟共和国以"主权"和"领土"，并以少数民族的族称作为各加盟共和国的国名，如科尔自治共和国、北奥塞梯苏维埃社会主义自治共和国等。此外，为了确保国家建构中的民族权利，苏联还通过国家大法的形式确认各加盟共和国在本"领土"内所享有广泛的自治权利，这就使得苏联民族权利制度化和法定化了。

再次，苏联政治化的整合路径体现于民族利益分配的"政治化"。从地缘政治的角度讲，苏联继承了俄罗斯帝国的版图，也继承了沙皇俄国时期族际发展严重失衡的复杂问题。在历史上，由于沙皇政府高扬大俄罗斯主义，对 100 多个非俄罗斯民族进行政治压迫、经济掠夺和文化摧残，各民族的社会进程和民族发展进程差异极大。苏联成立后，为了在短时期内改变少数民族的落后状态，消除各民族之间事实上的不平等，实现各民族协调发展，苏联以政治化的手段对各民族进行了不均等的利益分配。借助于高度集中的经济管理体制，苏共中央集中了宏观经济与微观经济的决策

① ［美］罗伯特·康奎斯特主编：《最后的帝国——民族问题与苏联的前途》，刘靖北、刘振前等译，华东师范大学出版社 1993 年版，第 59 页。

权，集中了全国的人力、物力、财力的支配权，然后，苏共中央通过行政手段，采取"挖肥补瘦"，经济平调等方式，对各民族实现差异性的利益分配。

又次，苏联政治化的族际政治整合路径也体现于民族矛盾处理手段"政治化"。自十月革命以来，布尔什维克就一直处于紧张的革命气氛之中，20 世纪 30—40 年代，苏联更是处于帝国主义的重重包围之下，在这种复杂的国际国内形势下，苏共形成了阶级斗争越来越尖锐的理论。因此，从 20 世纪 20 年代开始，苏联就将民族矛盾简单地定性为对抗性矛盾、敌我矛盾，并动用国家的专政工具，从战备思维出发，以阶级斗争的形式解决族际间的歧见与异议。二战结束后，苏联国家治理的战备思维并没有随着战争的结束而风吹云散，反而由于意识形态的对峙而得以沿承。在这种战备思维的主导下，苏联民族问题的治理手段就具有鲜明的政治化特征，即在处理族际矛盾时，以政治权力为主导，以国家暴力机器为后盾，通过大清洗、民族强制迁徙等方式来强力消除国家备战和治理的"隐患"。

最后，苏联政治化的整合路径还体现于民族文化问题治理的"政治化"。20 世纪 20 年代中后期，在斯大林的推动下，苏联意识形态领域波诡云谲的斗争拉开了帷幕。在斯大林的领导下，苏联通过大批判、大斗争和大整肃的方式，肃清了一切非无产阶级思想及其残余，包括一切中间的思想形态，确定了马克思列宁主义的绝对正统地位。马克思列宁主义的绝对正统地位的树立过程，就是一部残酷政治斗争的历史，苏联正是试图以隔离、封闭的方式在"纯社会主义"的环境中培养无产阶级的意识形态；以垄断的方法，通过政治和哲学粗暴干预文化艺术、社会科学和自然科学的方式，[1] 最终控制意识形态，保证马列主义血统的绝对纯正性。在语言领域，斯大林在 20 世纪 30 年代后期，逐渐摒弃了民族语言平等价值原则和法定原则，开始强制推广俄语。在苏维埃国家政权建立初期，苏联政府本已规定用拉丁字母改造中亚和外高加索一些民族的文字，但是后来斯大林却强行用俄文字母为这些民族创造新文字。1938 年 3 月，苏联人民委员会和联共（布）中央更是做出了《关于各民族共和国和州必须学习俄语的决定》，规定在各民族学校开设俄语必修课，要求中学生在口头和书

---

① 陈之骅等主编：《苏联兴亡史纲》，中国社会科学出版社 2004 年版，第 177 页。

面上能够自如运用俄语，独立阅读俄文报刊和书籍，通过掌握俄语来熟悉和了解俄罗斯文化。① 在宗教领域，斯大林更是开展了对宗教文化的强势打压。十月革命后，布尔什维克认为宗教是"麻痹人民的鸦片"，因此，必须尽可能地"揭露宗教的虚伪性和工农利益的矛盾，揭露各种宗教团体同统治阶级利益之间的联系"，以及"完全摧毁剥削阶级同宗教组织之间的关系"。② 在这样的宗教理论的指导下，斯大林对宗教组织进行打击和摧毁，对神职人员进行武力镇压和肉体消灭，对广大教徒进行歧视和围攻，对宗教建筑进行破坏和强拆。其间虽然一度由于二战的爆发，斯大林为团结信教组织进行抗战，宗教政策一时有所宽松，但总的说来，斯大林对宗教文化的打击与斗争虽然偶有缓和，但从未放弃。

（二）苏联族际政治整合"政治化"路径的形成

苏联共产党族际政治整合"政治化"路径，是与党的民族思想有机联系在一起的。从本质上讲，"政治化"路径的形成是党的民族思想上升为国家意志之后的一种外化表现。而党的民族思想又是党的领导者对民族问题的理论认识的一种体现。因此，党的领袖的民族观对苏联"政治化"的路径的形成具有至关重要的影响。在列宁看来，民族问题并不是孤立的，它与革命问题紧密地联系在一起。列宁说过："民族问题和'工人问题'比较起来，只有从属的意义。"③ 斯大林的看法更加明确，他说："民族问题不能认为是什么独立自在的、一成不变的问题，民族问题只是改造现存制度总问题的一部分，它完全是由社会环境的条件、国家政权的性质并且一般地由社会发展的全部进程决定的。"④ "民族问题是革命发展总问题的一部分，在革命的各个不同阶段上民族问题具有和该历史时期的革命性质相适应的各种不同的任务，因此，党在民族问题上的政策也就随之而改变。"⑤

在这种民族理论的指导下，布尔什维克在领导俄国革命的过程中，把民族问题与革命问题联系起来，将"革命利益"作为看待和处理国内民

---

① 赵常庆等：《苏联民族问题研究》，社会科学文献出版社 2007 年版，第 140 页。
② 《苏联共产党代表大会、代表会议和中央全会决议汇编》（第 2 分册），人民出版社 1964 年版，第 321 页。
③ 《列宁选集》第 2 卷，人民出版社 1995 年版，第 548 页。
④ 《斯大林全集》第 4 卷，人民出版社 1985 年版，第 140 页。
⑤ 《斯大林全集》第 11 卷，人民出版社 1985 年版，第 130 页。

族问题的基本立场和基本立足点。这也就是说，布尔什维克在处理民族问题的时候，将民族问题上升到政治高度，将之作为一种革命任务来看待。也因此之故，布尔什维克格外强调"民族自决权"、"民族分离权"，帮助和支持有条件的民族建立民族国家，借此来削弱沙皇的统治基础。在苏维埃政权建立初期，由于党的工作重点放在军事斗争和政治斗争上，布尔什维克保持着强烈的"革命党"的色彩。在国内战争的严酷战争环境下，经济上实行粮食垄断制、粮食征集制、实物分配制、管理总局制、义务劳动制，组织上实行战斗命令制、干部任命制，政治上实行权力集中和极严格的纪律，对敌对势力和反苏维埃活动采取高压态势①。苏维埃在生存需要下所形成的政治挂帅和权力主导的执政理念，决定了苏维埃在处理民族问题上也倾向于采取"政治化"的方式解决一切民族问题，不管是民族发展问题、民族权利问题，还是民族矛盾、民族歧异问题。苏联成立之后，它所面临的国际环境仍未得到根本缓解。苏联共产党也并没有能够完成从革命党向执政党的成功转型。苏共将民族问题仍然看成是社会主义与资本主义斗争的一部分。这些都不能不影响到苏联族际政治整合"政治化"路径的形成。

（三）苏联"政治化"整合路径的风险

苏联政治化的族际政治整合路径，在一段时间内曾取得了巨大的成绩，各少数民族在苏联倾斜性的民族政策的扶持下，在经济、文化、社会发育等方面都获得了巨大的发展，各民族对国家的忠诚度也得到了很大的巩固。但是随着时间的推移，苏联"政治化"整合路径渐渐凸显了整合之初所意想不到的外溢效应，并且这种外溢效应随着苏联政治经济危机的深化而不断放大。

首先，民族识别催化了民族意识的觉醒。民族识别是确认和甄别民族归属和民族身份的一种活动。它是苏联民族政策实施的前提，即为了区分一个政治共同体之下的民众有没有资格享受民族优惠政策，就必须明确其民族属性。苏联的民族识别，便利了民族政策的实施，但是客观上也产生了明显的外溢效应，即民族归属意识的清晰化，民族"我者"与"他者"的界限意识的强化。而且更重要的是，苏联的民族识别，尤其是中亚地区的民族识别，是在民族发展比较落后、民族意识不明显、民族界限不清晰

---

① 周尚文等：《苏共执政模式研究》，上海人民出版社 2010 年版，第 81 页。

的情况下进行的，这无异于人为地制造民族并贴上民族的标签。同时，由于严峻的国际国内环境，苏联的民族识别过程只能是缺乏详细调查的一种急迫的"政府包办"行为，民族意愿并没有能够得到贯彻，"名从主人"的原则也没有能够得到很好的落实，以至于民族识别饱受诟病，被称作是"办公室里的构思和决定"、"族体操作工程"。

其次，苏联将少数民族身份作为族际资源倾斜性分配依据，强化了民族认同，不但导致了族际利益竞争的加剧，而且引发了作为主体民族的俄罗斯民族的不满。以民族身份作为利益分配的资格，其基本的理论假设在于少数民族是弱势群体，应当在社会资源的分配上给予特殊的扶持和帮助。[①] 这在逻辑演绎上本身并无谬误，但在客观实践上，民族身份一旦作为社会资源分配的资格之后，民族身份本身就具有了"价值"，会促进民族成员个体更倾向于认同于自我的民族身份，忽视自我的公民身份。而对于民族而言，民族身份的"利益化"将不可避免地导致族际间利益争夺、竞争和博弈的日趋激烈。由于社会资源的总额在一定时间段是既定的，民族身份又是资源的分配额度的凭据，这就会加剧主体民族与少数民族、少数民族与少数民族之间的利益竞争，进而引发"相对剥夺"民族的不满和怨怼。

再次，民族矛盾治理手段的"政治化"对少数民族是一种巨大伤害。苏联民族问题治理手段的"政治化"，充满了大俄罗斯沙文主义的色彩，不但背弃了民族平等的价值理念，而且导致了"反抗大俄罗斯沙文主义的一种特殊防御形式的地方民族主义"的勃兴。苏联是一个族际关系和民族问题十分复杂的国家，历史的积怨和现实的不满，决定了苏联的民族问题具有普遍性、长期性、复杂性和艰巨性的特征。因此，苏联民族问题的解决也应该是一个长期的过程。然而，苏共对民族问题的复杂性和艰巨性估计不足，企图用政治化的整合手段强制推进，在短时期内实现国家的同质性。而"对一个异质的社会而言，整合划一不是一个适当的目的。对社会问题也不存在着完美的解决方法，追求绝对的解决常常导致镇压或流血"。[②] 苏联对民族问题政治化的治理，给少数民族造成了深重的灾难，

[①]　关凯：《族群政治》，中央民族大学出版社 2007 年版，第 104 页。

[②]　[以] 耶尔·塔米尔：《自由主义的民族主义》，陶东风译，上海译文出版社 2005 年版，第 4 页。

是巨大的人性的损失。

又次，苏联文化治理方面的强制同化，引发了民族情绪的高涨，导致少数民族持续而坚韧的反抗。按照教育家乌申斯基的说法，"一个民族把自己的精神生活的全部历程，都详细地保留在本族语言中。语言是最有活力、最丰富的细致纽带，它把一个民族的过去、现在和未来，世世代代地连成了一个伟大的历史意义的活生生的整体。它不仅表现了一个民族的生命力，而且表现了一个民族的生命本身"。① 苏联强制推广俄语，打压少数民族语言，压制少数民族的历史记忆，摧毁少数民族的宗教信仰，不但没有起到民族接近和民族融合的作用，反而激起了民族情绪和深化了民族积怨，最终使得苏联政治气候"解冻"后，这些民族不满情绪以不同政见者运动、民族分离主义等形式不可遏制地迸发出来。

最后，民族与疆域联系起来，刺激了民族主义的兴起。苏联联邦制的行政区划，是以民族划界为基础建立的不同层次的民族区域自治实体。它把民族与疆域联结起来，客观上起到人为强化民族自我意识和激发民族独立情绪的作用。因为这些不同层次的民族区域自治实体的主体民族养成一种习惯和观念，认为以他们主体民族的名称命名的民族自治地区是自己的"世袭领地"，只有他们才是这块地方的主人，其他民族是"外来人"，随着各民族地区经济、文化和社会的发展，民族自我意识的增长使得民族的界别意识变得日益突出。因为以民族为特征的联邦制使联邦主体和其他民族自治实体形成了一些国家和政治实体的特点。诸如：（1）各加盟共和国被冠以国家称谓，拥有自己的国家宪法，除了没有国防和外交两个部门外，基本上拥有作为一个国家必需的各种管理机构；（2）从各加盟共和国中央到地方多年形成以当地主体民族为主导的完整的领导系统，并以不成文的法律形式固定下来；（3）各加盟共和国主体民族把自己视为这一地区的主宰力量，采取各种措施强化主体民族的优越地位，甚至力图形成政治、经济和文化信息的垄断空间；（4）受到示范效应的影响，一些"次主体民族"，如自治共和国、自治州和自治区的主体民族，也在自己的自治区域境内竭力谋求同样的特殊地位。因此，不同层次的民族区域自治实体事实上起到助长民族独立的作用。这种情况在80年代后期至90年

---

① ［苏］久巴：《国际主义还是俄罗斯化》，商务印书馆1972年版，第286—287页。

代初苏联、东欧国家发生剧变的过程中表现非常明显。① 可以说，苏联双重主权的联邦制设计，把领土与民族结合的族际整合政治方式，客观上使得苏联各个共和国成为联盟国家的国中之国，为民族主义的勃兴创造了条件。按照胡安·诺格的说法，"民族主义是一种深深扎根在领土、地方和空间中的社会与政治运动"，领土作为民族主义现象中的一个基本因素，"一切民族主义运动都或明或暗地提出的首要问题是，作为一个民族，它的领土到何处为止；它的界线是什么，或者说，在大多数情况下，这些界线是什么，应当以什么标准来划定"。② 苏联把民族与疆域联系起来，"民族界线与行政界线的重合导致了民族性政治文化和民族主义的产生"。③并且，苏联的加盟共和国是以"民族"命名的，这种民族的自我界定，客观上使得民族主义"扎实地植根于一个从革命前的过去继承而来的领土与社会空间之中"，而苏联却有一个少见的特性，就是"拒绝了用民族为国家命名"④。除此以外，苏联用行政手段解决各加盟共和国的边疆界线问题，使得复土主义（irredentism），也就是要求统一或重新统一被认为是本民族领土一部分的被分裂的领土，渐渐兴起。而复土主义往往是民族主义诉求的关键词，成为发动群众的最好理由之一。⑤

第四节　苏联族际政治整合模式的运行机制

族际政治整合机制是族际政治整合模式的一个重要的分支，它涉及的是族际政治整合的目标体系与价值取向如何实现的技术路线的问题。在这里我们主要论述苏联族际政治整合机制政治权威机制、意识形态机制、民族政策机制、国民教育机制、国族建设机制、暴力整合机制六大机制。

---

① 陈连璧：《民族自决权新议》，http：//bic. cass. cn/info/Arcitle_ Show_ Study_ Show. asp? ID = 2232＆。

② ［西］胡安·诺格：《民族主义与领土》，徐鹤林等译，中央民族大学出版社 2009 年版，第 16、31 页。

③ ［美］罗伯特·康奎斯特主编：《最后的帝国——民族问题与苏联的前途》，刘靖北、刘振前等译，华东师范大学出版社 1993 年版，第 45 页。

④ ［美］本尼迪克特·安德森：《想象的共同体：民族主义的起源与散布》，吴叡人译，上海人民出版社 2005 年版，第 2 页。

⑤ ［西］胡安·诺格：《民族主义与领土》，徐鹤林等译，中央民族大学出版社 2009 年版，第 35 页。

一　政治权威机制

政治权威是权威最重要的一种形式，它是政治权力合法化的表现，"实质上是由民众心理、感情、态度、信仰所表征的对公共权力认可的价值，体现为社会成员对政府（政治权威人物、执政党、国家机构）、政治制度（立国原则、基本制度、体制、基本国策）及其运行过程所构成的政治体系的自觉服从、自愿认同"。① 政治权威所表达的统治与被统治、权威与服从的关系，在实质上就是一个国家政治权力的合法性与正当性的问题。在民族国家的国家治理中，"在不求助合法化的情况下，没有一种政治系统能成功地保证大众的持久忠诚，即保证其成员意志的遵从"。② "人类特定政治生活的安排需要某种合法性的支持和证明，这几乎是所有社会的一个通则。"③

关于政治权威类型的划分，最为著名的当首推德国社会学家马克斯·韦伯。他认为，权威有三种类型：一是传统型权威，它以传统为基础；一是个人魅力型权威，它以领导者个人的特殊品质和能力以及由此形成的感召力为基础；一是法理型权威，它以理性的选择和法律的程序为原则。按照韦伯权威类型学的分析，苏联政治权威的建设更近于个人魅力型权威，即维系国家与组织的基础是斯大林个人因文治武功而散发出来的独特魅力以及社会成员对斯大林的个人确定不移的依赖感。苏联人民将斯大林视为党的化身，视为国家的化身，人民对斯大林的无限崇拜，扩散为党的无限热爱，对国家的无比忠诚。人民对斯大林（党的化身、国家的化身）的盲目崇拜，客观上为苏共的执政奠定了丰沛的合法性基础，不但使得苏联族际政治整合自上而下的执行成本大为降低，而且即便是民族共同体在族际政治整合的政治交易中利益受损，苏共执政的合法性也不至于轻易耗尽。

但是，以卡里斯玛型人格为基础建立起来的政治权威，本身就具有无法克服的痼疾：政治权威的不稳定性和非持续性。按照马克斯·韦伯的说法，如果一个国家的政治合法性主要建立在个人权威的基础上，那么，往

---

① 王俊拴：《当代中国政治体系权威性建构的基本特色》，《政治学研究》2002 年第 2 期。

② ［德］哈贝马斯：《交往与社会进化》，张博树译，重庆出版社 1993 年版，第 132 页。

③ 张铭、侯焕春：《合法性证明与后现代政治哲学》，《学海》2000 年第 3 期。

往往有两个后果难以避免：（1）因为领袖权威并不是建立在正式的规则和程序的基础上，所以，个人权威似乎无所限制，领袖被看成是救世主，他的权威不可置疑，大众只有跟随和服从。（2）政权过于依赖个人权威，其统治的期限很难超过奠基人的自然寿命。所以，完全依靠个人权威建立的政权往往是短命的，除非权威能够将自己的个人权威转化为一种持久的制度或职位的权威。① 苏联族际政治整合的实践也没有能够逃脱卡里斯玛型权威的必然宿命。由于苏联高度集中的政治体制，联盟中央大权独揽，政治领袖是等级森严的国家机器的绝对的"发动机"，民族共同体成员只不过是庞大的国家机器上的一个零部件，根本没有政治参与和政治表达的自主性可能，即便是通过非制度化的参与渠道甚至是采取"群体性越轨"的方式来进行民族共同体集体性的利益表达，其所输出的政治效能也是微乎其微的。这就不可避免地导致民族共同体成员在长久的政治浩劫之后，在长久的政治非参与或无效的政治参与之后，民族共同体对政治疲倦反感，尤其是随着苏共执政绩效下降，政府公信力递减，意识形态凝聚力衰退，民族共同体成员的政治冷漠与日俱增，至勃列日涅夫时期达到高峰，待到戈尔巴乔夫时期，即便是苏共亡党，各民族共同体成员已然无动于衷安之若素了。

卡里斯玛型政治权威对族际政治整合另外一个重大影响是苏共执政合法性的累积性与延续性问题。苏共执政的合法性是苏共国家管理和族际政治整合推动的前提和基础，如果苏共执政的合法性不能维系，苏共主导的族际政治整合必然会发生断裂。在苏联的政治生活中，苏共并没有能够建立起有效的权力制衡机制，党内监察制度在建立之后不断衰落，沦为中央委员会的附庸，党外"民权"对"公权"的"反制"更是由于种种主客观原因无法建立。这就使得在族际政治整合实践中，苏共尤其是政治领袖权力的运用缺乏约制，导致政治权力的滥用与越轨、政治制度的弱化与虚设、族际政治博弈规则的废弛与弃置现象十分突出。当权力的滥用与制度和规则的废弛累积到一定程度并突破民族共同体成员的心理承受底线之时，那么民族共同体成员就会滋生对政治领袖、政治体系和政治制度的质疑，苏共执政的合法性问题就此产生。综观苏联族际政治整合权威机制建

---

① 参见 Rod Hague，Martin Harrop，Shaun Breslin，*Political Science：A Comparative Introduction*，New York：St Martin's Press，1992，p. 18.

设，苏共自始至终都没有能完成政治权威由卡里斯玛型向法理型的"华丽转身"，民族共同体也并没有能够维持对族际政治整合制度与族际政治博弈规则的长期认可。当政治领袖斯大林逝世之后，继任的赫鲁晓夫又不足以拥有和斯大林媲美的个人魅力时，苏共的政治权威就会存在着断裂的危险，更何况赫鲁晓夫发起的颠覆历史的"非斯大林化"运动更是使得苏共执政的正统性进一步流失。

二　意识形态机制

意识形态是由国家或政党主导的关于国家政治生活根本性问题阐释的系统性理论。在多民族国家，无论是国家意识形态，还是政党意识形态，都会涉及族际关系，并对族际关系和族际政治产生深远的影响。

社会主义制度在苏联的建立，是历史发展的一种非常规性演进，是在并不具备资本主义为社会主义产生与发展积累物质资本的前提下"早产"的结果。因此，要在经济文化都落后的条件下成功进行社会主义革命和建设，就必须十分依赖共产主义意识形态为其提供的"来日合法性"。① 这种意识形态建设体现在族际政治整合上，就是通过宣传共产主义理想图景的美好性、论证社会主义制度的优越性、批判资本主义的腐朽性和抨击民族主义的狭隘性，来促使各个民族共同体形成统一的政治信仰和政治文化，为国家共同体的巩固和发展奠定思想基础和心理基础。

19世纪末20世纪初，由于俄国经济文化的落后和民众生活困境的加深，共产主义意识形态描绘的实质性平等的黄金彼岸与俄国人民朴素的阶级情感相契合，共产主义带有激进色彩的、革命性批判的、表达终极价值关怀的理念与俄国人民两极化的民族性格相契合，使得共产主义意识形态在布尔什维克的大力宣传下，受到了人们自觉不自觉的认可。再加上苏联自十月革命以后，就几乎是一个与世隔绝的、完全封闭的、孤立于世界之外的国家，一切不利于苏联国家建构的信息不是被隔离在国门之外，就是受到严密管制。封闭的国家环境，便利了国家在批判"资本主义全面腐朽"的基础上来论证苏联社会主义制度"世界最优"。

---

① "来日合法性"（forward legitimacy）是指统治者在未来能给社会带来什么。参见［美］S. P. 亨廷顿《第三波——20世纪后期民主化浪潮》，刘军宁译，生活·读书·新知三联书店1998年版，第177页。

　　共产主义意识形态建设在为苏共执政赢得合法性的同时，也体现出了相当的针对"民族主义"的斗争性。列宁认为，"民族主义是一种毫无价值的东西，民族主义是一种陶醉于华而不实之词的极度的疯狂"，[①]"任何自由资产阶级的民族主义，都会在工人中间起极大的腐蚀作用，都会使争取自由的事业和无产阶级阶级斗争的事业遭受极大损失"。[②] 因此，列宁举起共产主义的大旗，号召各民族共同体成员超越狭隘的"民族主义"和"民族利益"，而以"族际主义"和"阶级利益"（"革命利益"）作为本民族行动逻辑的出发点。

　　共产主义意识形态在苏共的国家管理和族际政治整合中，都发挥过巨大的历史作用。但是，苏联共产主义意识本身所具有"刚性"[③]、封闭性、教条性、"纯而又纯"的非宽容性成为了共产主义意识形态在苏联人民中丧失生机与活力的根源。再加上共产主义意识形态与民族主义在"思想的角力"中并不能占尽优势，这使得意识形态机制的族际政治整合效果不免大打折扣。

　　就族际政治整合而言，苏联共产主义意识形态的宣传，其原初目的在于通过树立共产主义意识形态在苏联社会生活中最高指导思想的地位，从而使得共产主义意识形态成为密切地联结各个民族共同体的一个情感纽带。因此，共产主义意识形态在此种意义上就肩负着三大任务：从政治上讲，以共产主义意识形态来压制民族内生的民族主义，将各民族维系在苏联这个共同的政治屋顶之下；从经济上讲，共产主义意识形态号召以最广泛的无产阶级的根本利益，取代作为局部存在的各个民族的利益；从文化讲，共产主义意识形态力图通过理想图景的感召，通过构建统一的政治文化，并以此来统摄多样性的政治亚文化。但是，由于苏联共产主义意识形态树立与巩固过程中本身存在的弊端，对于肩负的三大任务，共产主义意识形态宣传的目标预设与实际效果出现了强烈的反差。

---

　　① 《列宁全集补遗》，人民出版社 2001 年版，第 252 页。

　　② 《列宁论民族问题》，民族出版社 1987 年版，第 225 页。

　　③ 意识形态的"刚性"，按照罗伯特·达尔的说法，它是这样一种情形：当一种意识形态成为正统的统治思想，这时的统治者就成了意识形态的囚徒，当他试图改变意识形态时，就会面临统治合法性丧失的悲剧后果，因此，他就不得不为意识形态的纯洁性而战，尽管这样会面临着意识形态僵化的危险。参见〔美〕罗伯特·达尔《现代政治分析》，王沪宁、陈峰译，上海译文出版社 1987 年版，第 80 页。

共产主义意识形态作为一种抽象的理性认知，是马克思主义智识的结晶，彰显着社会发展的理想图景，然而，在文化受众智识水平不高的情势下，相较于民族情感，它仍然存在着一个受众接受程度的问题。具体而言，对于民族成员来讲，共产主义是后天的说教，民族主义是原生的体验；共产主义是理想的追求，民族利益是现实的选择；共产主义是理性的淬炼，民族认同是感性的归化。一个民族共同体成员，从接触共产主义意识形态到树立坚定的共产主义信仰，从普罗大众中的芸芸一员到一个彻底的马克思主义者，是人格的洗练和精神的涅槃，需要高举远慕的心态、慎思明辨的理性、焚膏继晷的修行、坚忍不挠的意志、舍生取义的精神。而民族情感呢？它不过是一个民族成员与生俱来的对本民族的价值判断和情感归依。它是建立在基因遗传上的体貌特征、建立在血缘关系上的情感纽带、建立在共同记忆上的历史传说，以及建立在语言习俗上的文化特质，是自发的、天然的和原初的。相较于共产主义信仰而言，民族情感的养成并不需要太多主观的努力。因此，在苏联各民族共同体成员的认识水平并不足以使其成为坚定的彻底的马克思主义者的前提下，共产主义意识形态与民族主义的"思想的角力"，共产主义意识形态并不足以抢占民族共同体成员的思想高地。"社会主义制度下的阶级团结高于民族忠诚这一论点在苏联国内似乎并不完全具有说服力。"[1] 在苏共执政持续输出优良的政治绩效的前提下，共产主义意识形态可能会焕发出巨大的感召力，但是，当时过境迁，苏共政治绩效的优良难以为继，而在苏共内部滋生庞大的特权阶层之时，民族共同体成员对本民族原生的民族情感就会趁势而兴，填补因信仰危机而形成的精神真空，从而在客观上导致维系族际情感精神纽带的断裂。

三 民族政策机制

民族政策是族际政治整合最为直观也是最为重要的载体之一。通过民族政策调节族际关系和建构民族对国家的认同，乃是多民族国家族际政治整合普遍采用的做法。因此，民族政策机制就构成多民族国家族际政治整合最为基本的机制之一。在族际政治整合实践中，苏联为了促进各民族的

---

① ［美］罗伯特·康奎斯特主编：《最后的帝国——民族问题与苏联的前途》，刘靖北等译，华东师范大学出版社 1993 年版，第 47 页。

联合与融合，巩固无产阶级专政政权，在政治、经济、文化、社会等方面都出台了一系列民族政策，逐一考察苏联的民族政策在族际政治整合中的作用与地位，不仅不现实而且也不利于我们把握苏联族际政治整合的实质。因此，透过纷繁复杂的民族政策的表象，去探讨苏联民族政策的价值取向，[①] 不仅具有可行性而且更加便利我们深入地把握民族政策与族际政治整合之间的关系。

关于民族政策的价值取向，周平教授曾提出过一对分析概念："国家主义"和"民族主义"。"国家主义"的取向，即民族政策价值取向于国家的统一与发展。具有这种价值取向的民族政策，将国家的统一与发展作为解决民族问题，处理民族关系的最高价值目标。它以国家利益作为政策的出发点和追求的目标，从有利于国家治理的角度来看待和处理族际关系及民族问题。具体来说，就是在制定民族政策时，不论是政策问题的选择、政策目标的确定、政策方案的制定、政策手段的使用等，都是从国家利益的角度去考虑问题，而不是从某个或某些民族的利益去考虑。[②]

"民族主义"取向，即民族政策的价值取向于民族的发展。具有这种价值取向的民族政策以某个或者某些民族的发展作为通向国家统一与发展的途径。"民族主义"价值取向又可以细化为"主体民族取向"和"少数民族取向"。"主体民族取向"是指多民族国家的族际政治整合取向于主体民族的利益。在多民族国家中，主体民族一般都拥有或能够支配比少数民族更多的政治资源，从而对民族政策的制定具有更多的影响力。如果主体民族将自己的这种优势作用诉诸政策制定，并将自己的利益置于至上地位，就会形成民族政策的主体民族取向。具有这种价值取向的民族政策常常突出主体民族的利益，通过各种政策措施来确保主体民族的利益，少数民族的利益会因此而受到不同程度的忽视，甚至损害。民族同化政策、民族隔离政策、排斥少数民族的政策等，都属此种价值取向。"少数民族取向"是指国家的族际政治整合取向于少数民族尤其是弱小民族的利益。具有这种价值取向的民族政策，对弱小民族寄以极大的同情和关心，并通

---

① 族际政治整合的价值取向与民族政策的价值取向是两个密切联系而又各自独立的概念，两者都体现了多民族国家在族际政治整合中的倾向性，但是，族际政治整合的价值取向更侧重于族际政治整合的"求同"根本目的，而民族政策价值取向更体现民族政策中所要维护和实现的利益："国家利益"或"民族利益"。

② 周平：《民族政治学》，高等教育出版社2007年版，第90页。

过必要的政策措施来帮助弱小民族发展，努力提升弱小民族的发展水平，十分重视弱小民族的利益，尽可能地满足弱小民族的利益要求，将帮助弱小民族发展作为最高价值目标，为达此目标甚至会不惜牺牲主体民族的某些局部的和暂时的利益，以此来保持国内民族关系的和谐和社会、政治的稳定。①

以民族政策价值取向的二分法（国家主义／民族主义）来分析苏联的民族政策，我们可以很明显地看出苏联民族政策的价值取向是"民族主义"的，只不过这种"民族主义"取向，经历了一个由"少数民族"取向转向"主体民族"取向的过程。这与苏联族际政治整合价值取向由"扶异求同"转向"弱异求同"是相吻合的，具有内在的一致性。苏联"民族主义"（"少数民族"利益）取向的政策对于解决少数民族的发展问题意义甚为重大，但是对于少数民族发展起来的问题却估计不足，这就使得"民族主义"价值取向充满着悖论与两难。

在苏维埃政权建立之初，列宁从无产阶级革命利益考虑，出于还债和补偿心理，出台了一系列"少数民族利益"取向的民族政策。这对聚积各民族一切可以聚积的力量，共同取得与内外敌人抗战的胜利具有重大意义。但是，当苏联成立之后，苏共将战争期间"民族主义"（"少数民族利益"）取向的民族政策作为制度化安排固定下来，却是值得商榷的。"民族主义"（"少数民族利益"）取向的政策其优点在于重视少数民族的利益，推动少数民族加速发展；其不足之处在于对于少数民族发展起来以后的国家整合问题考虑不足。少数民族经济的发展与少数民族意识的觉醒是一个正相关的过程，以民族属性作为资源分配的依据，必然会进一步强化少数民族对民族身份的认可，对公民身份（国族身份）的淡漠。而且，"民族主义"（"少数民族利益"）取向，也客观上将主体民族置于二等民族的尴尬境地。

"民族主义"（"少数民族利益"）取向的民族政策，在苏共成为执政党之后，其合理性并不充分，但是，民族政策的"民族主义"（"主体民族利益"）取向，其合理性更加匮乏。"主体民族利益"的取向，在本质上是对族际政治整合基石民族平等理念的背离，强制俄罗斯化必然会激起各民族共同体成员的逆反心理，刺激少数民族的民族意识，导致苏共执政

---

① 周平：《中国民族政策价值取向分析》，《当代世界与社会主义》2010 年第 2 期。

合法性的丧失。因此，从总体上讲，具有历史合理性的"民族主义"取向，在苏共成为执政党之后，并不适宜将之作为永久的制度安排。

四 国民教育机制

国民教育机制是多民族国家通过推行统一的国民教育模式而进行族际政治整合的方式和过程。国民教育是一种公共教育，是国家为本国国民（或公民）举办的学校教育。在民族国家构建和发展的过程中，国民教育逐渐成为民族国家制度体系的重要组成部分。为了培养有利于国家建立和发展的人才，提升国民的素质，国家要确定国民教育的基本模式、教学的内容和教育的基本方式，同时还要通过国民教育传播国家倡导的核心价值和意识形态，充分发挥学校教育在政治社会化中的作用。因此，现代国民教育，也是一种同质化教育。教育和教学过程中采用的语言和某些具体内容会有差异，但教育的基本要求和基本内容是一致的。[1]

在苏联族际政治整合实践当中，苏联的国民教育机制的基本内容和基本目的就是将各具"民族意识"的民族共同体成员塑造成具有"共产主义道德"的"苏维埃公民"，以此建设高度同质化的政治共同体。1917年党的八大通过的党纲指出，"在国民教育方面，俄国共产党给自己提出的任务是：把1917年十月革命开始的事业进行到底，把学校由资产阶级统治的工具变为完全消灭社会阶级划分的工具，学校应当成为无产阶级专政的工具，就是说，不仅应当成为一般共产主义原则的传播者，而且应当成为从思想上、组织上、教育上实现无产阶级对劳动群众中的半无产和非无产阶级的阶层的影响，以利于彻底镇压剥削者的反抗和实现共产主义制度"。[2] 这也就是说，苏维埃给学校的定位就是：学校应当成为向劳动人民传播共产主义原则和无产阶级思想的阵地，以便"培养能够最终建设共产主义的一代"。[3] 苏维埃关于学校功能的定位，成为了后来苏联办学的根本指南，为此，苏联的学校承担起了繁重的政治使命，国民教育烙上鲜明的阶级性和政治性色彩。

应该说，苏维埃关于学校的定位是比较精准的，但是，这一理念在贯

---

[1] 周平、贺琳凯：《论多民族国家的族际政治整合》，《思想战线》2010年第4期。

[2] 《列宁选集》第4卷，人民出版社1995年版，第283页。

[3] 《列宁全集》第36卷，人民出版社1985年版，第106页。

彻执行的过程中出现了比较大的偏差。由于《联共（布）党史简明教程》的发表，并被定于一尊，苏联的整个马克思主义理论创新便就此停顿了下来，国民教育走上了僵硬化、刻板化、陈旧化和教条化之路。马克思所谓的"人的自由的全面的发展"被苏共以强制性的、非妥协的手段将各个民族共同体成员模铸成为高度同质的、丧失了个体自由意志的政治产品。在苏联国民教育体制的模铸之下，民族共同体丧失了千差万别的"个体自主性"，形成了整合划一的"官方国民性"，即"社会的所有成员基本上有着相同的信仰、观点和价值观，并且他们有着大致相同的生活方式"。① 高度的官方国民性和统一的苏维埃生活方式的养成，固然可以促进国家和社会的同质性，在一定程度上维护民族共同体之间的团结。但是，民族共同体之间的这种团结，并不具有牢固而稳定的可持续性，它是建立在社会未分化基础之上的"机械团结"，而不是"有机团结"。随着时代的发展和社会的分化，原先建立在共同情感和共同信仰之上的团结基础，必然会面临民族共同体之间利益分化和利益矛盾的冲击。民族共同体的具体利益必然会抗衡无产阶级整体的根本的利益，从而引发政治共同体之间内在的巨大张力。而且，民族共同体的"机械团结"是以各民族共同体成员"官方国民性"的形成、公民"个体自主性"的沦丧为前提的。戈尔巴乔夫为此曾经作了比较精到的批判：这种"官方国民性"所导致的苏维埃生活方式"最大的特征就是将个人贬低为程序化了的巨流中最微不足道的一个个体。基本群众实际上根本没有经济、政治、精神等方面的选择余地，一切都被限定和'安排'在现行制度的框架里。人们不能决定任何事实，一切都需要由当局代他们决定"。② 整齐划一、僵化凝固的国民教育虽然可以禁锢人民思想于一时，却不能禁锢人民思想于一世。当 20 世纪二三十年代出身的人对苏联流于形式、空洞乏味的国民教育反感的时候，就埋下了苏联族际政治整合效力衰微的伏笔。

五 国族建设机制

国族建设机制是指国家政治系统通过统一的制度安排、一体化的文化

---

① ［美］D. P. 约翰逊：《社会学理论》，南开大学社会学系译，国际文化出版公司 1988 年版，第 232 页。

② ［苏］戈尔巴乔夫：《"真相"与自白——戈尔巴乔夫回忆录》，述弢译，社会科学文献出版社 2002 年版，第 102—103 页。

政策和统一的国民教育体系，以及一系列的文化象征符号，促使民族共同体成员超越他们本身所具有民族认同，实现对国家的忠诚。国族建设不仅是多民族国家族际政治整合的重要内容，而且还是关系到族际政治整合成败的基础性工程。一个多民族国家国族建设所能达到的高度直接关系到政治共同体的巩固程度。

在苏联族际政治整合的历史中，列宁有过模糊的国族建设的愿望，"文化革命"、"苏维埃公民"等提法，就已经隐约地具有了国族建设的影子。斯大林虽然没有明确提出国族建设的问题，但是，他对苏联的国族建设却产生过不容忽略的影响。斯大林时期一体化的文化政策、统一的国民教育体系、代表国家意志的意识形态，以及斯大林时期构建起来的一整套文化符号等，都构成了苏联国族建设的重要表征。苏联国族建设概念的真正明确化，应该是始于赫鲁晓夫"苏联人民"概念的提出，赫鲁晓夫关于"在苏联形成了具有共同特征的不同民族的人们新的历史共同体"①的论断，虽然"超前"而且错误，但是，从这里却可以看出他具有比较明确的国族建设的意识。这种国族建设的意识，在勃列日涅夫和戈尔巴乔夫时期也得到了继承。

苏联国族建设机制是一个比较庞杂的问题，与意识形态机制、国民教育机制、民族政策机制也有所重叠，为了避免重复，这里只探讨苏联国族建设机制中一个具有鲜明特色的问题：文化符号与国族建设。国族建设不仅要统一各民族共同体成员的利益、信仰、思想，而且还要统一各民族共同体成员的情感。苏联正是通过具有象征意义的文化符号，如国家仪式、国旗、国徽、国歌、民族英雄、民族历史遗迹，来从情感上塑造各民族共同体成员的国家认同的。在斯大林执政时期，遍布苏联的斯大林雕像和图像，实质上就是一个承载着国族认同的政治文化符号，其内在意蕴就是通过认同"国家的化身"斯大林来认同国家。苏联国族建设的成绩从著名诗人马雅可夫斯基小诗《苏联护照》中可见一斑。全诗最脍炙人口的两句诗歌就是："我从/宽大的裤兜儿里/掏出/无价之宝的/身份证。/看吧，/羡慕吧。/我是一个/苏联/公民。"诗人对自己的公民身份（国民身份）的认同与自豪，就深刻地反映了一个时代的国民对国族和国家的

① 中国社会科学院苏东研究所、国家民委政策研究室：《苏联民族问题文献选编》，社会科学文献出版社 1987 年版，第 254 页。

认同。

　　苏联国族建设虽然取得了不少成绩，但是也存在不少问题。一个多民族国家国族化过程是一个不断地在增进国家共同体利益的基础上增进民族共同体利益的过程，是不断地营造政治文化同质的过程，是不断地用国家忠诚取代民族忠诚的过程。由于民族认同的超稳定性，国家认同的建设也必将是一个长期的缓慢的过程。以此来评苏联的国族建设，其不足之处是十分明显的。苏联共产主义的政治文化是在闭合环境下建构的，本身就具有先天的弱质性，更何况苏联在构建统一的政治文化的时候，还伤害了少数民族亚文化的多样性，这不能不影响到少数民族对自己国民身份的认同。另一个方面，苏联的国族建设一直过于超前而不切合实际，不管是斯大林时期的"完全同质"的"苏维埃公民"，还是赫鲁晓夫时期"亲密无间"的"苏联人民"历史共同体，都过高地估计了苏联国族建设的成就。当然，如果仅仅将"苏联人民"理论看作是"赫鲁晓夫和勃列日涅夫等苏联领导人违背人类社会和民族发展客观规律，主观臆造出来的一种空幻理论"，① 则又不免有失偏颇。"苏联人民"这个理念至少反映出赫鲁晓夫等人的国族建设的意识，它的失败之处在于，赫鲁晓夫在一个错误的时间提出一个正确的理念，如果将其作为苏联国族建设的一个目标，那么，它是合适的、恰当的、值得期许的，但是，如果将其作为一个已经取得的国族建设的成果进行炫耀，则是拔高的、超前的、不符合实际的。

六　暴力整合机制

　　国家就是"系统地使用暴力并强迫人们服从暴力的特殊机构"，② "是一个阶级压迫另一个阶级的机器，是迫使一切从属的阶级服从于一个阶级的机器"。③ 离开了暴力，国家政权就会因为强制力的缺失而走向虚化，社会秩序也会因为强制力的缺失而走向混乱。因此，对任何一个形态的国家而言，适度的暴力是维系一个国家政治统治和社会管理的必要基础。作为以权力膜拜和行政主导为特质的苏联族际政治整合模式，其对暴力整合机制的偏爱更是到了无以复加、纤毫毕露的程度。当然，苏联的这种族际

---

① 赵常庆等：《苏联民族问题研究》，社会科学文献出版社 2007 年版，第 220 页。
② 《列宁全集》第 37 卷，人民出版社 1986 年版，第 62—63 页。
③ 《列宁选集》第 4 卷，人民出版社 1995 年版，第 33 页。

政治的暴力整合机制，在很大程度上是苏联国家暴力整合机制的一部分，是包容于全党全社会暴力整合机制之中的。

斯大林的族际暴力整合机制，其理论基础是"社会主义阶级斗争尖锐化理论"。1928 年 7 月，斯大林提出，"随着我们的进展，资本主义分子的反抗将加强起来，阶级斗争将更加尖锐"。[①] 1929 年，斯大林在《论联共（布）党内的右倾》的报告中指出，在社会主义的进攻面前，反动阶级的本性决定他们必然会反抗，他们的比重虽然在下降，但其绝对增长还是有的。"历史上还没有过垂死的阶级自动退出舞台的事情。历史上还没有过垂死的资产阶级不试图用尽全部的残余的力量来保护自己的生存的事情。"资产阶级"愈来愈比我们弱。正因为他们愈来愈弱，他们才感到自己的末日到了，于是不得不用尽一切力量，采取一切行政手段进行抵抗"。[②] 1930 年，斯大林更是发表了国外的阶级敌人将与国内的阶级分子联合起来的论述。在第十六次党代表大会的政治报告中他讲道，"苏联周围存在着绝对的阶级力量，它们决心要在精神上，在物质上，或用财政封锁的方法，必要时甚至用军事干涉的方法来支持我们苏联内部的阶级敌人"。[③] 1937 年，斯大林将其阶级斗争尖锐化理论总结为，"我们的进展愈大，胜利越多，被击溃了的剥削阶级残余也会愈加凶恶，他们愈要采用更尖锐的斗争形式，他们愈要危害苏维埃国家，他们愈要抓住最绝望的斗争手段来做最后的挣扎"。[④]

随着斯大林"阶级斗争愈来愈尖锐"的理论的日益丰满，苏联开始了大规模的族际暴力整合。苏联的族际暴力整合以持续时间之长、波及范围之广和产生影响之大三个标准来评判，其典型代表是狂飙激进的"大清洗"运动和惨痛酷烈的大迁徙运动。大清洗运动，是一部举世皆惊的政治惨剧，其意图指向并不在于族际整合，而是在于政党整合。作为波及全党全国的一项政治运动，各加盟共和国少数民族党政干部也难逃政治清洗的铁帚。在大清洗的政治运动之下，少数民族党政干部被大量镇压，少数民族地区的党政体系一度陷于瘫痪。据统计，仅在 1938—1940 年之

① 《斯大林全集》第 11 卷，人民出版社 1955 年版，第 149—150 页。

② 《斯大林全集》第 12 卷，人民出版社 1955 年版，第 35 页。

③ 同上书，第 265 页。

④ 《斯大林文集》，人民出版社 1985 年版，第 153 页。

间，在乌克兰就有 167565 人被逮捕。① 在白俄罗斯，马林科夫和叶若夫
编造谎言，说那里存在一个以党政领导人为首的反苏地下组织，这使得白
俄罗斯领导人几乎被全部镇压。白俄罗斯人的党组织就此减少了一半。②
高加索地区的三个共和国的领导人也遭到了不同程度的迫害、镇压，甚至
杀害。在 1937 年 8 月 25 日到 1938 年 11 月 15 日的反民族主义分子战役
中，两人小组和特别三人小组共审理了 335513 人的案件，其中 247157 人
被判处枪决。③

　　如果说政治"大清洗"运动只是"波及"各民族的党政干部的话，
那么，肇始于 30 年代的大迁徙运动则更为深刻地影响到了各民族尤其是
各少数民族的生存状态。30 年代初，强制推行农业集体化遭到了乌克兰、
白俄罗斯等地农民的强烈抵制。对于农民的抵制，斯大林采取了严厉的镇
压措施。在 1930—1932 年，被定为反革命的 6 万户富农分子遭到了枪决，
38.1 万户富农子女被迫迁移边疆地区。80 万新生富农被迁移到集体农庄
以外地区，100 万户富裕农民被没收财产，还有许多不愿意加入集体农庄
的中农、贫苦农民被划为"小富农"之列，受到了沉重的打击和迫害。④
在全盘集体化和大规模镇压富农的高潮中，一些少数民族（如德意志族）
就作为富农遭到了强制迁移。40 年代至 50 年代初，苏联的强制移民逐渐
演变为大规模的驱逐少数民族。如德意志族移民、来自北加高加索地区的
移民（车臣族、印古什族、卡拉恰耶夫族、巴包卡尔族），来自克里木的
移民（鞑靼族、希腊族，保加利亚族、亚美尼亚族），1944 年来自格鲁吉
亚的移民（土耳其族、库尔德族、赫姆申族等）、卡尔梅克族移民、伊朗
族移民、卡尔达巴族移民。1945—1949 年，来自波罗的海沿岸和移民
（立陶宛、拉脱维亚、爱沙尼亚等民族），1950 年来自普斯科夫州的移民，
1951—1952 年来自格鲁吉亚的移民。⑤ 据苏联学者布加伊估计，被强迫迁

　　① 叶书宗主编：《苏联历史档案选编》第 30 卷，社会科学文献出版社 2002 年版，第 631
页。

　　② 参见［美］鲍里斯·列维茨基编《三十年代斯大林主义的恐怖》，克雄等译，人民出版
社 1981 年版，第 419—429 页；［苏］罗·亚·麦德维杰夫《让历史来审判——斯大林主义的起
源及其后果》，赵洵等译，人民出版社 1981 年版，第 323 页。

　　③ 沈志华主编：《一个大国的崛起与崩溃》，社会科学文献出版社 2009 年版，第 349 页。

　　④ ［苏］罗·梅德韦杰夫：《斯大林和斯大林主义》，彭卓吾等译，中国社会科学出版社
1989 年版，第 110—111 页。

　　⑤ 沈志华主编：《一个大国的崛起与崩溃》，社会科学文献出版社 2009 年版，第 457 页。

移的民族有 320 多万人，麦德维杰夫更是估计为 500 多万人。①

在特定情况下，族际政治整合的暴力机制对于维护国家的稳定，具有一定的意义。但是，国家的暴力机制必须维持在一定的限度之内，如果国家在族际政治整合中崇尚"强权公理"，迷恋"暴力美学"，并因之超出一定的限度，那么，族际政治整合就会走向适得其反的另一面。苏联族际政治整合的暴力机制使用的力度之强、波及的范围之广、持续的时间之长、发动的频率之快，已经超出了国家和民族的承载度，最终给国家和民族造成了无可弥补的损伤。

对任何一个民族国家的政治整合而言，暴力整合机制都是柄双刃剑，用之不慎，便会伤及自身。因此，暴力整合机制目的的正当性和程序的正义性就成了其存在的道德前提。大清洗的目的，按照 1929 年第十六次党代表会议通过的《关于清查和审查联共（布）党员和预备党员》的决议，其目的在于"清洗一切非共产主义分子、蜕化分子、异己分子、官僚主义分子、混进党内的分子、自私自利的分子和以官僚态度混进自己职责的分子"。② 但是，在大清洗的实际过程中，大清洗在目的上掺杂了斯大林清除异己的成分，大清洗的范围由"对党不忠"，扩大为"抱怨社会"和"对斯大林不满"，就很明显地表明了这一点。这也使得大清洗的范围无限扩大，"政治领导人一方面把社会自发性、不服从行为看作是犯罪行为，另一方面把一般的犯罪行为政治化，把其与苏维埃制度的反对派相提并论"。③ 更为荒谬的是，苏共领导者按照苏联的州、边疆区和共和国的范围确定被镇压者的限额。在 1937 年 7 月，党中央各地方党委、内务人民委员部和检察院机关发了一道由斯大林、叶若夫和维辛斯基签署的关于在"铲除敌对阶级残余方面"采取行动的程序和规模的绝密指示。这指示严格规定了每个共和国或州的逮捕定额（按百分比计算，是当时全体居民的 3%—4%）。于是，"党员与党员，党委与党委，州与州，共和国与共和国在揭发'人民的敌人'方面展开了竞赛。判断这个或那个党组织是否坚定，是否在思想上忠于列宁—斯大林的党，是看它告发和揭露

① ［苏］罗·亚·麦德维杰夫：《让历史来审判——斯大林主义的起源及其后果》，赵洵等译，人民出版社 1981 年版，第 842 页。
② 《苏共决议汇编》（第 4 分册），赵洵、林英译，人民出版社 1957 年版，第 48 页。
③ ［俄］根纳季·博尔久戈夫：《苏联 30 年代"大清洗"运动中的民族范畴》，《国外理论动态》2007 年第 12 期。

135

'人民的敌人'的数目多少"。① 可以说苏联暴力整合目的的非正当性使得苏联的暴力整合失去了立身的道德之基。而暴力运用程序上的随意性和非规范性更是使得苏联的暴力整合机制存在严重的合理性危机。至于暴力整合的实践效力，从长远上来看，也乏善可陈。虽然肇始于30年代的大迁徙运动对苏联边疆地区的开发不无裨益，但是，其正面效应相较于负面效应，实在是沧海一粟。

苏联大范围的政治清洗与民族迁徙，肆意践踏国家法制，违背了人类的基本道德准则，给卷入其中的各民族族员在精神和心理上都留下难以平复的创伤。"特殊移民除了要承受繁重的体力劳动，恶劣的物质供应和生活资料匮乏之外，精神上还要忍受行政警备人员和小头目们的欺压和侮辱"，这种精神上和身体的饱受折磨，使得国家的凝聚力有所下降。按照弗雷德里克·C. 施罗德的说法，斯大林的恐怖政策在苏联各族人民（包括俄罗斯人和非俄罗斯人）中留下了痛苦的记忆。许多非俄罗斯人，特别是那不幸的"被驱逐出境"的7个民族的人民——他们对斯大林没有丝毫好感。② 而苏联的政治权威的形成，很大一部分是维系于国家首脑斯大林，民族不满情绪的溢出，在某种意义上意味着国家合法性的流失。对于一个民族国家而言，一个基本的事实是，对生命、财产、自由的追求，乃是一个国家的人民最为基本的需求，这种需求即便是在国家主义的国家观的笼罩下也不能完全抹杀。"如果一个国家、一个民族不能保护本国、本民族的人民的生命、财产和自由平等权利，或者侵犯本国、本民族人民的基本人权、或者侵犯外国、异民族人民的基本人权，要求一个民族的个体认同这个国家就失去了合法性。"③

苏联大范围的政治清洗与民族迁徙，严重破坏了苏联的族际政治整合，使得国家共同体的维系难度增加。苏联的族际整合是建立在以苏共为核心的权力架构上的。党是苏联族际政治整合的灵魂，党通过对民族精英的统摄来保证政治共同体的维系。但是大范围的政治清洗，把大批久经考验的民族干部和才识卓著的民族精英清洗出党，少数民族的高层党组织几

---

① ［苏］阿·阿夫托尔哈诺夫：《权力学》，张开等译，新华出版社1980年版，第449页。

② ［美］罗伯特·康奎斯特主编：《最后的帝国——民族问题与苏联的前途》，刘靖北等译，华东师范大学出版社1993年版；［美］罗·亚·麦德维杰夫：《让历史来审判——斯大林主义的起源及其后果》，赵洵等译，人民出版社1981年版，第111页。

③ 徐迅：《民族主义》，中国社会科学出版社2005年版，第209页。

乎全军覆灭，这从根本上伤害了族际政治整合体系，使得族际政治整合结构的上层和下层发生了"断裂"。

第五节　苏联族际政治整合模式的特征

在对苏联族际政治整合模式以局部扫描的方式进行论述之后，再从总体上提炼苏联族际政治整合模式的特征，对我们进一步从宏观上把握苏联族际政治整合模式的特质不无裨益。那么，苏联族际政治整合模式的特征是什么呢？我们认为，从总体上看，苏联与其他多民族国家在族际政治整合方式上鲜明的不同在于苏联族际政治整合"权力主导"的一以贯之，我们将之提炼为"一元化"的族际政治整合模式。所谓政治整合的"一元化"，按照王邦佐教授的说法，乃是"一种基于纵向结构，单向依赖的权力关系的等级控制，它通过泛政治化的途径并借助体制的力量对社会加以横向分割，把社会经济关系转化为政治行政关系，以维持上层对下层、中心对边缘的有效控制和社会行动的统一和有序性"。[①] 这种"一元化"的整合体现在苏联的族际关系上，就是苏联的政治与行政系统高度重合，国家大权集于苏共一身，苏共通过建立以行政网络为核心的纵向等级结构体系，掌控国家的各种重要资源，并以政治权力在各民族之间进行权威性的价值分配；政治权力作为族际关系中决定性的支配力量，借助体制的合法渠道，渗透到民族的各个毛孔，成为一切重要的族际政治和族际互动的主宰，并且掌管国家权力的苏联共产党成为联结族际关系的最为重要的纽带。

一　族际政治整合主体的单一性

族际政治整合，本质是国家公共权力在族际关系上的运作，公共权力的载体乃是族际政治整合理所当然的主体。因此，即便从狭义上理解族际政治整合主体，它也应该包括三个层面的意蕴：在国家层面上，其主体是政府；在社会层面上，其主体是政党和社会团体（社区性团体、制度性团体和协会型团体）；从个人层面上，其主体是政治人（尤指政治领袖与

---

① 王邦佐、罗锋：《从一元转向多元：关于中国执政党政治整合方式的对话》，《探索与争鸣》2003 年第 7 期。

政治精英）。族际政治整合主体大小范围不同，决定了他们在不同的层面上有着不同的作用。这也说明了族际政治整合要最大限度地发挥效力，族际政治整合主体必须注重不同层面的协调作战和多维互动。

但是，苏联的族际政治整合主体，却并没有能做到整合主体之间的多维互动，而是体现了苏共大权独揽的单一化整合。苏共作为国家的执政党，名义是政党，实质上是国家政权组织，① 是一部管理国家的机器。② 苏共与国家政权机关并不是平行的组织和领导机构，不是使执政党的意志通过合法的程序变成法律、法规，变为国家意志，来实现党的领导，而是直接发号施令，以党代政。这样苏共中央就成为事实上的政府，而国家政权机关就处于有名无实的地位。③ 同时，苏共作为国家唯一合法的政党，它实行权力的垄断，排斥其他政党和社会团体分享权力，"这个党决不而且也不能和其他政党分掌领导"。④ 这就使得其他政党的存在与参与族际政治整合的可能性与有效性大为降低。

二 族际政治整合体系的闭合性

按照系统论的说法，系统与环境之间乃是一种在失衡与平衡之间不断循环往复的动态过程。政治系统必须根据族际环境的变化而变化，在适应族际环境的基础上，对族际环境进行能动地改造。当既定环境中产生的问题超过了系统控制能力的时候，就会出现在逻辑可以推演出来的矛盾；要求系统结构必须有所改变，即要求改变或放弃某些一直发挥作用的因素，否则就会导致毁灭。⑤ 但是，苏联的族际政治整合却显示了与系统论原理相背离的一面。

苏联族际政治的结构体系是以国家行政网络为核心的纵向结构体系，这种体系显示出了顽固的闭合性结构的特征。所谓闭合性结构，是指政治系统所固有的结构体系，面对族际环境的变化，迟钝而不自知，依然固守

---

① 潘德礼：《论苏联剧变的思想政治根源》，《东欧中亚研究》2001 年第 5 期。

② ［俄］帕维尔·苏多普拉托夫：《情报机关与克里姆林宫》，魏小明等译，东方出版社 2000 年版，第 34 页。

③ 周尚文等：《苏共执政模式研究》，上海人民出版社 2010 年版，第 112 页。

④ 《斯大林选集》上卷，人民出版社 1979 年版，第 407 页。

⑤ ［德］尤尔根·哈贝马斯：《合法性危机》，刘北辰等译，上海人民出版社 2009 年版，第 30 页。

自己本初结构的一种状态。苏联族际政治整合模式闭合性的表现之一是政治系统（苏共）与族际环境的双向互动严重不足。在苏联族际政治模式的建构、定型与巩固之中，族际环境实质上是处于剧烈变化之中的。尤其是二战胜利之后，族际环境发生了巨大变迁。由苏共主导的以国家行政权力强制推动的族际政治整合模式在族际环境发生巨大变迁的情况，却依然故我，反映了族际政治整合模式结构极强的封闭性。

三　族际政治整合进路的单向度

从族际政治整合理想图景来看，族际政治整合不但要注重族际环境与政治系统的内外交流，而且还要族际政治整合体系内部的上下互动。族际政治整合内部的主体与客体之间的相向互动是维系族际政治整合体系生命力的重要表征。"构建平等、团结、互助、和谐的族际关系需要政府、社会组织和族员共同来完成，这三者成为族际政治整合实践活动的主要参与者。它们之间相互作用、相互影响，在很大程度上决定着族际关系的性质、特点、内容等。"[①] 因此，从政府、社会组织、族员之间多维度互动对于多民族国家的族际政治整合而言，具有重大意义。对于族际政治整合主体而言，在互动中可以了解少数民族族员思想、情感，以及利益需求的变化，从而能够更好地调整族际政治整合的取向与策略，更好地聚合与协调族际利益的分配，而"族际政治整合中互动角色，尤其是族员，在互动中将逐渐调适自己的互动行为，逐步形成对政府、社会组织、其他族员行为的了解、认知、包容、认同等。在多次互动中，少数民族族员将会淡化族别意识，增强互动角色意识，从而实现由民族认同到国家认同的转向"。[②]

但是，苏联族际整合的权力结构体系决定了苏联族际政治整合模式在权力运作上，是一种自上而下单向度的运行过程。这是由苏联高度集权的命令型体制所决定的。苏共中央作为国家权力中心，乃是族际政治整合的决策源泉，各加盟共和国必然绝对完全服从苏共中央的决议与指示。在苏联等级森严金字塔似的国家权力结构体系中，下级机关和基层共产党员的自主性丧失殆尽，只能无条件地服从中央的决议。这一点从苏共的官员选拔的标准可见一斑。斯大林的干部哲学就是"干部决定一切"，但是，遴

---

① 陈纪：《多维互动：族际政治整合机制研究》，《广西民族研究》2007 年第 3 期。
② 同上。

选干部的标准却是"服从"。在俄共（布）十二大中央委员会组织报告中，斯大林坦白地指出，必须选拔工作人员，要让那些善于贯彻执行指令、能够理解指令、像对待亲生挚爱一样接受指令并善于把它们加以贯彻到生活中去的人，站到各种岗位上。否则，政治就失去了意义，就变成了撒手即逝的东西。

四　族际政治整合方式的刚烈性

苏联族际政治整合是由国家强力推进的一种自上而下的运作过程，其整合方式的特点在于刚猛而暴烈。族际关系在国家强力的搓和与高压下，虽然维持了暂时的稳定，但是这种稳定更多的是一种刚性稳定，而不是韧性稳定。

苏联族际政治整合方式刚烈性的第一个体现就是政治暴力持续时间长。仅就斯大林执政时期而言，族际政治整合的暴力的规模化、常规化使用，最早可以追溯到20世纪30年代初期，斯大林借口反对资产阶级民族主义，对大批的少数民族干部、知识分子，甚至普通群众进行残酷打击和无情镇压。20世纪30年代中后期，伴随着少数民族精英人士被大量镇压，斯大林又开始了强制迁徙一些不可靠的小民族，卫国战争时期，更是直接动用武力把十几个少数民族驱出家园。即便在二战结束后的1949年，苏联当局还以"达什纳克反革命活动"为借口，将居住于格鲁吉亚及亚美尼亚的大量亚美尼亚人迁到了阿尔泰地区。甚至在1953年斯大林还在反对"世界主义"和"医生案件"的幌子之下，掀起大规模的反犹运动。

苏联族际政治整合方式刚烈性的第二个体现就是政治暴力波及范围广。仅就斯大林执政时期来看，苏联族际政治暴力整合几乎席卷各个加盟共和国、各个民族。仅20世纪40—50年代，在苏联暴力整合之下，被驱逐的民族就包括：德意志民族、车臣族、印古什族、卡拉恰耶夫族、巴尔卡尔族、鞑靼族、希腊族、保加利亚族、土耳其族、库尔德族、赫姆申族、卡尔梅克族、伊朗族、卡巴尔达族等。① 而族际政治的暴力整合，即便是以较为保守的考证来看，苏联30—50年代因政治犯罪被判刑的人数也达到了380万左右，其中1937—1938年大清洗中被判刑的在130万—

---

① 沈志华主编：《一个大国的崛起与崩溃》，社会科学文献出版社2009年版，第457页。

150 万人左右。①

苏联族际政治整合方式刚烈性的第三个体现就是政治暴力使用力度深。仅就斯大林执政时期来看，苏联族际政治暴力整合不但涉及加盟共和国的主要领导人，而且涉及少数民族普通群众。在大清洗运动之中，各加盟共和国领导人被清洗的比例可谓触目惊心。在格鲁吉亚，1937 年召开第十次党代表大会时，尚有 644 名代表，不久以后，就有 425 名被逮捕或处死。② 中亚共和国受到的清洗更是惊人。仅 1937 年一年，中亚地区基层党组织干部就有 55.7%，区党委干部的 78.8% 被清洗。③ 在 1937 年，哈萨克党中央常务局的成员无一例外地被逮捕处决。④ 在只有 120 多万人口的土耳曼，从 1937 年 8 月到 1938 年 11 月，共有 15660 人被判刑，其中 5008 人被处决。⑤

五　族际政治整合思想的一元化

苏联族际政治整合思想的一元化就是在思想文化领域树立马克思主义绝对的领导地位，否定学术思想自由和艺术多样，混淆学术问题和政治问题的界限，其实质就是文化专制主义。

苏联族际政治整合思想的一元化，第一个体现就是马列主义一元化。博大精深、丰富多彩、体系完整的马克思列宁主义的思想财富被归结为简单的要义，归结为大家都能理解的重要部分，归结为简化与公式化的原理。这些原理被说成是对马列主义唯一正确的和巨大的发展，适应一国在帝国主义包围下进行社会主义建设的整个历史时期。凡是超出对这些原理解释范围的东西，都被斥为有害的东西。这样进一步从理论上研究马列主义的重大问题就停止了，造成了理论事实上的贫困。⑥

苏联族际政治整合思想的一元化，第二个体现就是真理的高度垄断。按照斯大林说法，在社会科学中只能有一个领袖，这个领袖就是担任政治

① 吴恩远：《苏联"三十年代大清洗"人数考》，《历史研究》2002 年第 5 期。
② 参见［美］鲍里斯·列维茨基编：《三十年代斯大林主义的恐怖》，克雄等译，人民出版社 1981 年版，第 341—342、468—472、512 页。
③ 雷振扬：《斯大林民族政策评析》，《东欧中亚研究》1992 年第 4 期。
④ 沈志华主编：《一个大国的崛起与崩溃》，社会科学文献出版社 2009 年版，第 348 页。
⑤ 李宗禹：《斯大林模式研究》，中央编译出版社 1999 年版，第 187 页。
⑥ 刘添才：《一元化体制与和谐体制》，中央编译出版社 2009 年版，第 58 页。

领袖的人。① 作为政治领袖的斯大林在此种情况之下掌握了几乎是所有科学领域的"创制权","任何新的东西都必须由他来说,而他人只应该重复和传播那些由他发现和宣布的建设社会主义的新法则"。"只要他活着,只要他是伟大的领导者,全部理论问题从头至尾都必须由他来决定。"②1938 年 9 月,作为斯大林意识形态的终极体现的范本——《联(共)布党史简明教程》得以发表,至此,在其后的半个世纪里,《联共(布)党史教程》被定为一尊,成了苏联社会科学的不容置疑的"金科玉律",并在事实上成为了苏联思想理论正确与否的唯一评判尺度与法则。科学工作者理论工作在《联(共)布党史简明教程》壁垒森严的禁锢下停顿了下来,科学创新与理论创新陷入蛮荒状态。

苏联族际政治整合思想一元化的第三个体现就是学术问题政治化。斯大林时期以政治手段解决学术问题经历了两个波峰:第一个是 1929—1932 年意识形态领域的"大转变",斯大林以经济理论和政治经济学为突破口,先后在哲学界、史学界和文学艺术界展开了声势浩大的思想批判运动。第二个波峰是 1946—1954 年,斯大林以文艺界批判为开端,席卷了哲学、语言学、生物遗传学等多个领域。在斯大林所发起的"向资本主义发动全面进攻"的意识形态战斗中,大量人文社会著作被贴上了"资产阶级唯心论"和"机械论"的标签,被划为"资产阶级意识形态范畴",著作者则被批判、惩处与清洗,社会思想文化自此由 20 年代的生动活泼步入了 30—40 年代的万马齐喑。

---

① [俄]沃尔科戈诺夫:《斯大林》(中),张慕良等译,世界知识出版社 2001 年版,第479 页。

② 《赫鲁晓夫回忆录》,张岱云等译,东方出版社 1988 年版,第 390 页。

第 四 章
苏联族际政治整合模式的沿承与调整

苏联族际政治整合模式的形成，是种种历史力量交汇杂糅萃取提炼的结果。这种模式自从被创造出来之后，就成为了模铸苏联族际关系的主要道具。赫鲁晓夫和勃列日涅夫虽然对一元化的族际政治整合模式进行过调整，但总体说来，赫氏与勃氏对苏联族际政治整合模式的调整有改造而无改良，从而使得苏联族际政治整合模式在族际环境的不断变迁之下最终走向了弱化甚至僵化。

第一节　苏联族际政治整合模式的沿承

一元化的族际政治整合模式自在斯大林时期被创制出来之后，苏联族际关系的整合便对此模式形成了强烈的路径依赖。赫鲁晓夫与勃列日涅夫执政后并没有能够摆脱一元化的族际政治整合模式的"依赖"自辟蹊径，而是沿承苏联传统族际政治整合模式的架构与精髓。

一　族际政治整合理论基点的沿承

一切真知都是来源于实践，理论是对真知的提炼与升华，既来源于实践，又反作用于实践，对实践活动的开展起着重大的指导作用。但是，同一实践活动，不同的实践主体往往会产生不同的理论认知。正确的理论认知对实践活动的开展有着巨大的促进作用，而错误的理论认知会严重地误导甚至破坏实践活动的展开。在马克思看来，"至今一切社会的历史都是在阶级对立中运动的，而这种对立在不同的时代具有不同的形式。""但是，不管阶级对立具有什么样的形式，社会上的一部分人对另一部分人的剥削却是过去各个世纪所共有的事实。"① 因此社会主义的使命就在于消灭剥削，只要"人对人的剥削一消灭，民族对民族的剥削随之消灭"。"民族内部的阶级对立一消灭，民族对民族的剥削就会随之消失。"② 马克思所谓的民族对民族的"剥削"的消失，并不意味着民族矛盾与异质性的消失。斯大林恰恰是在这样一个关键点上，对马克思的民族思想做了不恰当的误读。

在斯大林看来，1924—1936 年这一时期，苏联经济生活方面的根本变化就是社会主义体系已经在国民经济的一切部门中取得了完全胜利，③阶级结构发生了根本性变化：所有的剥削阶级都被消灭了，剩下了完全新的、摆脱了剥削的工人阶级；剩下了完全新的、摆脱了剥削的集体农庄农民；剩下了完全新的劳动知识分子。阶级结构方面的变化又表明：工农两个阶级以及这两个阶级之间的界线正在消除，它们的距离正在日益缩小；这些社会集团间的经济矛盾正在缩小，正在消失；这些社会集团间的政治矛盾也在缩小，也在消失。因此，"苏联社会已经做到了基本上实现了社会主义，建立了社会主义制度"。④ 以此为出发点，斯大林认为在族际关系方面，"制造民族纠纷的主要势力即剥削阶级势力已被消灭，培植民族互不信任心理的燃起民族主义狂热的剥削制度已被消灭"，族际之间的"互不信任心理已被消灭"，"苏联各民族和种族，在全国经济、政治、社会和文化各方面都享有平等的权利，所以根本谈不上民族权利受到损害"。⑤ 1952 年党的十九大，斯大林又进一步宣称，苏联各民族"已经在完全平等的基础上，以一种坚固的友谊紧紧地联系在一起了"，苏联"已成为全世界真正民族平等与合作的榜样和典范"。⑥

斯大林关于民族关系盲目而乐观的论断，被赫鲁晓夫全盘接收了下来。早在 1957 年赫鲁晓夫就认为：苏联已经"解决了消灭各民族经济上

---

① 《马克思恩格斯选集》第 1 卷，人民出版社 1995 年版，第 292 页。
② 同上书，第 291 页。
③ 《斯大林文选》，人民出版社 1962 年版，第 84 页。
④ 《斯大林选集》下卷，人民出版社 1979 年版，第 399 页。
⑤ 《斯大林文选》，人民出版社 1962 年版，第 88—89 页。
⑥ 中国社会科学院苏东研究所、国家民委政策研究室：《苏联民族问题文献选编》，社会科学文献出版社 1987 年版，第 175 页。

和文化上不平等的任务"。① 1961 年，赫鲁晓夫在苏共二十二大上宣布 20 年内苏联将基本实现共产主义。对于民族关系问题，他自负地指出，由于社会主义在苏联已取得了完全和最终的胜利，已转入共产主义建设阶段，因此，苏联"已解决了人类世世代代所关心的，而在资本主义世界直到现在仍然是尖锐的一个极其复杂的问题，即各民族之间相互关系的问题"，在苏联已经形成了具有共同特征的不同民族的人们的新的历史性共同体——苏联人民。他们有共同的社会主义祖国——苏联，共同的经济基础——社会主义经济，共同的社会阶级结构，共同的世界观——马克思列宁主义，共同的精神面貌和共同的心理特点。各民族在社会、政治、经济和语言文化上越来越一致，各民族正在不断地全面接近与完全统一②。

勃列日涅夫与斯大林、赫鲁晓夫关于民族关系的论断并无二致。早在勃列日涅夫上台伊始，在庆祝十月革命四十七周年大会上，他就指出："我们已经成功地解决了民族问题——资本主义遗留给我们的最尖锐和困难的问题之一。目前，我们所有大小民族都像在一个统一的兄弟家庭里那样生活。"③ 1972 年，苏共中央在关于庆祝苏联成立 50 周年的决议中指出，苏共正确地解决了苏联的民族问题，在"世界历史上从未有过像在我们兄弟联盟中一贯体现的，在几十个大小民族关系中，利益和目标、意志和行动是那么牢不可破的一致，精神上是那样相互信任和互相关怀"，在苏联已形成了"经济、社会、政治和文化一致"、"工人阶级利益和共产主义理想一致"的"各族人民新的历史共同体——苏联人民"。④ 同年 12 月，勃列日涅夫在苏联成立 50 周年大会上宣布，"过去遗留给我们的那种状况的民族问题，已经完全解决，已经彻底和一劳永逸地解决了"。⑤ 1977 年，苏联通过的新宪法正式承认了这一提法："这个社会有成熟的社会关系，在所有阶级和社会阶层接近，一切民族在法律上和事实上平等以

① 中国社会科学院苏东研究所、国家民委政策研究室：《苏联民族问题文献选编》，社会科学文献出版社 1987 年版，第 239 页。

② 同上书，第 250—253 页。

③《勃列日涅夫言论》第一集，上海人民出版社 1974 年版，第 15 页。

④ 中国社会科学院苏东研究所、国家民委政策研究室：《苏联民族问题文献选编》，社会科学文献出版社 1987 年版，第 299、303 页。

⑤ 同上书，第 343 页。

及他们兄弟合作基础上，产生了人们新的历史共同体——苏联人民。"①

然而，社会主义制度的建立与民族矛盾的消除并不是一个同步的过程，人与人之间剥削的消失、民族与民族之间剥削的消失，并不等于人与人之间矛盾的消失、民族与民族之间矛盾的消失。社会主义制度的建立，只是表明各民族在共同的政治屋顶之下，族际间的根本利益具有一致性。而民族与民族之间本身的异质性，因经济交往和政治交流产生的摩擦，因为政治系统价值的权威性分配而产生的抵牾，在社会主义制度建立之后相当长的一段时间内都将存在。弥合族际间的异质性，消除族际隔阂，实现各民族价值权威性分配的公平正义，是一个长期而又艰苦的历史过程。赫鲁晓夫与勃列日涅夫秉承斯大林"民族无矛盾"的论调，使得苏联对族际矛盾的认识套上理论枷锁，极大地限制了苏联民族问题研究的深入和发展，并且在事实上造成了族际矛盾不断演变而民族理论故步自封的恶果。正如哈萨克斯坦现任总统纳扎尔巴耶夫在论及当时所谓的"新的历史的共同体——苏联人民"时，不屑地评论道："关于苏联领土上形成了所谓'苏联人民'的神话毕竟是神话，仅仅是苏共中央意识形态部门的理论家们玩弄的神话。"②

二 族际政治整合价值取向的沿承

价值取向，是族际政治整合的灵魂，也是族际政治整合成败的一大关键。在族际政治整合的价值取向上，赫鲁晓夫和勃列日涅夫继承斯大林时期扭曲的价值取向，即一方面在经济上大力扶助弱小民族；另一方面鼓吹"俄罗斯中心论"，压制少数民族的政治权利和文化权利。

赫鲁晓夫和勃列日涅夫在执政之时，继承了苏联"扶持弱小民族"的传统做法，继续实行民族优惠政策，将拉平各加盟共和国的经济、社会、文化发展水平作为自我执政的奋斗目标。为此，苏联政府加大了对少数民族和少数民族地区的支持力度，各少数民族和民族地区经济发展水平、教育文化水平获得了长足的发展。20 世纪 60—70 年代，中亚地区 5

---

① 中国社会科学院苏东研究所、国家民委政策研究室：《苏联民族问题文献选编》，社会科学文献出版社 1987 年版，第 376 页。

② ［哈］努·纳扎尔巴耶夫：《站在 21 世纪的门槛上：总统手记》，陆兵、王嘉琳译，时事出版社 1997 年版，第 21 页。

个共和国工业增长速度接近或超过了全苏联平均水平，工业产值超过国民经济总产值的 50% 以上，农业生产发展速度超过全苏联发展速度，20 世纪 70 年代以来成为苏联的棉花、粮食、羊毛、蚕丝等农产品的主要生产基地。[①] 与此同时，少数民族地区人民的物质文化生活水平有了明显的提高。1976 年至 1980 年全苏联人均实际收入增长超过 18%，其中有 9 个少数民族共和国的居民实际收入增长超过全苏增长水平。1965 年至 1982 年，俄罗斯联邦集体农庄庄员月平均工资由 50 卢布增加到 134 卢布，其他 14 个少数民族共和国集体农庄庄员月平均工资由 52 卢布增加到 123 卢布。1976 年至 1980 年，在 14 个少数民族共和国建造住房 2.28 亿平方米，有 2200 多万人改善了住房条件，人均住房达到了十几平方米。[②] 在这一时期少数民族地区文化事业也有了很大发展。据 1979 年苏联人口统计，10 岁以上的人口每千人中具有中等和高等教育程度的有 638 人，其中高加索地区和原来文化比较落后的中亚地区每 1 万人中拥有大学生的比例甚至超过了西方一些发达国家。[③]

但在另一方面，苏联又大肆宣扬"俄罗斯中心论"，鼓吹"主体民族优越论"。1957 年 8 月 27 日，赫鲁晓夫在《文学艺术要同人民保持密切的联系》的讲话中宣称：俄罗斯民族有资格受到苏联各族人民的尊重，各民族应当高呼"俄罗斯母亲"。[④] 勃列日涅夫也毫不掩饰地宣称：俄罗斯"是我们最大的一个共和国，在各个平等的共和国中被我们多民族国家的全体人民恰当地称为老大"。[⑤] 1971 年 3 月，勃列日涅夫在苏共二十四大上发言指出："伟大的俄罗斯民族"在苏联的成立、巩固和发展中发挥了极其重大的作用。[⑥] 1975 年 10 月 21 日，全苏中等和高等学校在学习俄语的经验和实践会议中提出：苏联各民族是在"俄罗斯民族周围联合成为统一多民族国家"，因此完全有理由认为"俄罗斯民族是老大哥民

---

①　陈之骅主编：《勃列日涅夫时期的苏联》，中国社会科学出版社 1998 年版，第 212 页。

②　熊坤新：《苏联民族问题理论与政策研究》，中央民族大学出版社 2010 年版，第 115 页。

③　同上。

④　赫鲁晓夫：《文学艺术要同人民生活保持密切的联系》（1957 年 8 月 27 日），《真理报》1957 年 8 月 28 日。

⑤　《勃列日涅夫言论》第八集，上海人民出版社 1975 年版，第 102 页。

⑥　勃列日涅夫：《苏联共产党中央委员会向苏共第二十次大会所作的总结报告》（1971 年 3 月 30 日），《真理报》1971 年 3 月 31 日。

族，是苏联第一位的民族"。① 多年来，苏联领导人竭力吹捧俄罗斯民族，把它说成是苏联各民族中最杰出和伟大的民族，实际上是把其他民族列为次等民族，因而严重伤害了其他民族的自尊感。②

在鼓吹"俄罗斯中心论"之外，苏联还采取强制手段对少数民族进行同化，尤其是语言同化。1958 年，苏联教育部门公布的《新教育法》规定：要"逐步在教学工作中使用俄语"，逐步推行"两种语言并用制"。《新教育法》虽然在条文上明确了俄语与少数民族语言的学习与使用并行不悖，但在具体的执行过程中，俄语往往成为了民族学校的必修课，民族语言反而变成了选修课。1959 年 11 月，苏共中央和苏联部长会议通过《关于加强学校同生活的联系和进一步发展苏联国民教育制度的提纲》规定，各民族学校可以使用本族语教学，但同时又特别强调"各加盟共和国和自治共和国的中等学校必须学习俄语"。1966 年 11 月，苏联教育主管部门颁布了《关于进一步改善中等普通教育学校工作的措施》，强调有必要对民族学校的俄语讲授给予特别的注意，从而使俄语进入"全面推广"阶段。苏联的语言同化政策，将少数民族语言置于次等语言地位，违背了列宁一以贯之的民族语言平等原则，导致了少数民族语言的急剧萎缩。在印刷出版方面，用民族文字印刷出版物日益减少，特别是技术类书籍更是很少使用民族文字。如 1980 年出版的工业文献中，用俄文出版的占到了 99.1%，用民族语言出版的只占到了 0.6%。在使用本族语言的人口比重方面，乌克兰族使用本族语言的人口比重，由 1959 年的 87.7% 下降到 1970 年的 85.7%，白俄罗斯族使用本族语言的人口比重，从 1959 年的 84.2% 下降到 1970 年的 80.6%，楚科奇族使用本族语言的人口比重，由 1959 年的 93.9% 下降到 1970 年的 82.6%，卡累利阿族使用本族语言的人口比重，由 1959 年的 71.3% 下降到 1970 年的 63.0%。③

三　族际政治整合权力结构体系的沿承

国家权力结构体系是族际政治整合的支柱和骨架。开创于斯大林时期

---

① 转引自熊坤新《苏联民族问题理论与政策研究》，中央民族大学出版社 2010 年版，第125 页。

② 陈联璧：《大俄罗斯沙文主义及地方大民族主义》，《东欧中亚研究》1992 年第 2 期。

③ 嘉荣：《今日的苏联是各族人民的监狱》，人民出版社 1978 年版，第 98 页。

的命令型、全能型、自上而下等级控制型的国家权力结构体系，在赫鲁晓夫时期与勃列日涅夫时期也得到了沿承。由于斯大林式的国家权力结构体系在战备和战时环境之中显示出超乎寻常的国家控制能力、社会动员能力与经济赶超速度，这种国家权力结构体系被后继者认为是一个行之有效并值得坚守的模式。

虽然赫鲁晓夫开展的"非斯大林化"运动试图改变联盟中央过度集权的局面，他也尝试着将权力下放给各加盟自治共和国，但是，各加盟共和国失权已久，忽得授权，一时之间，地方主义迅速膨胀，族际利益博弈加剧，社会局面比较混乱。在一些民族地区甚至出现了公开抨击苏联的民族政策，号召摆脱俄罗斯的人控制，要求独立自主的政治主张。比如在 1961—1964 年，乌克兰多次出现了以党政干部、知识分子、高等学校师生为核心的地下民族主义组织，从事维护民族独立自主权利、宣扬民族历史文化传统的活动。他们抨击俄罗斯的民族沙文主义，极端者甚至提出主张乌克兰独立的号召。在镇压了如此种种民族主义运动之后，赫鲁晓夫很快又重新将权力收归联盟中央。因此，从根本上说，苏联的国家权力结构体系并没有从深层得到触动。按照苏联学者的说法，"建造了官僚主义金字塔的人从塔尖上跌下来了，专制制度生了苔的墙壁上穿了一个洞，透出了新鲜空气。但金字塔本身还在！塔上一层层的台阶及塔顶空着的专制制度的宝座依然如故"。①

既然以"非斯大林化"著称的赫鲁晓夫尚不能从深层触动国家权力结构体系，就更遑论以稳健为招牌的勃列日涅夫了。在勃列日涅夫执政期间，尤其是其执政后期，"因循守旧，求稳抑变"的情绪遍布整个领导阶层，"这一时期，有一种越来越清楚的现象，就是大部分领导人倾向于倒退"。②"对勃列日涅夫为代表的苏联高层领导人来说，早已习惯于依赖传统的、高度集中的管理体制，因为这一体制可以使全国国民经济各部门都隶属于党和国家机关的指令之下，方便地进行指挥和管理。他们没有远见

---

① ［苏］尤·阿克秀金编：《赫鲁晓夫——同时代人的回忆》，李树柏译，东方出版社 1990 年版，第 102 页。

② ［俄］戈·阿·阿尔巴托夫：《苏联政治内幕：知情者的见证》，徐葵等译，新华出版社 1998 年版，第 364 页。

更没有相应的魄力来放松政治权力。"① 因此，勃列日涅夫的新经济体制改革半途而废，政治体制更是由执政之初的"三驾马车"向个人集权回归。因此，勃列日涅夫在调整赫鲁晓夫改革所引起的混乱的时候，悄悄地退回了斯大林模式的老路，以至于勃列日涅夫时代的改革得到了"新斯大林主义"的"美名"。

第二节　赫鲁晓夫时期族际政治整合模式的调整

在赫鲁晓夫看来，苏联民族问题在苏共的治理之下，早已是"一去不复返"了。认识的偏差使得赫鲁晓夫并没有着意于族际政治整合模式的改革与调适。我们所谓的"赫鲁晓夫时期族际政治整合模式的调整"，只不过是其政治经济体制改革的一种派生。因此，对赫鲁晓夫族际政治整合模式调整的研究，必须置于其宏大的政治经济体制改革背景之下，但是，如果对赫鲁晓夫经济政治体制改革进行全方位的考察，那么，赫鲁晓夫时期族际政治整合模式的调整将陷入宏大的政治经济体制改革而不自知。因此之故，本着删繁就简、突出重点的原则，本节研究将着重分析赫鲁晓夫政治经济体制改革直接影响到族际政治整合模式的几个侧面：对族际政治整合"大脑"（意识形态）的批判，对族际政治整合"心脏"（苏共）的改组，对族际政治整合最为敏感的"神经"（民族历史问题）的平反。

一　意识形态领域的批判

意识形态是族际政治整合的灵魂，是联结各民族于统一政治屋顶之下的精神纽带。赫鲁晓夫在意识形态领域所开展的反对个人崇拜和"非斯大林化"运动，对苏联族际政治整合模式产生了重要影响。

（一）反对个人崇拜与非斯大林化运动

反对个人崇拜与非斯大林化是赫鲁晓夫时代最为重要的标志之一，也是赫鲁晓夫政治经济体制调整的原点。在赫鲁晓夫执政期间，从苏共中央七月全会（1953年）开始，到苏共二十大（1956年），再到苏共二十二

---

① 郭春生：《勃列日涅夫18年》，人民出版社2009年版，第91—92页。

大（1961年），苏联开始了声势浩大、大张旗鼓地批判个人崇拜的"非斯大林化"运动。早在1953年6月10日，《真理报》发表了一篇未署名的文章，第一次提出了反对个人崇拜的问题。① 随后，苏共中央七月全会拉开了反对个人崇拜的序幕。1956年苏共二十大，反对个人崇拜更是攀上了一个历史高峰。在苏共二十大上，赫鲁晓夫在批判斯大林滥用权力、违反法制时，也抨击了斯大林时期的民族政策。"斯大林发起的粗暴践踏列宁苏维埃国家民族政策的行为"，"令人发指"，它"强迫整个整个的民族大规模迁离自己的家园，其中的全体共产党员和共青团员也概莫能外"。斯大林的问题在于"将个别人或集团的敌对行动的责任加在包括妇女、小孩、老年人、共产党员和青年团员在内的整个民族身上，并使他们蒙受了大规模的迫害和痛苦"。② 在苏共二十二大上，赫鲁晓夫在总结报告及后来的总结发言中，又一次强烈地谴责了斯大林的个人崇拜，并具体地揭露了斯大林的"罪行"。这种"非斯大林化"的间歇性冲动，甚至在其下台之后撰写回忆录时，也矢志不渝地流露了出来。在其回忆录中，赫鲁晓夫完全否决了斯大林在卫国战争中的伟大功绩。他甚至认为，在苏联卫国战争期间，"斯大林对前线发生的真实情况并不了解，……斯大林是按地球仪指挥作战的"。③ "若是没有斯大林，战争对于我们来说就会进行的更加顺利"，"若是没有斯大林的话，显然可以在伤亡较少的情况下歼灭敌人"。④

赫鲁晓夫不符合历史事实的判断显然带有浓厚的情绪性和强烈的主观性。这种"非斯大林化"个人情绪（当然，从客观上讲，反对个人崇拜无疑有其必要性），甚至使他"一叶障目，不见泰山"，从无限拔高歌颂斯大林走向了完全彻底否定斯大林。一代天才将领朱可夫对赫鲁晓夫评价斯大林的论断显然不能苟同，他说："斯大林是按地球仪指挥作战的"说法，"与事实是不符"，"我可以肯定的说：斯大林通晓组织方面军和方面

① 陆南泉等主编：《苏联兴亡史论》，人民出版社2002年版，第537页。
② ［俄］尼基塔·谢·赫鲁晓夫：《赫鲁晓夫回忆录》（选译本），述弢译，社会科学文献出版社2005年版，第399页。
③ 《赫鲁晓夫回忆录》，张岱云等译，东方出版社1988年版，第783页。
④ ［俄］尼基塔·谢·赫鲁晓夫：《赫鲁晓夫回忆录》（选译本），述弢译，社会科学文献出版社2005年版，第188页、第189页。

军群战役的基本原则，并且熟练地组织了这类战役……他是当之无愧的统帅"。① 赫鲁晓夫以斯大林所犯的严重错误而否定其伟大功绩，显然不是一种客观公允的评判。正如邓小平在谈到斯大林问题时所说的，"我们不能要求伟大领袖、伟大人物、思想家没有缺点错误，那样要求不是马克思主义者的态度"。②

赫鲁晓夫开展的声势浩大的"非斯大林化"运动，虽然有其历史必然性和必要性。但是，毋庸讳言的是，赫氏的"非斯大林化"运动，也带有明显局限性。他把斯大林时期的错误简单地归因为斯大林个性的缺陷和个人品质问题，而没有讨论个人崇拜赖以形成的根源；在谴责斯大林罪行的同时，却拒绝对政治体制和斯大林意识形态做出分析。③ 在这个问题上，共产国际和其他国家的共产党显然比赫鲁晓夫的认知更为深刻。国际共产主义运动认为赫鲁晓夫的"报告失之肤浅，对于斯大林个人崇拜产生的社会环境和造成大恐怖得以出现的现实可能条件，报告都没有给予鞭辟入里的理论说明和历史分析"。④ 南斯拉夫共产主义者联盟总书记铁托在其著名的普拉演说中特别指出：苏联人在二十大谴责了斯大林的行为和他的政策，"但是他们错误地把整个事情当作了个人崇拜，而不是当作制度问题。而实际上，个人崇拜是一种制度的产物"。⑤ 美国共产党1956年6月25日发表声明说，"我们不能同意这样的看法：所谈到的问题，不管多么令人痛心和可恶，完全是苏联共产党内部的事情。……我们不能同意把犯这样严重错误的原因完全归因于一个人。……把所有的错误和违反社会主义原则的行为都归于一个人是把苏联社会主义进展中的一切成就和伟大成绩归于一个人一样错误的"。⑥ 因为赫鲁晓夫并未能对个人崇拜病症的精准把脉，因此，他也难以对症下药，这使得当赫鲁晓夫大权在握之后，个人崇拜与个人专权又"再度复活"，"反个人迷信的斗士自己反倒

---

① [苏]朱可夫：《战争回忆录》，徐锦栋译，解放军出版社2003年版，第341页。

② 中共中央文献研究室：《邓小平年谱》（上），中共中央文献出版社2004年版，第435页。

③ 陆南泉等主编：《苏联兴亡史论》，人民出版社2002年版，第547页。

④ [苏]罗·亚·麦德维杰夫：《赫鲁晓夫传》，肖庆平等译，中国文联出版社1988年版，第113页。

⑤ 葛新生：《赫鲁晓夫传》，世界知识出版社1997年版，第156页。

⑥ 《批判斯大林问题文集》，人民出版社1956年版，第55页。

成了个人迷信的牺牲品"。[①]

赫鲁晓夫时期的"非斯大林化"运动，还带有明显的反复性，正如阿尔巴托夫所说，赫鲁晓夫"在揭露斯大林当时所犯下的罪行和评论已故领袖的功绩之间来回摇摆"。[②] 自"非斯大林化"运动开展以来，赫鲁晓夫出于反对个人崇拜，揭露社会问题的需要，强调"文艺要积极干预生活"，揭露社会阴暗面。在这种情况下，大量描写社会阴暗面的文学作品纷纷出笼，形成了一股"解冻"思潮。然而，"解冻"思潮形成后，文艺界出现思想混乱等复杂局面，"解冻"变成"春汛"，各种泥沙俱下的社会思潮纷至沓来，混淆视听，再加上"非斯大林化"运动引起的波匈事件，苏联领导人对国外内局势深表忧虑和不安，在这种情况下，赫鲁晓夫受到了来自党内外的批评。为了争取支持和摆脱困境，赫鲁晓夫转而开始肯定斯大林。1956 年 12 月底，他在克里姆林宫举行的新年招待会上说："斯大林是一位反对帝国主义的伟大战士。他是一位伟大的马克思主义者。帝国主义者把我们称为斯大林主义者。正是在同帝国主义作斗争的时候，我们都是斯大林主义者。"他还说："斯大林粉碎了我们的敌人。我个人是在斯大林时代成长的。我们可以感到骄傲，因为在为了我们伟大事业的进步而对敌人进行的斗争中，我们曾经合作。"但是，当波匈事件平息、赫鲁晓夫地位得到巩固之后，他又开始了新一轮的反对个人崇拜和非斯大林化运动，文学艺术领域的解冻思潮也再度兴起。

（二）反对个人崇拜与非斯大林化运动对族际政治整合的影响

斯大林时期所产生的个人崇拜，自斯大林逝世以后，余毒未清，已成为"苏联社会主义进一步发展的最大障碍"，[③] 因此，批判个人崇拜是改革斯大林模式的一个前提，也是变革苏联一元化族际政治整合模式的起点。其"深远意义首先在于，它提出了社会主义模式必须变革的重大课题，同时为传统社会主义体制改革创造了思想条件"。[④] 正如毛泽东同志

---

① ［苏］尤·阿克秀金编：《赫鲁晓夫——同时代人的回忆》，李树柏译，东方出版社 1990 年版，第 19 页。

② ［俄］戈·阿·阿尔巴托夫：《苏联政治内幕：知情者的见证》，徐葵等译，新华出版社 1998 年版，第 59 页。

③ 刘克明、金挥：《苏联政治经济体制七十年》，中国社会科学出版社 1990 年版，第 419 页。

④ 陆南泉等主编：《苏联兴亡史论》，人民出版社 2002 年版，第 542 页。

在 1956 年 9 月同南共联盟代表团谈话时，谈到苏共二十大批评斯大林问题时指出："它打破了神化主义，揭开了盖子，这是一种解放，是一场解放战争，大家都敢讲话了，使人能想问题了。"①

在另一方面，赫鲁晓夫开展的反对个人崇拜和非斯大林化运动对族际政治整合模式也产生了诸多的不利影响。解放思想虽然使得族际整合模式的调整具备了一定的思想基础，但是，由于赫鲁晓夫并不能正确、如实地看待国内事实上存在的民族问题，这使得族际政治整合模式的调整失去了自上而下改良的可能性。而且，更为严重的是，意识形态领域的批判，不但没有为族际政治整合模式改良赢得生机，反而对固有的族际政治整合模式产生了强烈的冲击。苏联族际政治整合模式是建立在两个支柱之上的，一个是苏联共产党的政党控制体系；一个是充当各民族精神纽带的意识形态。苏联共产党执政所赖以安身立命的政党控制体系是建立在苏共良好政党清誉和丰沛的政治权威基础的。斯大林作为党和国家的领导人，他在某种意义上就是苏共的化身，就是苏共的形象代言人。斯大林执政多年，他的名字、他的语录、他的功绩、他的画像和塑像无处不在，他不但是苏联共产党，而且也是全世界共产党人的一大精神支柱。赫鲁晓夫发起非斯大林化运动，使得斯大林的圣像从天堂跌入地狱，这对各族人民和世界共产党人所产生的心灵冲击是无法述说的。斯大林圣像的坍塌，意味着苏共清誉的受损，苏共权威的受损，它客观上是与赫鲁晓夫反对个人崇拜的目的背道而驰的。对于绝大多数共产党员，甚至对于世界上很多人来说，斯大林曾经是苏联国家的伟大的象征。② "若是认为斯大林这些极端丑恶的罪行得以大白于天下就会巩固党的领导，并有助于世界共产主义运动的发展，那就错了。事实上，苏共二十大不仅沉重地打击了斯大林的威望，而且也使整个领导集团名声一落千丈，同时又使国际共产主义运动面临着一场严峻考验。"③

赫鲁晓夫开展的非斯大林化运动，不但造成苏联共产党权威受损，国际共产主义事业的重创，而且导致了各民族思想混乱、共产主义意识形态

---

① 陆南泉等主编：《苏联兴亡史论》，人民出版社 2002 年版，第 541—542 页。

② ［苏］菲·博布科夫：《克格勃与政权：克格勃第一副主席的回忆》，王仲宣译，东方出版社 2008 年版，第 124 页。

③ ［苏］罗·亚·麦德维杰夫：《赫鲁晓夫传》，肖庆平等译，中国文联出版社 1988 年版，第 120 页。

作为各民族精神纽带效力的衰弱。在斯大林的故乡格鲁吉亚，人们"对赫鲁晓夫在苏联二十大上的讲话非常不满"。"对于大多数格鲁吉亚人来说，斯大林是一位民族英雄，每逢斯大林纪念日，他们都会奉献花圈，举行各种纪念活动。"二十大报告之后，有些自作聪明的官员"禁止花店出售纪念斯大林的花圈和缎带"，甚至引发了一场"保卫斯大林"的"格鲁吉亚风潮"。[1] 苏共二十大五十年之后，俄罗斯科学院举行"圆桌会议"反思苏共二十大时，公允地指出："事情不在于斯大林本人被指责犯有许多罪行，而在于这个指责破坏了斯大林的形象，从而使苏联几代人的意识中出现了真空并迷失了方向。"赫鲁晓夫的秘密报告，"从根本上动摇了包括西方共产党在内的整个共产主义世界，注定了苏联在冷战中的失败，给俄罗斯带来了无法挽救的损失。尽管当时苏联动员型的发展模式绝不是最理想的，但是在那个时期，正是由于这个模式所固有的优点和缺点，成为俄罗斯国家生存的历史因素，并且使苏联在与西方的对抗中，拥有了足够的竞争实力"。[2]

二　苏联共产党的改组

苏联共产党是族际政治整合的绝对主体，赫鲁晓夫对执政党的领导方式的调整显示其对国家管理体制变革的尝试，客观上也冲击了苏联一元化族际政治整合模式。

（一）苏联共产党改组

1962 年 11 月的苏共中央全会，赫鲁晓夫做了《关于发展苏联经济和改组党对国民经济的领导》的报告。报告指出，党以往领导国民经济的组织形式，使得对经济工作的领导出现空喊和忙乱的现象，妨碍了正确地安排党的干部，不能更好地利用他们的知识和经验。为了克服上述缺点，必须过渡到自下而上地建立党的领导机关的生产原则。[3] 按照这份决议，"在现有的边疆区、州的范围内一般成立两个独立的党组织"，"在边疆区和州的党组织中分别设立领导工业生产的边疆区和州的党委会和领导农业

---

① ［苏］菲·博布科夫：《克格勃与政权：克格勃第一副主席的回忆》，王仲宣译，东方出版社 2008 年版，第 130—131 页。

② 《俄罗斯科学院举行"圆桌会议"再论苏共二十大》：http：//myy．cass．cn/file/2009020332790．html。

③ 《赫鲁晓夫时期苏共中央全会文件汇编》，商务印书馆 1976 年版，第 546 页。

生产的边疆区和州的党委会"等。① 按照生产原则改组党组织的决议做出之后，"就像赫鲁晓夫的一切改革都要以运动的形式来进行并配合以大张旗鼓的舆论宣传一样，这次按生产原则来改组党组织也极其迅速地、轰轰烈烈地搞了起来。改组很快就超出了工业和农业的范围以及州与边疆区的党的上层管理机关，最后涉及国家政府机构、苏维埃机构和一系列的行政和事业单位，连共青团、工会、妇联和警察机构都包括了进来"。②

赫鲁晓夫改组的原初目的是使党组织更好地领导经济，"各州两套州委班子之间工作分工是有若干指导原则的，相互协调配合也可能行得通，但必要的前提则是决不能出现派生的复杂机构，造成叠床架屋的局面。而实际上却正是如此，不仅建立了两个州党委，而且还有两个州苏维埃执行会，接踵而来的又是一大堆孪生机构：两个卫生局、两个教育局、两个财政局、两个文化局、甚至还有两套民兵指挥系部等等。于是各州党政机关干部数目随之大增，其工作负担也更加繁重，结果相互协调终成泡影"。③可以说，赫鲁晓夫党组织改组人为地造成了党政领导系统建制的混乱不堪，产生了行政协调、机构重叠、行政权力界限划分等一系列的问题。

（二）领导干部任期制

苏联长期以来实行的领导职务终身制，是滋生官僚主义、家长制作风和特权、腐败现象的温床。针对这种情况，在苏共二十二大上，赫鲁晓夫提出："由选举产生的各级机关的经常更新，今后应该成为不可违犯的党内生活准则，成为国家和社会生活的准则。"④ 苏联二十二大还把领导干部任期制和每次选举时的淘汰率写入党纲和党章，明确规定："每次例行选举，中央委员和主席团成员至少更换1/4，主席团委员一般最多只能三届连续当选；加盟共和国中央、边疆区、州委的成员每次选举时至少更换1/3，党的专区委、市委、区委、基层党组织的党委或支委会的成员至少更换一半，同时，这些党的领导机关的成员可以连续当选，但最多不得超过两届。"⑤

---

① 《赫鲁晓夫时期苏共中央全会文件汇编》，商务印书馆1976年版，第550页。
② 陈之骅等主编：《苏联兴亡史纲》，中国社会科学出版社2004年版，第427—428页。
③ ［苏］罗·亚·麦德维杰夫：《赫鲁晓夫传》，肖庆平等译，中国文联出版社1988年版，第268页。
④ 《苏联共产党第二十二次代表大会主要文件》，人民出版社1961年版，第402页。
⑤ 同上书，第276—277页。

赫鲁晓夫所提出的领导干部任期制相比于领导干部终身制而言，无疑是一个巨大的历史性进步。它对于领导干部的任期交流、职务轮转和职位上下具有重要意义，是建立能上能下、能进能出、竞争择优的用人机制的基础。但是，赫鲁晓夫所倡行的干部制度改革也有其明显的"制度后门"。如苏共二十大通过的党章规定："某些党的活动家，由于他们享有公认的威信，具有高度的政治品质、组织者品质和其他品质，可以在更长的时间内连续选入领导机关。在这样的情况下，有关的候选人在不记名（秘密）投票方式下须有 3/4 的选票投票赞成方可当选。"[1] 这实际上为高层领导，尤其是最高领导者的连选连任提供了可能性。苏联领导干部任期制另外一个不足之处在于，任期制虽然得到了党纲党章的确认，但是，在如何科学民主地选拔领导干部方面，苏共并没将其制度化，赫鲁晓夫"挑选干部越来越不按德才兼备的原则，而是按忠实的原则、叫干啥就干啥的原则"，[2] 这使得高度集中的行政命令体制并不能得到改观。领导干部任期制的另一个问题是，在执行过程中，领导干部更新的规模大大超出了党纲与党章的规定。在例行换届选举中，更换率高达 60%，干部的频繁调动与大批更换，对基层组织的稳定性产生了一系列负面影响。[3]

（三）改革高度集中的行政命令体制，扩大加盟共和国权限

为了矫正斯大林体制高度集权所产生的机构臃肿、人浮于事、官僚主义与本位主义严重等弊端，赫鲁晓夫对当时的政治经济体制进行了一系列的改革，调整了中央和地方之间的权力划分，在一定范围内赋予了加盟共和国以较多的管理权力。在政治立法方面，1956 年 5 月 31 日，苏联最高苏维埃根据苏共中央和苏联部长会议的决议颁布命令，撤销苏联司法部，将其有关职权"交给加盟共和国司法部"。该法令说，这是"这是为了消除对各加盟共和国审判机关和司法机关工作的领导过分集中的现象，以及为了加强各加盟共和国在这方面的作用"。1957 年 2 月 11 日，苏联最高苏维埃通过《关于将制定加盟共和国法院组织法以及通过民法典、刑法典和诉讼法典的权限划归加盟共和国的法律》，这就明显地折射出赫鲁晓夫权力下放的意图了。1960 年 1 月 13 日，苏联最高苏维埃主席团颁布命

---

[1] 《苏联共产党第二十二次代表大会主要文件》，人民出版社 1961 年版，第 277 页。

[2] 陆南泉等主编：《苏联兴亡史论》，人民出版社 2002 年版，第 586 页。

[3] 同上。

令，撤销苏联内务部，将其职权转交给各加盟共和国内务部；在经济管理方面，1956 年 2 月 14 日，赫鲁晓夫指出，不允许对加盟共和国采取凡事包办的态度，应当在全苏国民经济规定的范围内让它们自行决定发展自己某一经济部门的具体问题。1956 年 6 月至 1959 年 6 月，苏联党和政府通过一系列关于扩大加盟共和国经济管理权限的决议和法令，把许多由苏联政府部委管辖的企业、组织移交给各加盟共和国，把计划、财政等方面的问题移交各加盟共和国部长会议去处理，以加强他们在经济管理方面的作用。[①] 在赫鲁晓夫的改革之下，各加盟共和国经济管理权限、立法与行政区划权限、司法权限都得到了加强。不过，值得注意的是，在赫鲁晓夫将部分国家管理的权力下放之后，各加盟共和国反而出了乱象丛生的局面。在经济方面，各加盟共和国的主体民族从维护本民族的利益出发，侵占、挪用国家资金，并想方设法向中央索取资金；在文化方面，由于高度集中的文化管理体制有所松动，各加盟共和国表现出了强烈的独立意识，地方民族主义膨胀，中央面临对各加盟共和国失控的危险。经济上的地方主义和文化上的民族主义，迫使赫鲁晓夫不得不在 1960 年前后，将下放给地方的权限渐次收归中央，重新加强中央集权。

三 民族历史遗留问题的平反

斯大林时期暴力整合机制所产生的一系列民族问题，是民族与国家关系中最为敏感的神经之一。赫鲁晓夫执政之后，对部分民族历史遗留问题进行纠偏和平反，在一定程度上缓和了民族关系，改善了部分少数民族对国家的认同。

斯大林时期所遗留下来的民族方面的冤假错案主要有四类：一是大清洗时期对民族人士的迫害；二是农业集体化时期极"左"政策对少数民族人士的伤害；三是二战前后对若干民族的强迫迁徙；四是战后发生的反犹、排犹事件与其他强迫民族迁徙事件。[②] 这些冤假错案，涉及数以百万计的民族人士，使他们在精神、肉体和物质上都受到了巨大的伤害。赫鲁晓夫执政后，对那些受迫害的民族和民族干部的平反昭雪渐次得以展开。1957 年 1 月，苏联最高苏维埃发布命令，决定彻底纠正对北高加索的巴

---

① 赵常庆等：《苏联民族问题研究》，社会科学文献出版社 2007 年版，第 70—71 页。
② 陈之骅等主编：《苏联兴亡史纲》，中国社会科学出版社 2004 年版，第 562 页。

尔卡尔人、车臣人、卡尔梅克人和卡拉恰耶夫人的不公正做法，恢复其名誉和民族自治。1964 年 8 月 29 日，苏联最高苏维埃颁布命令，撤销 1941 年 8 月 28 日苏联最高苏维埃主席团《关于迁徙伏尔加河地区德意志人》的命令中对原居在伏尔加河地区的德意志人无理指责的条款：鉴于德意志人已经在很多共和国新的居住地定居落户，而他们的原居住地伏尔加河德意志人自治共和国已住满人，因此，该命令责成各加盟共和国部长会议一如既往地对散居于各共和国的德意志人，根据其民族特点和经济利益给予经济和文化建设方面的帮助和支持。除此之外，赫鲁晓夫还对斯大林时期无辜受到迫害的一些民族人士，主要是知名政治家、知识分子、文化界人士恢复名誉。

赫鲁晓夫对斯大林时期所产生民族遗留问题进行的平反，对于缓和民族矛盾，安抚被迫害民族的情绪，具有重大意义。但是，赫鲁晓夫平反也存在不彻底的弊端。他对麦斯赫特人、日耳曼人、克里米亚鞑靼人仍坚持斯大林时期不准返回家园的禁令，一旦返回均予以驱逐、逮捕或拘留。并且，他始终拒绝为麦斯赫特人、克里米亚鞑靼人恢复名誉，对日耳曼人的平反直至他下台前一个多月才公布。① 有的民族，即使在政治上平反了，如伏尔加河流域的德意志人，由于时代发展和环境变化，并不能恢复他们民族自治。赫鲁晓夫不彻底的平反运动，遭到被迫害民族的抗议。比如说，由于伏尔加河德意志人要求重返伏尔加河流域，恢复自治共和国的请求遭到拒绝，很多德意志人"用脚投票"，表示抗议。仅 1962 年一年时间，联邦德国驻莫斯科大使馆就收到了近 9 万份要求移居的申请。②

第三节　勃列日涅夫时期族际政治整合模式的调整

勃列日涅夫当政 18 年，其在位时期的政治经济体制改革，既不如斯大林时期的磅礴与暴烈，又不同于赫鲁晓夫时期的喧嚣与唯心，而呈现出

---

① 董晓阳：《赫鲁晓夫时期民族政策初探》，《苏联东欧问题》1985 年第 3 期。
② 陈之骅等主编：《苏联兴亡史纲》，中国社会科学出版社 2004 年版，第 604 页。

一种"风平浪静"①的状态。要从总体上把握勃列日涅夫时期的看似"风平浪静"的族际政治整合模式，首先我们必须明白，在勃列日涅夫时期，苏联族际之间的主要矛盾与问题是什么。按照唯物辩证法的规定，"事物的性质主要地是由取得支配地位的矛盾的主要方面所规定的"。② 我们以为，在勃列日涅夫时期，苏联民族问题的主要矛盾是"族际环境的巨大变化与族际政治整合模式停滞之间的矛盾"，主要矛盾的主要方面在于，"少数民族民族意识不断增长与国家族际政治整合能力不断下降之间的矛盾"。之所以做出这样一个论断是因为，在勃列日涅夫时期，随着政治经济体制改革由"稳健"走向"停滞"，苏联一元化族际政治整合模式也趋于僵化，国家族际政治整合能力不断下降。与此同时，随着少数民族地区经济水平和教育水平的提高，少数民族的民族意识不断发展，再加上传统与新生的族际矛盾，苏联族际政治整合模式所必须承受的冲击力量也越来越大。族际环境的变迁与族际政治整合模式停滞之间的张力，使得苏联族际政治整合模式面临着断裂的危机。但是，这种断裂的危机并没有得到勃列日涅夫领导集团的重视，他们仍然陶醉于"族际无矛盾"的迷梦之中，最终使得苏联国家繁荣的表象之下，潜藏着不可预知的民族主义危机。因此，在这样一种理论认知之下，我们将重点分析以下两个问题：勃列日涅夫族际政治整合模式是如何由调整走向停滞的？③ 族际环境的变迁与族际政治整合模式停滞之间的张力又是如何形成与演变的？

一 勃列日涅夫时期族际政治整合模式的调整与停滞

1964 年，在一场真正的"宫廷政变"之中，勃列日涅夫登上了苏联最高权力的宝座。面对赫鲁晓夫"随心所欲"改革所产生的一系列混乱，勃列日涅夫进行全面调整。

（一）政治上中央再度集权

勃列日涅夫上台之后，逐渐恢复和加强了苏联中央集权的党政领导体

① 陈之骅：《勃列日涅夫时期苏联的主要问题与历史教训》，《东欧中亚研究》1998 年第 6 期。

② 《毛泽东选集》第 1 卷，人民出版社 1991 年版，第 323 页。

③ 这里必须予以说明的是，与赫鲁晓夫类似的是，勃列日涅夫也对民族关系和民族成就过于乐观，所以并没有专门对族际政治整合模式进行调整。我们在这里所谓勃列日涅夫对族际政治整合模式的调整，是其政治经济体制改革的派生，因其对政治经济体制的改革，而间接影响到了族际政治整合模式。

制和经济管理体制，限制加盟共和国的自主权。在1964年11月，苏共中央全会决定恢复按地区生产特征建立党组织及其领导机关的原则，把原来被分为工业党组织和农业党组织的州、边疆区，恢复成统一的州、边疆区党组织。之后，又恢复了苏维埃、工会与共青团统一的组织系统。苏共中央1965年9月全会又决定，撤销经济行政区，恢复部门管理体制。在恢复部门管理体制后，经济管理机构日益庞大，官僚主义日趋严重。政治体制倒退导致管理权力的进一步集中和行政命令体制的加强。全联盟和联盟兼共和国部从1965年的29个增加到80年代初的160个。这些部门主要通过布置各种计划指标和下达文件的方式进行领导。据统计，管理国民经济的各种命令、指示和其他各种法规竟达到20万种之多。它们似乎为企业全部活动规定了详尽的细则，使地方和企业不敢也无法越雷池一步，严重地影响了生产者的积极性。1966年和1977年，苏联重新成立联盟中央内务部和司法部，把赫鲁晓夫下放给加盟共和国的内务、司法和社会治安等权力收归苏共中央。苏共中央高度集权的体制导致了国家官僚机构的进一步臃肿和官僚主义作风的日益增长。苏联部长会议所属的64个部和20多个国家委员会及直属机关的正副部长级领导干部达到800多人。以黑色冶金工业部为例，这个部共有正副部长19人，其中部长1人，第一副部长3人，副部长15人。一件普通公文的传阅，通常要几个星期，甚至一两个月[①]。

（二）领导干部终身制的恢复

赫鲁晓夫执政时期，干部轮换过于频繁，招致大批干部的强烈反对，这也是赫鲁晓夫被赶下台的重要原因之一。勃列日涅夫上台之后，汲取赫鲁晓夫被逼下台的教训，极力追求干部队伍的稳定，并以此巩固自己的执政地位，"如果说赫鲁晓夫赠给苏联权贵的是人身安全，那么勃列日涅夫则保障了它的职务稳定"。[②] 虽然苏共二十三大明确昭示了，"在选举一切党的机关（从基层到中央委员会）时，应遵守党的机关的成员要经常更新、党领导要新陈代谢的原则"。[③] 但是，领导干部的新陈代谢原则与机

---

① 陆南泉：《走近衰亡——苏联勃列日涅夫时期研究》，社会科学文献出版社2011年版，第97页。

② ［英］塞沃林·比阿勒：《苏联权贵人物的继承与更迭》，《苏联问题译丛》第8辑。

③ 《苏联共产党第23次代表大会主要文件汇编》，生活·读书·新知三联书店1978年版，第329页。

制在政治生活中从来没有认真建立与实施过。长期主持意识形态工作的苏斯洛夫曾提出："干部队伍的稳定是成功的保障。"勃列日涅夫将此视为执政成功之公式。勃列日涅夫领导干部的极度稳定化倾向，实际就是传统的领导干部终身制的恢复，它使得各级领导干部丧失危机感，因循守旧，抱残守缺，得过且过。在勃列日涅夫稳定干部政策的指导下，苏联领导层极少发生变化，在苏共二十三大上，连选连任的中央委员达79.4%，远远高于二十二大的49.6%；二十五大，除开去世的中央委员，连选连任率竟高达90%。苏共二十三大时的11名政治局委员在二十四大时全部连任，而二十五大时的16名政治局委员在二十六大上继续连任的也有11人。1978年到1981年的两届州党代会期间，156名州委书记只有5名被更换。① 领导干部终身制直接导致了"老人治国"现象的产生。据统计，"苏共中央政治局正式委员的平均年龄，由1964年的61岁，上升到1981年的68岁。1981年苏共26大，党中央政治局中70岁以上委员占57%以上，勃列日涅夫等5位领导核心，平均年龄达75岁"。②

（三）族际政治整合手法的变化

斯大林时期族际政治方式刚猛而暴烈，对待民族主义分子常常采取极刑；赫鲁晓夫时期对少数民族维护自主权的主张采用的方式通常也是压制、清洗和镇压。勃列日涅夫执政初期，虽然也采取过镇压手段来处置少数民族维护自治权的行动，但随着求稳怕乱思想的渐占上风，勃列日涅夫的族际政治整合手法渐渐趋于妥协、灵活与稳健。"他较少采用大规模武力镇压的办法处理民族问题，而主要运用思想控制手段来缓和民族矛盾。"③ 比如说，在1978年4月，外高加索地区格鲁吉亚、亚美尼亚、阿塞拜疆修改和制定共和国宪法时，按照苏联政府的意图在新宪法草案中取消了格鲁吉亚语、亚美尼亚语、阿塞拜疆语作为本共和国国语的宪法条文，引起了当地民族的强烈不满和反抗，格鲁吉亚首都第比利斯市发生了大规模群众示威游行，抗议苏联当局强制推广俄语和歧视少数民族语言。结果，勃列日涅夫很快做出让步，决定恢复3个共和国国语的宪法条文，

① 郭春生：《勃列日涅夫18年》，人民出版社2009年版，第242页。
② 曹长盛等主编：《苏联演变进程中的意识形态研究》，人民出版社2004年版，第168页。
③ 陈之骅等主编：《苏联兴亡史纲》，中国社会科学出版社2004年版，第577页。

以平息当地民族的不满。①

勃列日涅夫到了执政后期，特别是在"1974—1975 年之交，两次中风之后，更变得暮气沉沉，求稳怕乱"，② 以至于到了 70 年代末 80 年代初，苏联陷入了社会、经济、政治、文化的全面停滞，在族际政治整合方面更是乏善可陈。苏联这种族际政治整合模式的停滞首先是来自勃列日涅夫对社会发展阶段和族际矛盾的不正确认知。勃列日涅夫上台之后，认识到赫鲁晓夫所谓的苏联很快"建成共产主义"并不现实，因此，他退而求其次，提出苏联已建成"发达社会主义"的理论。为了佐证"发达社会主义理论"的正确性，勃列日涅夫对赫鲁晓夫"各民族新的历史共同体——苏联人民"推崇备至，并把它当成发达社会主义理论体系的一个重要组成部分。而"发达社会主义"理论及其重要组成部分的"苏联人民"理论，都是对社会发展阶段和民族发展阶段的一种超前认知，一种不切合实际的主观论断。这使得苏联领导人并不能正确地看待事实上存在的民族问题，从而在根本上妨害了族际政治整合模式的调整。

其次，族际政治整合模式的停滞与勃列日涅夫的个人素质也有很大关系。对苏联族际政治整合模式而言，权力的自上而下运行决定了居于金字塔顶层的领导者极端重要的意义。领导者的知识架构、学识储备、政治素养和创新精神对于族际政治整合模式的运转与调适极为重要。但是，就勃列日涅夫而言，学术界对其评价一般不高，认为此人才能平庸，只是一个"执行型人才"，③ 而不是一个"创新型领袖"，思想的教条化现象十分严重。另一方面，其性格上也存在很大缺陷。勃列日涅夫"思想保守，墨守传统；对新生事物简直就是个过敏反应症患者"。④ 其报告的一贯风格也是："四平八稳、既无高潮，也无水平，无聊乏味，一本正经。"⑤

再次，勃列日涅夫时期族际政治整合模式的停滞，与苏联的干部制度

---

① 熊坤新：《苏联民族问题理论与政策研究》，中央民族大学出版社 2010 年版，第 118 页。

② 陈之骅：《勃列日涅夫时期苏联的主要问题与历史教训》，《东欧中亚研究》1998 年第 6期。

③ 徐葵：《勃列日涅夫年代：苏联走向衰亡的关键性转折时期》，《东欧中亚研究》1998 年第 1 期。

④ ［俄］戈·阿·阿尔巴托夫：《苏联政治内幕：知情者的见证》，徐葵等译，新华出版社1998 年版，第 333 页。

⑤ ［西德］米夏埃尔·莫罗佐夫：《勃列日涅夫传》，张玉书等译，生活·读书·新知三联书店 1975 年版，第 370 页。

有很大关系。由于勃列日涅夫实行的领导干部终身制,虽然稳定了干部队伍,但在另一个方面却带来了严重的老人政治、官僚政治、帮派政策。俄国学者 B. A. 利西奇金、Л. A. 谢列平甚至把勃列日涅夫时期的干部队伍比喻为一个"瞌睡王国"。他们说:"快到 70 年代中期时,苏联正在成为一个老人掌权的国家。实际上已经丧失了工作能力的垂垂老者勃列日涅夫直到去世一直担任着总书记的职务……1980 年,勃列日涅夫在第聂伯罗彼得罗夫斯克工作的战友、75 岁的尼·亚·吉洪诺夫被任命为部长会议主席。他甚至在健康状况恶化的情况下仍然占据着这个职位,可以出来工作的时间每天也只能从中午开始(上午得要完成各种预备程序)。而在较低级别上也有一些老人——他们使瞌睡王国更趋于扩大。"① "在这种情况下,在苏联政治中,便不可避免地产生了封建性的'权力圈地运动',不可避免地产生既得利益集团——苏联人称之为'官僚氏族集团',从而在苏联政治生活中,最终出现了带有封建色彩的亲属化、帮派化、圈子化的非制度化政治现象。"② 著名学者阿尔巴托夫认为:"在停滞年代,就这样使负责干部和担任高级职务的人最终形成一个特殊阶层(共和国、州、区的干部则形成自己的'小阶层')。"③ "一个人为的、不加掩饰的圈子是存在的,它包括各种类别的负责人。生产方面的、党的、苏维埃政权方面的,国家机关的,各种团体的负责人都应该算进这个圈子中。"④ 一些加盟共和国的少数民族领导人在担任主要领导后,无原则地提拔本民族的人担任共和国高级领导人,形成了官官相护的民族帮派集团。在帮派政治之下,各领导者更多地考虑的是如何维持、扩大自我私利和帮派利益,对于解决民族问题,改良族际政治整合模式,殊无兴致。

最后,族际政治整合模式的停滞也源于庞大的特权阶层。"特权阶层与社会停滞是相辅相成的关系,它既是苏联停滞的原因,又是苏联社会停

---

① 〔俄〕B. A. 利西奇金、Л. A. 谢列平:《第三次世界大战——信息心理战》,徐昌翰等译,社会科学文献出版社 2003 年版,第 192—193 页。

② 郝宇青:《苏联政治生活中的非制度化现象研究》,华东师范大学出版社 2008 年版,第 112—113 页。

③ 〔俄〕戈·阿·阿尔巴托夫:《苏联政治内幕:知情者的见证》,徐葵等译,新华出版社 1998 年版,第 309 页。

④ 〔法〕亚历山大·阿德勒等:《苏联和我们》,王林尽等译,湖南人民出版社 1982 年版,第 91 页。

滞的后果，同时，它还是停滞社会的基本标志。"① 特权阶层最为基本的体制特征是自我封闭与权力世袭。"在 1970—1980 年，国家的高层精英人物实际上已经停止从下面补充人员，变得越来越封闭，实质上是在阶层内变化。"② 特权阶层的自我封闭，使得当权者形成了日益固化的权力圈。这个固化的权力圈排斥其他阶层的进入，其代际更替主要是缘于政治联姻下的权力繁殖。"他们孤立地生活、治疗、休养，在这个阶层中往往形成自己的家族、氏族关系——须知这个阶层的子女们在一起度过时光，互相认识，往往通婚。不仅如此，在政治的停滞时代，迈出了下述合乎逻辑的一步：试图建立交权制度，或者叫做特权继承制度。也就是通过建立专收这些子弟的教育制度，然后通过一套任命和提升职务的制度来达到继承权力的目的。"③

特权阶层最为基本的思想特征是保守僵化与信仰缺失。特权阶层作为社会的既得利益者，在思想深处抵触对现存秩序的任何改革。对大多数领导层而言，"你们别触犯我们，我们也不触犯你们，他们的目的是：让一切和过去一样"。④ "这些人也不是当年的无产阶级革命家，马克思对他们来说只是口头上说说的东西，共产主义、社会主义理想在他们头脑中已经淡薄。"⑤

特权阶层最为基本的行为特征是以权谋私与粉饰太平。由于"干部职务任命制与终身制使群众选拔和监督领导干部流于形式，实际排斥了群众监督和罢免干部的机制，使干部队伍成为一个相对封闭的圈子。在这个圈子里，部分干部有恃无恐，滥用人民赋予的权力，使权力出现了三个层次的变形和异化：滋生保守思维；官僚主义盛行；腐败——形成利益集团和特权阶层"。⑥ 勃列日涅夫时期被俄国学者称为特权阶层的"黄金世纪"。"任命官员的'黄金世纪'成了实实在在的'黄金'，这时开始了

① 郭春生：《勃列日涅夫 18 年》，人民出版社 2009 年版，第 242 页。

② ［苏］A. K. 索科诺夫、B. C. 佳仁里尼克娃：《苏联历史教程（1941—1991）》，莫斯科，1991 年俄文版，第 295 页。

③ ［俄］戈·阿·阿尔巴托夫：《苏联政治内幕：知情者的见证》，徐葵等译，新华出版社 1998 年版，第 309—310 页。

④ ［苏］诺特金娜主编：《陷入泥淖——对停滞的剖析》，进步出版社 1991 年俄文版，第 654 页。

⑤ 陈之骅：《勃列日涅夫时期的苏联》，中国社会科学出版社 1998 年版，第 15 页。

⑥ 黄立弗：《苏联社会阶层与苏联剧变研究》，社会科学文献出版社 2006 年版，第 274 页。

掌权阶层的大规模贪污、腐化。"①

特权阶层最为基本的生活特征是骄奢淫逸与人格分裂。根据赖萨·戈尔巴乔娃的回忆："1978 年搬进莫斯科以后，我有不少发现，其中之一就是：某些国家领导人，包括党的领导人，除了拥有供应的国家别墅外，还修建了私人别墅，为自己的子女、孙子同时修建了私人别墅。这种奢华和大胆，令我为之震惊。"② 而特权阶层所表现出来的人格分裂和双面人的性格特质则更是不在话下。逃亡美国的苏联高级外交官舍甫琴科这样批判苏联的特权阶层："它想把某些东西摄取到手，但却企图把自己描绘成正在向这些东西进行斗争。它批评资产阶级生活方式，而自己却一心一意地追求这种生活方式；它谴责消费主义是庸俗思想的反映，是西方毒害的结果，但享有特权对于西方的消费品和物质享受却视若珍宝。"③ 最后舍甫琴科不无痛苦地反思："言行之间的差异使人感到窒息；但是更难忍受的是我为扩大这种差异不得不做的事……我假装信仰我所不相信的东西，假装把党和国家利益置于个人模式之上，而实际情况正好相反。"④

二 族际环境变迁与族际政治整合模式停滞之间的张力

恩格斯说过："我认为，所谓'社会主义社会'不是一种一成不变的东西，而应该和其他社会制度一样，把它看成经常变化和改革的社会。"⑤ 马克思主义经典作家的惊世之论与谆谆教诲并没有使"稳健"的勃列日涅夫产生改革的激情，在"时代特征和苏联国内外环境已经发生历史性变化的情况下"，勃列日涅夫"仍然抱着 20—30 年代的社会主义观不放，把那时形成的传统社会主义模式看成是社会主义的本质特征与神圣不可侵犯的教条"，⑥ 最终使得这种传统社会主义模式不得不面临着族际环境变化所产生的越来越大的冲击力。

---

① 黄立茀：《苏联社会阶层与苏联剧变研究》，社会科学文献出版社 2006 年版，第 192 页。

② ［俄］赖萨·戈尔巴乔娃：《我的希望——赖萨·戈尔巴乔娃回忆录》，王攀等译，中国工人出版社 2000 年版，第 140 页。

③ ［苏］阿·舍甫琴科：《与莫斯科决裂》，王观声译，世界知识出版社 1986 年版，第 19 页。

④ 同上书，第 18 页。

⑤ 《马克思恩格斯全集》第 37 卷，人民出版社 1972 年版，第 443 页。

⑥ 陈之骅：《勃列日涅夫时期苏联的主要问题与历史教训》，《东欧中亚研究》1998 年第 6 期。

（一）民族意识高涨与意识形态凝聚力下降之间的张力

在勃列日涅夫时期，由于苏联多年以来的民族优惠政策和拉平政策，各加盟共和国的生活面貌、经济状况与教育程度都有了历史性飞跃。在医疗卫生条件方面，1917 年，苏联各科医生的总人数只有 1.65 万名，1985 年时增加到 117 万名，增长了 69 倍；医院数由 5700 座增加到 2.33 万座，增长了 4 倍；每万名居民拥有的医生数分别为 1 人和 42 人，增长了 41.2 倍。① 在住房方面，住房条件不断改善，1913 年城镇人均住房面积仅有 6.3 平方米，而 1979 年城乡人均住房面积提高到 12.3 平方米，1985 年更是提高到了 14.1 平方米②。在教育方面，各少数民族受教育程度不断提高，高等教育有了长足发展，各加盟共和国所拥有的大学生比重甚至超过了一些同时期的西方资本主义发达国家。如每万居民拥有的大学生人数，日本在 1983—1984 年为 144 人，英国 1970—1980 年为 131 人，法国 1982—1983 年为 154 人，意大利 1984—1985 年为 131 人，联邦德国 1984—1985 年为 136 人。③ 而在 1980—1981 年度，俄罗斯联邦每万名居民中拥有的大学生人数为 219 名，乌克兰为 176 名，白俄罗斯为 183 名，乌兹别克斯坦为 172 名，哈萨克斯坦为 173 名，格鲁吉亚为 169 名，阿塞拜疆为 173 名，立陶宛为 206 名，拉脱维亚为 186 名，亚美尼亚为 186 名，爱沙尼亚为 172 名，都超过了上述 5 个西方发达国家的水平。④ 经济的发展和教育程度的提高，是一个民族成熟的主导因素，也是民族意识凸显的催化剂。"随着苏联文化教育水平的提高和人们对现代文化生活追求的日益增长，民族历史文化的寻根倾向强烈起来，在这种寻根活动中，民族意识逐渐成长，民族凝聚力逐渐加强。在进入 70 年代前后出现了一股文化浪潮，各少数民族知识分子大力宣扬本民族的历史人物，将他们理想化为本民族的文化的代表。"⑤

在少数民族民族意识不断增长的同时，苏联国家意识形态却由于对马克思主义教条化理解，特权阶层行为与语言的背离等原因，共产主义意识形态的凝聚力江河日下，其感召力与苏联成立之初的辉煌相去已不可道里

---

① 陆南泉等编：《苏联国民经济发展七十年》，机械工业出版社 1988 年版，第 627 页。
② 赵龙庚、金火根：《苏联民族概览》，时事出版社 1981 年版，第 19—72 页。
③ 陆南泉等编：《苏联国民经济发展七十年》，机械工业出版社 1988 年版，第 69 页。
④ 赵龙庚主编：《独联体各国概览》，时事出版社 1992 年版，第 320 页。
⑤ 郭春生：《勃列日涅夫 18 年》，人民出版社 2009 年版，第 192 页。

计。其实，共产主义意识形态凝聚力的下降，在二战结束之后就已经初露端倪了。长期如箭在弦的备战生活与生死攸关的战争生活让苏联人民身心俱疲，他们渴望过上一种正常美好的生活，但是苏联高度集中的战备体系并没有随着战争的结束而实行调整，反而因为斯大林对第三次世界大战来临的预期而更加强化。为此，一些敏感而又不乏睿智的知识分子认为，"我们的主义已变成一条枷锁，在这条枷锁的束缚下，生产力萎缩，……必须砸碎枷锁，解放生产力，让生产力在一个自由的制度下发展"。① 到了赫鲁晓夫时代，意识形态的非斯大林化运动，"改变了整个社会的运动方向，也改变了每个人的精神状态"，② 它破坏了人们的信仰，掀掉了人们世界观的中心，③ 导致了资产阶级自由化思潮、人道主义思潮的兴起，人们"除了把共产主义视为一种驱动力量之外，已经没有什么人把它当一回事了"。④ 勃列日涅夫时期，青年一代基本上是在卫国战争末或战后出生的。他们没有经历过社会动荡的洗礼，而是生长在强调物质利益的年代。⑤ 虽然苏联共产党依然不遗余力、一以贯之地对国民尤其是青年一代，"灌输"共产主义意识形态，要求"对资产阶级意识形态发动进攻"，"揭露资产阶级群众文化和颓废派的本质"，⑥ 但是，党和国家高级领导人与地方各级领导人，弄虚作假，贪污腐化，表里不一，为共产主义奋斗终生的唯美理想与为个人利益奋不顾身的残酷现实，使得人们对强大的国家机器所宣传的政策、口号的怀疑与日俱增，"在这种情况下，人们对所号召的东西，对讲坛讲上的东西，对报纸上和教科书中说的东西就开始不那么相信了"。⑦ 然而，历史的反讽之处在于，作为党和国家最高领导人的勃列日涅夫不但没有察觉到共产主义意识形态凝聚力的下降，反而洋洋自得地宣称："党有权自豪的是，它用对共产主义伟大理想无限忠诚的精神

---

① [西德] 沃尔夫冈·莱·哈德：《是一次新革命的前夕吗?》，商务印书馆 1980 年版，第 57 页。

② [俄] 亚·尼·雅科夫列夫：《一杯苦酒——俄罗斯的布尔什维主义和改革运动》，徐葵等译，新华出版社 1999 年版，第 29 页。

③ [美] 斯蒂芬·E. 科恩：《苏联经验重探》，陈玮译，东方出版社 1987 年版，第 111 页。

④ [英] 卡尔·波普尔：《二十世纪的教训——卡尔·波普尔访谈演讲录》，王凌霄译，广西师范大学出版社 2004 年版，第 20 页。

⑤ 叶书宗：《俄国社会主义实践研究》，安徽大学出版社 2005 年版，第 317 页。

⑥ 马龙闪：《苏联文化体制沿革史》，中国社会科学出版社 1996 年版，第 288 页。

⑦ [苏] 戈尔巴乔夫：《改革与新思维》，苏群译，新华出版社 1987 年版，第 17—18 页。

培育了一代又一代的人。"①

（二）民族矛盾加深与国家能力下降之间的张力

在苏联"扶助弱小民族"与"主体民族优越论"扭曲的民族政策价值取向之下，一方面少数民族生存境遇得到了很大改观，另一方面，在大俄罗斯主义的肆虐之下，不但旧有的民族矛盾未能消解，反而又产生了一系列新的民族矛盾。在历史上，大俄罗斯沙文主义给各民族造成的梦魇挥之不去，斯大林刚猛暴烈的族际政治整合给民族关系造成的创伤难以平复，赫鲁晓夫时代民族问题平反的半道而绝等，都成了困扰民族关系的历史因素。在勃列日涅夫时期，苏联民族矛盾旧债未清，又添新恨。勃列日涅夫所秉承的"大俄罗斯中心论"严重伤害了少数民族的民族情感。他所实施的加强中央集权、剥夺各加盟自治共和国自治权的举措，引起地方政府的强烈不满。勃列日涅夫实施的民族优惠政策与拉平政策不但使得发达民族产生被剥夺感和被掠夺感，而且少数民族对此也颇有微词，他们认为本民族的弱小与贫困乃是国家与发达民族支援不到位的结果。至于勃列日涅夫执政期间的多项移民政策引起俄罗斯族与原居住地民族之间的矛盾；生态环境的恶化引起少数民族抗议；民族地区边界的强行变更产生的民族积怨等，更是不一而足。民族矛盾的累积与深化，使得地方民族主义不断膨胀，"反对大俄罗斯主义的情绪遍全苏，在乌克兰等共和国更是激烈"。②"民族共和国知识分子的代表拒绝来自莫斯科的沙俄时代的旧历史学派的大俄罗斯观念，拒绝莫斯科对非俄罗斯民族历史和文化上的解释。他们要求回到列宁和波克罗夫斯基时代对旧俄罗斯民族解放运动的评价上去。"③

面临族际矛盾不断深化的态势，苏联的国家能力却呈现出不断下降的趋势。国家能力是统治阶级通过国家机关行使国家权力、履行国家职能，有效统治国家、治理社会，实现统治阶级意志、利益以及社会公共目标的能量和力量。④衡量国家能力的标准有两条：一是政府的权威性，即政府能在多大程度上得到群众的支持与拥护；二是政府的有效性，即政府能在

① 《勃列日涅夫言论集》第二集，上海人民出版社1976年版，第127页。

② 陈之骅等主编：《苏联兴亡史纲》，中国社会科学出版社2004年版，第602页。

③ 叶宗书主编：《苏联历史档案选编》第30卷，社会科学文献出版社2002年版，第374页。

④ 黄宝玖：《国家能力：涵义、特征与结构分析》，《政治学研究》2004年第4期。

多大程度上贯彻其方针、政策。①苏联共产党作为国家统治的"第一政府",其权威性与有效性,决定了族际政治整合的效力。苏联共产党曾以无可匹敌的政治绩效树立了其在国家中无可争议的权威地位,但是,随着苏共政治经济文化绩效的全面停滞,苏共的权威性受到前所未有的挑战,"苏共丧失了在青年一代心目中的神圣地位,已不再是青年一代崇高和追随的核心;相反,苏共领导干部被青年一代当作享受特权、养尊处优、惯于说大话和空话、不学无术的代名词"。②与苏共权威性弱化相生相随的是苏共"有效性"的与日递减。在勃列日涅夫时期,"一个具有代表性的特征,就是官僚主义、本位主义、机关专权和独断得到了史无前例的所谓双倍的泛滥"。"所有的决定都是由最上层作出的,与此同时,'上边'却不能真正地采取任何一个决定——其中每一项决定要经过几十次甚至几百次协商。此外,领导人任何一项决定作出后,在贯彻时又受到机关的专横与阻挠","几乎没有人对某件事真正承担责任。"③

(三)开放的族际政治整合环境与闭合的族际政治整合体系之间的张力

苏联族际政治模式是在一种极端封闭状态下形成与巩固的,自十月革命以来,苏联就"几乎是一个同外界阻隔的社会,而自20世纪20年代下半期之后,就几乎变成了一个孤立于世界之外、几乎完全封闭的国家"。④在这样一种封闭的环境中,苏联有效地实现了信息的封锁与思想的控制,为族际政治整合奠定了一个基本前提。在族际政治整合体系内部,族际政治整合模式也是高度闭合,苏联各族人民被褫夺了最为基本的政治权利,如知情权、参与权、表达权。各民族民众只是苏联族际政治整合模式中一个任人摆布的确定性的零部件。

但是,在现代世界国家体系中,没有哪个国家能够在完全闭关锁国的封闭环境下生存。当苏联由闭关锁国走向门户大开之时,信息潮涌而至使得信息的封锁和控制已成为一种痴人说梦的奢望。传统的闭合性族际政治整合模式由此负荷着前所未有的冲击。这种冲击所带来的深远影响早在二

---

① 谢庆奎等:《中国政府体制分析》,中国广播电视出版社1995年版,第155页。
② 叶书宗:《俄国社会主义实践研究》,安徽大学出版社2005年版,第303页。
③ [俄]戈·阿·阿尔巴托夫:《苏联政治内幕:知情者的见证》,徐葵等译,新华出版社1998年版,第309—310页。
④ 马龙闪:《苏联战后的意识形态批判和政治清洗运动》,《东亚中欧研究》2010年第6期。

战后期，就已经初露端倪了。1944 年，随着二战形势发生巨大转折，苏联军队也迈出国门，全速挺进欧洲腹地。跨出国门，使得苏联红军的视界顿时大为开阔，军人们为苏联的贫苦与欧洲的富裕的强烈反差所震撼，士兵们都认为："哪里也没有比我们国家生活更糟的地方了。"① 封闭环境所制造出来的种种社会主义神话一时之间受到外界印象的强烈挑战。赫鲁晓夫与勃列日涅夫时期，随着国门的渐次开放，信息流动的速度更是大为加快。"我们的同胞们，其中更多的是国家干部，通过到国外的出差已经了解到西方的生活方式，在那里看到了豪华的宾馆、商店、充足的商品等等。数以千计的旅游者要留出 2—3 个小时逛逛商店，然后就会向亲友们描述国外天堂般的生活。数以千计的俄罗斯建筑工人在国外参加了阿斯旺水坝和比莱的冶金工厂的建设，从那里带回了私人小轿车。可以设想，那些具有相同水平而没有机会出国的建筑工人，……会如何羡慕这些'幸运儿'呢！于是关于资本主义制度下幸福生活的神话就诞生了。我们的任何'干扰'也就不起作用了。"② 由于国门的开放和信息的涌动，苏联民众更加清醒地看到了自我的生存处境，也大大刺激了他们的利益表达的欲望，但是由于闭合性的族际政治整合体系并没有为他们提供制度化的表达渠道，这就使得族际政治整合体系面临开放的族际环境与旺盛的利益表达的双重冲击。

---

① 马龙闪：《苏联战后的意识形态批判和政治清洗运动》，《东亚中欧研究》2010 年第 6 期。

② ［苏］菲·博布科夫：《克格勃与政权：克格勃第一副主席的回忆》，王仲宣译，东方出版社 2008 年版，第 30 页。

第 五 章
苏联族际政治整合模式的崩溃

斯大林时期建构的族际政治整合模式，在赫鲁晓夫时期走向了僵化，至勃列日涅夫时期更是趋于停滞。族际政治整合模式的僵化、停滞与民族矛盾累积、深化背向而驰，使得苏联族际政治整合模式不得不承载族际环境变迁所产生的愈来愈大的冲击力。戈尔巴乔夫上台之后，面对苏联暮气沉沉的社会现实，大刀阔斧地开始了政治经济体制改革。然而，戈氏急躁冒进而又缺乏深思的改革措施，不但于事无补，反而动摇了国家赖以安身立命的根基，使得曾经煊赫一时的族际政治整合模式最终走向了崩溃。

第一节　苏联族际政治整合模式崩溃的过程

苏联族际政治整合模式的崩溃，既是一个苏共自上而下地不断削弱的过程，又是民族分离主义自下而上地不断冲击的过程。正是源于苏联共产党自上而下的自废武功与民族分离势力自下而上的步步逼宫，苏联族际政治整合模式最终一步一步走向了无可挽回的深渊。

一　苏联族际政治整合模式自上而下的崩溃过程

苏联族际政治整合模式自上而下的崩溃过程，实质上就是联盟中央对地方各加盟共和国逐渐失去控制的过程。在高度集权的体制之下，联盟中央集国家大权于一身，加盟共和国党组织无条件地服从联盟中央的决议与指令是苏联族际政治整合模式得以生存的基本前提。但是，到了戈尔巴乔夫时期，其所施行的政治经济体制改革，使得作为苏联族际政治整合主体与支柱的苏共，一步一步走向了自我毁灭的不归之路，从而也使族际政治整合模式一步一步踏上了灭亡之旅。

苏联族际政治整合模式自上而下的崩溃过程，可以从两个维度来考察：一个维度是苏共地位的变化，即在戈尔巴乔夫政治体制改革之下，苏共的权力与权威是如何流失的；另一个维度是苏共团结程度的演变，即苏共是如何由分歧、分化、分裂走向亡党。

（一）维度一：苏共地位的变化

美国政治学家乔治·萨拜因曾经说过：列宁"1917 年取得成功时手中掌握着一个也是唯一有形的，可利用的组织——党。1902 年，正是党的概念使列宁的马克思主义脱颖而出；是党完成了这次革命；现在又是党产生了政府"。[①] 苏联共产党的执政地位是党在带领人们浴血奋战的过程中历史地形成的。作为苏维埃社会主义联邦共和国缔造者的列宁反复谈道："在我国，一切政治经济工作都由工人阶级觉悟的先锋队共产党领导。"[②] 继任的斯大林也很直白地指出："党是政权的核心"，[③] "只要把党动摇一下，把党削弱一下，无产阶级专政就会马上动摇"。[④] 苏联宪法更以国家根本大法的形式确立了苏联共产党至高无上的地位，苏联宪法第126 条明确规定："工人阶级、劳动农民及劳动知识分子中最积极最觉悟之公民，自愿结合于苏联共产党，即劳动群众为建成共产主义社会而奋斗之先锋队，劳动群众所有一切社会团体及国家机关之领导核心。"[⑤] 可以说，苏联共产党就是苏联高度集权的、命令型的、全能型的政治体制的发动机，一旦苏联共产党走向失灵，苏联这样一个庞大的国家必然会迅速瘫痪。在赫鲁晓夫和勃列日涅夫时期，赫氏与勃氏虽然对斯大林体制进行一些浅层的调适，但他们的调适也是在苏联共产党的组织和领导之下进行的，这也构成了苏联族际政治整合模式得以存续的前提。

1985 年戈尔巴乔夫上台执政之后，开始了大刀阔斧的改革之路，苏联共产党的地位，也在戈氏改革过程中发生了乾坤倒转似的变化。在经济体制改革过程中，戈尔巴乔夫尚能将改革的目的合理定位于"完善社会

---

① ［美］乔治·霍兰·萨拜因：《政治学说史》下册，盛葵阳、崔妙因译，商务印书馆1986 年版，第 926 页。
② 《列宁全集》第 41 卷，人民出版社 1986 年版，第 55 页。
③ 《斯大林选集》上卷，人民出版社 1979 年版，第 418 页。
④ 《斯大林全集》第 7 卷，人民出版社 1958 年版，第 284 页。
⑤ 《外国法制史资料选编》下册，北京大学出版社 1982 年版，第 889 页。

主义"，"发展和巩固社会主义，有计划地和全面地完善社会主义，使苏联社会继续向共产主义迈进"①。对于苏共的定位，戈尔巴乔夫是这样阐述的：苏共是"改革的倡导者、推动者、组织者和领导者"，是"改革的保证人"，②党是最高权威，政治上的决定权是属于党的。③显然，戈尔巴乔夫将经济体制改革置于党的领导之下，无疑是一个正确的抉择。但是，戈尔巴乔夫的错误在于这样一个正确抉择并没有能维持太久，当经济体制改革由于缺乏周密的计划，过度依赖行政指令等原因陷入空转之后，戈尔巴乔夫并没有从主观上去寻找失利的原因，而是将经济改革失败归咎于党内干部的抵制及政治制度的问题，因此，戈尔巴乔夫在 1986 年 7 月 31 日视察哈巴罗夫斯克时提出了政治体制改革的任务，他认为，"目前正进行的改革不仅包括经济方面，也涉及政治生活其他领域：社会关系、政治体制，思想意识形态等等"。几个月后，他又发出号召："必须在政治、经济、社会和精神领域中进行根本改革。"此时的戈尔巴乔夫已将"政治改革"作为其执政的头等大事。共产党的领导地位，也就在戈尔巴乔夫"政治改革"的过程中遭受到了极大削弱，永陷沉沦而无以自救。

在戈尔巴乔夫改革过程中，苏联共产党地位的削弱，其经历的标志性事件有四：其一是 1988 年 6 月召开的苏共第十九次全国代表大会。会议的主题是全面开展政治体制改革，全会重提"一切权力归苏维埃"的口号，主张把国家权力重心从党的系统移至苏维埃；全会淡化"党是苏联政治体制的核心"的传统提法，突出强调"党是苏联社会的政治先锋队"，全会将党的作用规定为"保证对国家发展的极其重要的问题的理论研究，研究改革的思想，并通过在群众中的组织工作，鼓舞和激励他们，为我们整个多民族社会向前发展指出正确的社会主义方向"。④在此次会议中，苏共原先所具有政治核心的地位和主导国家的作用都受到了贬低和压制。

标志性事件之二是 1990 年召开的苏共中央二月全会。会议通过了《走向人道的民主的社会主义》纲领草案，提出党的奋斗目标是在苏联建

---

① 《苏联共产党第二十七次代表大会主要文件汇编》，人民出版社 1987 年版，第 34 页。
② ［苏］戈尔巴乔夫：《改革与新思维》，苏群译，新华出版社 1987 年版，第 156 页。
③ 同上书，第 158 页。
④ 周尚文等：《苏共执政模式研究》，上海人民出版社 2010 年版，第 245 页。

立"人道的民主的社会主义",并宣称"党将放弃政治垄断地位","不再独揽国家大权,不觊觎特权和在宪法中巩固自己的地位",将同其他社会政治团体与群众运动一样参与国家和社会事务的管理,在宪法基础上进行政治对话与合作,同时要为维护执政党的地位而斗争,纲领草案还提出了修改宪法第 6 条①,即修改"苏联共产党是苏联社会的领导力量和指导力量,是政治体制、国家和公众组织的核心"这一规定。

标志性事件之三是 1990 年 3 月召开的第三次苏联人民代表大会。会议通过了《关于设立苏联总统职位和苏联宪法修改补充法》等决议,决定删去 1977 年制定的苏联宪法第 6 条。在此次会议上,苏共的执政地位失去了宪法保护,苏联的权力中心就此发生重大转移,以戈尔巴乔夫为首的总统委员会实际上取代了苏共中央政治局成为最高决策机构,苏共由此开始了"缓慢而痛苦的死亡过程"。

标志性事件之四是 1990 年 7 月召开的苏共二十八大。大会确认了苏共二月全会上关于取消党的法定地位的方针,重申苏共"坚决放弃政治上和意识形态上的垄断主义,放弃取代国家和经济管理机关的做法",在多党制条件下,苏共将同其他党派及社会群体平等竞争,通过竞争争取政治领导权和社会先锋队的地位。在此次会议上,党的领导地位被取消,党的理论基础、奋斗目标,党在国家和社会中的地位和作用发生根本性的改变。正如戈尔巴乔夫在本次大会自信宣布的,"苏共对权力的垄断和管理已经结束"。

然而,戈尔巴乔夫所乐意看到并极力促成的"苏共对权力的垄断和管理的结束",并没有使得苏联成为"世界上民主化程度最高的社会",②相反,却使得苏联社会急剧动荡而处于风雨飘摇之中,族际政治整合模式也至此处于朝不保夕的濒危之境。

(二) 维度二:苏共团结程度的演变

政党的团结程度,即政党团结性,是指政府机构中的党员奉行政党对主要政策议题的指示的程度。按照政党的团结程度,可以将政党划分为一致性政党和分散性政党。一致型政党是指政党的成员对几乎所有的议题都

---

①　周尚文等:《苏联兴亡史》,上海人民出版社 2002 年版,第 832 页。

②　俄罗斯戈尔巴乔夫基金会编:《奔向自由——戈尔巴乔夫改革 20 年后的评说》,李京州译,中央编译出版社 2007 年版,第 23 页。

会遵照政党领袖的意见，而分散型政党是指政党的成员几乎对每个政策议题都有分裂性意见，因此少有或没有团结性。

布尔什维克在组建之初，就是以坚定的政治信仰和严格的组织纪律为基础建立起来的一致型政党。经过战与火、刀与剑、铁与血的试金，党的纪律性、团结性和战斗性，早已被历史证明是毋庸置疑的。其间，虽然由于斯大林的政治清洗、赫鲁晓夫的非斯大林化，苏联共产党的团结度有所波动，但总体说来，苏联共产党是一个组织严密、团结一致的一致型政党。戈尔巴乔夫上台之后，其所进行的改革，尤其是政治体制改革，却使得苏共一致型政党的属性发生颠覆性改变，苏共的团结度一泻千里，整个党派由分歧、分化、分裂，最终走向了亡党。

苏共的分歧，肇始于戈尔巴乔夫经济体制改革的"加速战略"。面对社会发展停滞已久的局面，不管是苏共，还是民众，都迫切地希望进行一场改革，来打破一潭死水似的社会局面。但是，如何改革，以什么样的速度改革，改革往何种方向进行，苏共内部，尤其是苏共高层并没能达成共识。这使得改革之初党内便呈现出歧见纷呈的局面。一方面，娴熟于经济的业务领导者，从现实经济状况出发，同时在一定程度上也确实受到原有体制的影响，主张对经济体制进行渐进的缓慢的变革；而在一方面，大部分并不熟悉经济工作的领导者，则往往轻看改革的艰巨性，主张通过激进的变革迅速改变现状，毕其功于一役。而自称坚持"政治中间主义方向"的戈尔巴乔夫，名曰中立不倚，实则首鼠两端，摇摆于左右之间，弄得整个领导机关"不知所措"。① 客观地说，改革作为一种修补完善现有体制的活动，是面向未知领域的一种探索，其艰巨性不亚于发动一场深刻的社会革命。在改革的过程中出现分歧原本是十分正常的事，关键在于如何对待这种分歧和意见。然而，由于苏共主要领导人急于求成，好大喜功，把一切希望积极、稳妥地推进改革的人统统视为不支持甚至反对改革，致使在选择具体经济改革政策时出现了偏差。1987 年底，苏共中央政治局在讨论 1988 年社会经济发展国家计划草案时，在推进改革的规模和速度问题上就出现过尖锐的意见分歧和对立。部长会议主席尼·雷日科夫等人主张采取谨慎、渐进的改革策略，而不是从事经济工作的亚·雅科夫等人则

---

① ［俄］瓦列里·博尔金：《震撼世界的十年》，甄西主译，昆仑出版社 1998 年版，第 180 页。

要求加快经济改革的速度，进行激进的经济改革，认为部长会议提出的草案是保守的，是对改革的阻碍。在这种论争中，苏共中央政治局实际上已经出现了严重分歧。①

戈尔巴乔夫的经济体制改革推进不久，由于执行不力，使得落实既定的发展战略和完成预设的改革任务困难重重，改革陷入了"变形"和"空转"，在很大程度上失去了本初的意义。戈尔巴乔夫在总结经济体制改革之所以失败的原因时，认为"旧的""管理机构的官僚阶层及与之有关的社会力量"的抵制是经济体制改革失败的主要原因。因此，若要顺利推进经济体制改革，就必须对政治体制进行改革。然而，待到戈尔巴乔夫将改革的重点转移至政治领域，苏联不但没有能够消除经济管理体制改革的阻力机制，反而使得党内分歧与党内外的斗争日益尖锐。

在1990年召开的苏共中央二月全会中，与会者就苏共二十八大的行动纲领草案和苏联国际形势展开了激烈争吵。以加利乔夫为代表的一部分人要求加强党的领导，发挥党的战斗作用，"反对把党变成一个反定型的组织，变成政治俱乐部"；而部分政治局委员和中央委员则极力抨击保守主义并要求实行多党制。谢瓦尔纳泽认为，"具有生命力的党不需要对权力进行垄断……必须要有政治多元化"。叶利钦更是要求党放弃一党制实行多党制②。苏共中央关于一党制与多党制的论争显示了苏共中央的分歧已随着改革的深入而日益深化，并且逐渐深入到国家政权组建的根本性原则问题，逐渐显露出苏共各个派别之间分歧的不可弥合性。

随着苏共内部分歧与派别斗争越来越尖锐，苏共"联邦化"的苗头也越来越明显。苏联虽然是一个联邦制国家，但其建党原则，却是根据列宁的意旨，作为统一的无产阶级先锋队而建立起来的组织严密的政治组织。因此，苏共不仅是团结苏联一百多个民族中优秀分子的政治先锋队，而且也是维系联盟国家统一的重要支柱。但是，随着改革陷入困境，各加盟共和国的党组织以联邦制组建自己共产党的要求也渐渐浮上水面。1989年12月，立陶宛共产党发生分裂，以立陶宛共产党中央第一书记阿·布拉藻斯卡斯为首的多数派主张立陶宛脱离苏共而独立，并以代表大会的名义发表立陶宛共产党独立宣言，宣布苏共立陶宛共和国党组织已成为具有

---

① 陆南泉等主编：《苏联兴亡史论》，人民出版社2002年版，第703页。
② 周尚文等：《苏联兴亡史》，上海人民出版社2002年版，第831—832页。

自己纲领和章程的独立的立陶宛共产党。立陶宛共产党的独立拉开苏共联邦化的帷幕，各加盟共和国群起效尤。1990 年俄罗斯共产党的成立标志着苏共联邦化最终完成,① 也昭示着苏共的分裂大局已定。"党中央不再是过去那种坚如磐石的组织，而成为各派势力代表的大杂烩。党不再是强有力的党。"②

随着苏共邦联化的最终完成，联盟中央和苏共中央逐渐被架空。"8·19"事件之后，俄罗斯联邦权力大涨，俄罗斯总统叶利钦掌握国家实权。在将全苏职权和财产占为己有的同时，以叶利钦为首的俄罗斯民主派开始对苏共和左翼力量进行清剿。叶利钦借口"8·19"事件，宣布苏联武装部队里的苏共基层组织为非法；暂停《真理报》《苏俄报》等的出版，取缔苏共的全部舆论工具，没收苏共的全部财产；查封苏共中央、俄共莫斯科市委办公大楼；同时中止俄罗斯共产党的活动。叶利钦反共的一系列活动，在各加盟共和国引起连锁反应，哈萨克斯坦总统纳扎尔巴耶夫声明退出苏共政治局和中央委员会。在白俄罗斯、爱沙尼亚、塔吉克斯坦、摩尔多瓦、格鲁吉亚和乌克兰，共产党被中止或禁止活动。立陶宛共产党和拉脱维亚共产党被宣布为非法。阿塞拜疆共产党自行解散。哈萨克共产党、乌兹别克共产党、塔吉克共产党纷纷易名。在各加盟共和国纷纷打压共产党的危急情况之下，作为党的总书记戈尔巴乔夫本应力挽狂澜，奋起反击，扶大厦于将倾，但是，令人扼腕叹息的是，戈尔巴乔夫却于1991 年 8 月 24 日发表令人惊讶的声明，宣布辞去苏共中央总书记职务，并要求苏共自行解散、各加盟共和国党组织和地方党组织自行决定自己的前途。同时发布命令，停止苏共在武装力量、苏联内务部、苏联国家安全委员会以及其他护法机关、其他军事机关和国家机关中的活动。8 月 25日，苏共中央书记处发表声明，宣布接受自愿解散苏共中央的决定，并请求苏联总统、俄罗斯总统、各加盟共和国领导人准许其举行全会或其他组织措施讨论党今后的命运，但中央书记处并未获得回复。8 月 29 日，苏联议会通过决议，暂停苏共在苏联全境的活动③。自此，苏共的瓦解基本

---

① 陆南泉等主编：《苏联兴亡史论》，人民出版社 2002 年版，第 780—781 页。

② ［俄］瓦列里·博尔金：《震撼世界的十年》，甄西主译，昆仑出版社 1998 年版，第 245页。

③ 陆南泉等主编：《苏联兴亡史论》，人民出版社 2002 年版，第 784—785 页。

上尘埃落定。作为族际政治整合绝对主体的苏共的瓦解，也意味着族际政治整合模式实质上的崩溃。

二　苏联族际政治整合模式自下而上的崩溃过程

苏联族际政治整合模式自下而上的崩溃过程，其实质就是民族矛盾不断发展、深化，从而对族际政治整合模式不断产生冲击的一个过程。当苏联各个民族所产生的矛盾超出了族际政治整合模式所能承载的极值之时，族际政治整合模式就自然而然地断裂了。

（一）民族矛盾的异峰突起

苏联是一个民族矛盾十分复杂的国家，在沙皇统治历史之下形成的种种民族积怨与社会主义制度之下新生的族际矛盾合而为一，使得苏联的族际矛盾格外的错综复杂。在苏联高度集中的政治经济体制之下，由于苏共牢牢地实现了对国家和社会全面领导与控制，苏联族际矛盾在大多数情况之下，都是以"潜流"的形式隐性存在。然而，随着戈尔巴乔夫的改革从"完善党的领导"到"否定党的领导"，从"完善社会主义"到"否定社会主义"，苏联由苏共原来的全面领导与掌控，迅速走向了全面失控。在这种情况之下，族际矛盾也迅速由"潜流"变成了"显流"。

1986年，雅库茨克市的雅库特大学内发生了俄罗斯人与雅库特人之间的冲突，造成骚乱，成为苏联民族矛盾凸显的先声；同年12月，苏共中央违背惯例地任命俄罗斯人季·瓦·科尔宾出任哈萨克共和国党中央第一书记，引发了阿拉木图数以千计的民众上街游行示威，成为戈尔巴乔夫执政以来第一次大规模的民族骚动事件；1987年7—8月，克里米亚鞑靼人在莫斯科和中亚举行要求重返克里米亚家园的示威活动；1987年10月，围绕纳戈尔诺—卡拉巴赫的归属问题，阿塞拜疆与亚美尼亚共和国爆发了旷日持久的民族冲突。亚美尼亚族人要求将纳—卡自治州划归亚美尼亚共和国。但是，阿塞拜疆族人表示强烈反对。亚美尼亚声称与纳—卡州的重新合并是该共和国"不可剥夺的权利"，而阿塞拜疆则宣布，纳—卡州是其"不可分割的一部分"。阿塞拜疆与亚美尼亚两个共和国之间的族际冲突，最终造成了800多人死亡，数千人受伤，50多万人沦为难民的悲剧性后果。1989年4月，关于纳—卡的纠纷刚告一段落，格鲁吉亚首府第比利斯市又发生了严重的民族骚乱。事情的起因在于1989年3月格鲁吉亚属内的阿布哈兹自治共和国要求脱离格鲁吉亚，该共和国的格鲁吉亚人集会表示反对。于是,阿布哈兹人和格鲁吉亚人又发生严重冲突与互斗。随后局势不断恶化,格鲁吉亚首府第比利斯局势面临失控。苏共中央不得不出动军队,强力镇压,造成 13 人死亡,3000 多人受伤的严重后果,引爆了全苏抗议。同年 6 月,乌兹别克人与麦斯赫特土耳其人在乌兹别克斯坦费尔干纳地区发生械斗,伤亡惨重。① 据西方不完全统计,1986 年至 1989 年间,民族主义事件达 600 多起,其规模和影响都远远大于从前。②

(二) 民族分离的乱象丛生

随着民族情绪的炽热与族际冲突的凸显,民族主义组织发展壮大的民意背景已经逐渐形成,激进民族主义者登高一呼,应者云集的政治气候也已经渐趋成熟。其实,民族主义组织在苏联二十大之后就开始渐渐出现,比如在乌克兰,就有"六十年代集团","乌克兰工农同盟""乌克兰民族委员会"等组织;在爱沙尼亚,出现了"爱沙尼亚民族阵线"和"爱沙尼亚民主运动"等地下组织;在吉尔吉斯斯坦,有"吉尔吉斯民族解放委员会"等。③ 这一时期的民族主义的主题,虽然按照地区不同而呈多元化,但是,其主要目的还是在于扩大地方自治的权利,如波罗的海地区以争取政治主权和经济独立为主;乌克兰和高加索地区以争取经济独立和文化自治为主;中亚地区则以争取文化自主为主。④ 它们所谋求的很大一部分都是在国家共同体之内如何落实和扩大本民族的自治权利问题。然而,随着戈尔巴乔夫改革的失败,国家经济状况不断恶化,苏共中央又陷入政府失灵的泥淖不能自拔,到了 1989 年前后涌现的民族主义组织与前期的民族主义组织已有了重大变化:其一,在 20 世纪 80 年代中期以前,苏联民族主义者的行为方式主要是游行、发传单等和平方式,偶尔才发生械斗和自焚等恶性事件,但是到了 1989 年前后,民族主义的行为方式暴力色彩极为浓厚。一些民族主义极端分子不仅使用棒、棍、砖、石等相互斗殴,而且在一些地区如纳卡州、南奥塞梯等地,冲突双方还分别组成准军事组织,动用包括冲锋枪、驱雹炮和高射炮在内的各种军事装备,进行相

---

① 赵常庆等:《苏联民族问题研究》,社会科学文献出版社 2007 年版,第 153 页。

② 刘杰:《分离的痼疾——略论苏联、独联体内部的民族主义问题》,《今日前苏联东欧》1993 年第 3 期。

③ 同上。

④ 张建华:《民族主义在前苏联的表现与特点》,《世界民族》1996 年第 2 期。

互袭击。其二是民族主义的主题由要求政治主权和经济主权发展成为有组织有纲领地争取民族分离或国家独立。虽然早在20世纪六七十年代，苏联就出现过一些带有比较浓厚民族主义色彩的持不同政见者的组织，但是这些组织往往谋求的只是民族自治权利或者民族平等权利，然而，在戈尔巴乔夫时期，民族主义组织的政治诉求则完全不一样。少数民族地区，尤其是苏联北部的波罗的海，西部和西南部的乌克兰和摩尔多瓦，南部的格鲁吉亚、阿塞拜疆、亚美尼亚等地区的民族主义者，利用国内推行政治化和民主化的良机，公开组建了所谓的"人民战线"和"支持改革运动"等民族组织，大肆地从事民族分离活动。其三是民族主义的规模由地区性的民族骚乱演变为整个加盟共和国参与的民族争斗。这一点以阿塞拜疆和亚美尼亚围绕纳戈尔诺—卡拉巴赫的归属问题所进行的旷日持久的惨烈的民族仇杀最具有代表性。其四是民族分离活动由群众性的示威运动发展至官方的宪法争端。比如在乌克兰，20世纪80年代中期以来，民族主义的影响力只能算是"风乍起，吹皱一池春水"，但是到了1989年以后，乌克兰的独立倾向迅速发展。1990年，乌克兰民族主义组织"鲁赫"号召乌克兰重返"统一和独立"，数十万人响应。不久，乌克兰最高苏维埃通过主权宣言，宣称乌克兰宪法与法律高于全联盟法律；乌克兰是本国资源的唯一支配者；乌克兰有权建立自己的军队；拥有广泛的外交权，包括与外国直接建立外交关系，在国际组织中自行处理本国事务等权利。

（三）民族自立的多米诺骨牌效应

随着民族分离活动的愈演愈烈，再加上中央权威的日益式微，苏共已无力驾驭国家失控的局面，极端民族主义者从谋求分离到成功自立，只是一个时间问题了。在苏联各加盟共和国谋求自立的过程中，波罗的海三国率先迈出了独立的第一步。1940年波罗的海三国在斯大林政治压力与武力威胁之下，"合法""自愿"地加入了苏联。在波罗的海三国加入苏联之后，苏联当局将大批的反对派人士加以逮捕和迫害，将数万名所谓不可靠的当地民族居民强迫迁移到外地或驱赶到国外，这在苏联民族关系中播下了民族冲突的火种。① 随后，在大俄罗斯主义的强势之下，波罗的海三国普遍认为自己的利益受损，等到戈尔巴乔夫大肆推行公开化与民主化之后，波罗的海三国多年来的积怨喷薄而出，民族冲突的星星之火已成燎原

---

① 赵常庆等：《苏联民族问题研究》，社会科学文献出版社2007年版，第129页。

之势。1989 年 12 月 20 日，立陶宛共产党决定脱离苏共而独立。1990 年 3 月 11 日，立陶宛议会通过了《关于恢复立陶宛独立地位的宣言》，立陶宛苏维埃社会主义共和国更名为立陶宛共和国。同年 3 月 30 日，爱沙尼亚最高苏维埃通过了向独立过渡的决定，并于 5 月 8 日更名为爱沙尼亚。同年 5 月 4 日，拉脱维亚最高苏维埃通过独立宣言，宣布改国名为拉脱维亚共和国，恢复 1922 年共和国宪法。波罗的海三国迈出加盟共和国独立的第一步后，戈尔巴乔夫虽然一再宣布他们的独立是非法的，但是，三个加盟共和国早已将戈尔巴乔夫视若无物了。其他加盟共和国看到波罗的海三国独立，而戈尔巴乔夫又无力制止，于是也纷纷昭示主权，宣告独立。至此，苏联各加盟共和国自立的多米诺骨牌效应便不可遏制。

在民族自立的浪潮中，给苏联以毁灭性打击的是俄罗斯为谋求独立所做出的种种努力。在苏联 15 个加盟共和国中，俄罗斯联邦可谓是联盟的支柱，俄罗斯民族也是苏联的主体民族，在苏联国家拥有举足轻重的地位。苏联的面积是 2240.22 万平方公里，俄罗斯的面积为 1707.54 万平方公里，占到了全苏面积的 76%；1989 年苏联人口是 2.8574 亿人，俄罗斯人口 1.4516 人。[①] 在经济实力方面，俄罗斯民族在苏联首屈一指，它的钢产量占全苏 57%，石油占 90.7%，煤占 54.6%，天然气占 54.8%，电力占 62%，汽车占 85.7%，化肥占 48.1%，化纤占 53.1%，它的谷物产量占全苏产量的 55.6%，它的煤炭产量占全苏 70% 以上。俄罗斯联邦在全苏经济中，国民生产总值、工业产值、农业产值、国民财富所占的比重分别是 58.1%、66.4%、46.2%、60%。[②] 可以这样说，苏联可以没有波罗的海三国，可以没有外高加索三国，但绝不能没有俄罗斯。[③]

1990 年，当各地民族主义甚嚣尘上之时，作为苏联最大加盟共和国的俄罗斯联邦不但没有挺身而出维护联盟的完整性，反而落井下石。1990 年 6 月，俄罗斯人民代表大会以压倒多数（903 票赞成，13 票反对和 9 票弃权）通过了《关于俄罗斯苏维埃社会主义共和国联邦国家主权的声明》，宣布俄罗斯联邦是一个主权国家，俄罗斯宪法和法律在俄罗斯全境

---

① 赵常庆等：《苏联民族问题研究》，社会科学文献出版社 2007 年版，第 1 页。

② 张祥云：《兴衰之路：民族问题视域下的苏联民族国家建设研究》，人民出版社 2011 年版，第 169—170 页。

③ 沈志华主编：《一个大国的崛起与崩溃》，社会科学文献出版社 2009 年版，第 1198 页。

内至高无上，俄罗斯联邦保留退出苏联的权利。① 在俄罗斯的示范之下，各加盟共和国、自治共和国，开始了"主权大阅兵"。② 长期生活在俄罗斯的意大利记者朱利叶托·基耶萨认为，1990 年 6 月 12 日是一个转折时期，它对后来许多事件都有影响，它注定了苏联的濒死期及其速度、方式，并迅速地使挑选不同抉择的可能性丧失殆尽。③ 在俄罗斯发表主权宣言之后不久，乌兹别克、摩尔多瓦、乌克兰、白俄罗斯、亚美尼亚、土库曼、塔吉克、哈萨克斯坦、吉尔吉斯等加盟共和国纷纷发表主权宣言。待到 1991 年 8 月之后，各加盟国共和国更是接二连三地宣布独立，8 月 20—21 日，拉脱维亚、立陶宛和爱沙尼亚宣布独立；27 日，白俄罗斯和摩尔达维亚宣布独立；30 日阿塞拜疆宣布独立，31 日吉尔吉斯斯坦和乌兹别克斯坦宣布独立；9 月 9 日塔吉克斯坦宣布独立，9 月 23 日亚美尼亚宣布独立，10 月 27 日土库曼斯坦宣布独立；12 月 1 日，乌克兰全民公决，乌克兰独立。1991 年 12 月 16 日，苏联最高苏维埃举行最后一次会议，代表们以举手表决方式通过一项宣言，宣布苏联停止存在。自此，苏联族政治整合模式已是皮之不存，毛将焉附。

第二节　苏联族际政治整合模式崩溃的原因

在戈尔巴乔夫执政之时，苏联族际政治模式在民族矛盾的冲击之下是否必然走向崩溃，族际政治整合模式是否还存在着回旋乃至回天的可能，这是一个见仁见智的问题。但是，苏联族际政治整合模式崩溃已是不争之事实，反思苏联族际政治整合之所以崩溃于戈尔巴乔夫之手，对多民族国家族际政治整合更具有深刻意义。

探讨苏联族际政治整合模式崩溃的原因，首先要了解的是，苏联族际政治整合模式为什么在族际矛盾日益深化的情况下并没有出现崩溃的前兆。苏联的族际矛盾，即便是在民族矛盾痼疾日深的情况下，依然没有走向爆发，是因为族际矛盾身上，捆系着族际政治整合模式五条坚韧的纽

---

① 沈志华主编：《一个大国的崛起与崩溃》，社会科学文献出版社 2009 年版，第 1198 页。

② ［俄］戈尔巴乔夫：《对过去与未来的思考》，徐葵等译，新华出版社 2002 年版，第 126 页。

③ ［意］朱利叶托·基耶萨：《别了，俄罗斯！》，徐葵等译，新华出版社 2000 年版，第 118 页。

带。其一是生存—命运纽带，即各民族在内忧外患的残酷国际国内环境中所形成的生死与共的命运共同体的认知："合则共存，分则同亡"。其二是政治—人事纽带，统一的苏联共产党及干部官册制度的存在，构成了苏联强有力的族际政治—人事纽带。其三是经济—利益纽带，在苏联共产党领导下，各加盟共和国之间所形成的分工合作的经济体系，是苏联族际政治整合模式得以维系的利益基础。其四是精神—信仰纽带，苏联以共产主义作为国家主导的意识形态，这构成了国家合法性的重要源泉与支撑基点，是在信仰层面维系族际政治整合的精神纽带。其五是历史—情感纽带，苏族族际隔阂是一个长期存在的事实，然而，在另一方面，我们也应该看到，苏联人民在长期共同的政治屋顶的庇护下所形成对苏联、对苏共的感情，以及各族人民在十月革命与卫国战争期间所结下的情谊，构成了苏联族际关系的情感基础。但是，随着戈尔巴乔夫改革的推进，约制族际矛盾而不至于让其爆发的五大纽带一步步被人为地弱化或割裂，从而导致了苏联族际政治整合模式最终走向了无可挽回的深渊。

一 生存—命运纽带的弱化

苏联的成立，是各加盟共和国苏维埃政权在面临外部敌人毁灭性打击威胁之下，基于理性最大化所做出的抉择。苏联成立之后，外部敌人的威胁依然如影随形。大敌当前使苏联各加盟共和国同呼吸、共命运，结成了紧密的命运共同体。二战结束后，冷战拉开帷幕，资本主义和社会主义两大集团的对峙以其高压态势使苏联各民族认识到本民族与其他民族依然是休戚与共的。赫鲁晓夫与勃列日涅夫时期，国家形势相对安宁，战时环境和战备环境下一触即发的紧张局势得到了一定程度的缓和，这也在一定程度上淡化了苏联各民族人民在长期浴血奋战中所形成的命运共同体的意识。

1956 年，赫鲁晓夫在苏共二十大上提出了所谓的"三和"理论："和平共处"、"和平竞赛"和"和平过渡"。赫氏的"三和"理论，客观上对国际局势的缓解和东西方关系的缓和起到了一定的作用。20 世纪 80 年代，戈尔巴乔夫上台之后，继承了赫鲁晓夫的"三和理论"，提出了更为激进的外交"新思维"。"新思维"提出，"全人类的价值高于一切"，"人类的生存高于一切"，"把社会的道德标准作为国际政治的基础，使国际关系人性化、人道主义化"。① 在戈尔巴乔夫外交"新思维"指导之下，苏联外交政策发生了重大变化，世界政治格局形成第二次世界大战以后数十年未有之变局：苏美关系由对抗走向对话；苏联与西欧的关系由"破冰"走向"升温"；苏联与中国的关系由"破裂"走向"重建"。从戈尔巴乔夫上台执政到 20 世纪 80 年代末期的近五年时期，苏联的外交政策在一定程度顺应了世界历史发展的潮流，使得国际关系之间紧张对峙的气氛化为和平与宽松。

和平与宽松的国际氛围的形成，对苏联国内政治经济体制的改革无疑是一大利好消息。但是，戈尔巴乔夫的外交新思维的理论基点是建立在"世界一体论"之上的，即"世界正在形成一个多面性的（同时也是越来越全面的）整体，这不是谁想出来的，或者不过是一种抽象的观念，而是社会发展的客观趋势"。② 在世界一体的逻辑起点之下，戈尔巴乔夫为世人勾勒了一幅世界大同的理想图景，主张"全人类的价值高于一切"③，因此，必须"淡化国际社会的阶级对立和阶级斗争，淡化资本主义国家和社会主义国家的意识形态分歧"。④

在当代，民族国家对外政策的基本出发点是国家利益，因为国家利益的争夺，国家之间产生对抗也屡见不鲜。戈尔巴乔夫试图通过寻找全人类的共同利益和全人类所面临的共同问题来消除这种对抗，无疑显得过于"穿越"时空了。戈尔巴乔夫的穿越给苏联政治共同体造成了不容小觑的后果。它不但为西方资本主义国家的和平演变创造了条件，而且腐蚀了国家的忧患意识，使得国家在外在压力之下形成的强烈的命运共同体的意识淡化。正如中国古代思想家孟子所说，"生于忧患、死于安乐"，"入则无法家拂士，出则无敌国外患者，国恒亡"。忧患意识的淡薄和命运共同体意识的淡化，成为了苏联国家凝聚力削弱的伏笔，也成为了族际生存—命运纽带的弱化的先声。

---

① ［苏］戈尔巴乔夫：《改革与新思维》，苏群译，新华出版社 1987 年版，第 173、177 页。
② 同上书，第 283 页。
③ 同上书，第 184 页。
④ 陈之骅等主编：《苏联兴亡史纲》，社会科学文献出版社 2004 年版，第 743 页。

二　历史—情感纽带的摧毁

早在 1984 年戈尔巴乔夫尚未当选苏共中央总书记之时，就详细论述过公开性的问题，他认为，"公开性原则是社会主义民主不可分割的一个方面，也是整个社会生活的准则"。① 在苏共二十七次代表大会的政治报告中，他再次详细地论述了公开性问题，他认为，"扩大公开性的问题对我们来说是原则性问题。这是个政治问题。不公开就没有、也不可能有民主、群众的政治创造性及参加管理"。"我们应当使公开性成为不断起作用的制度。"② 1987 年 1 月苏共中央全会上，戈尔巴乔夫提出"最大限度的公开性"是"发扬社会主义民主的有效形式"，是"发扬社会主义方式的极其重要的特点"。③ 在集其思想之大成的《改革与新思维》一书中，他写道："我们在力求在社会生活领域有更多的公开性"，扩大公开性是"党的原则立场"，是"苏联生活方式的准则"。④

在倡导公开化的同时，戈尔巴乔夫还不遗余力地鼓吹"民主化"。1985 年 3 月，戈尔巴乔夫在其就职演说中宣布："党把进一步完善和发扬民主以及人民的整个社会主义自治体系看作是国内政治中的一项根本任务。"⑤ 在 1985 年 10 月中央全会上，他认为："不大力扩大和加深社会主义民主，即不创造条件让全体劳动人民及其集体和组织经常地、积极而有效地参与解决国家生活和社会生活中的问题，我们就不能前进。"⑥ 在 1987 年一月全会上，戈尔巴乔夫更是将其"民主化"思想浓墨重彩地提了出来，他认为，苏共以往改革之所以失败，其原因就在于社会主义民主制度的"严重缺点"，因此，只有"民主化"，才能克服社会主义民主制度的严重缺点，将改革推向深化。民主化是"改革是实质"，"民主化是改革的先决条件"。⑦

---

① 《戈尔巴乔夫言论选集》，人民出版社 1987 年版，第 23 页。
② 《苏联共产党第二十七次代表大会主要文件汇编》，人民出版社 1987 年版，第 80、81 页。
③ 《戈尔巴乔夫言论选集》，人民出版社 1987 年版，第 190 页。
④ ［苏］戈尔巴乔夫：《改革与新思维》，苏群译，新华出版社 1987 年版，第 88、92 页。
⑤ 《戈尔巴乔夫言论选集》，人民出版社 1987 年版，第 39 页。
⑥ 同上书，第 188 页。
⑦ 同上书，第 143 页。

公开性与民主化在苏联的实施，首先遭遇到的一个问题就是各族人民群众要求清理苏联历史遗产的问题。在集权主义体制下，斯大林时期产生了大量冤假错案，赫鲁晓夫和勃列日涅夫为此进行过不彻底的纠偏和平反，戈尔巴乔夫时期再对历史进行反思，客观上是苏共自我救赎与自我完善的一个过程。但是，对历史的清理、检讨与反思，其根本的目的在于促进和改善党的领导，优化社会主义形象，促进社会主义民主，团结各族人民共同投身于改革之事业，因此，对历史的清理也应该考虑到人民群众的接受度的问题。然而，在戈尔巴乔夫所谓的苏联历史"不应该有被遗忘的人物和空白点"的口号下，苏联所掀起的大规模重评历史的热潮，已经超出社会和民众所能承载的限度。这股重评历史的热潮，由于"不留空白点"、"不设禁区"，人们对历史与社会的阴暗面津津乐道甚至夸大其词，对苏共执政期间所创造的辉煌历史却绝口不提。这不但使得反思历史的热潮背离了原初的目的，反而使得苏共授人以柄，成为社会攻击的众矢之的。在这样一种情况之下，"在苏联历史上掀起了一场从否定斯大林、否定斯大林模式，到否定列宁、否定十月革命，否定马克思主义和社会主义逐步升级的'思想运动'"。①

公开化与民主化"不设禁区"实施，不但使得苏共形象跌至冰点，苏共执政的合法性受到极大冲击，而且使得民众不满情绪不断升级，历史虚无感充盈于心。据1990年初的民意调查表明，苏联政府的支持率仅为13%，不支持率达73%，苏共的支持率仅为14%②。1991年8月，苏共中央工作人员搬出办公大楼的时候，围观的人们先是默然，紧接着向工作人员吐唾沫。"公开性把对现存秩序的不满提高到了新的水平。"③"新闻媒体发起的揭露苏联历史黑暗面和现行体制缺点的运动，直接动摇了这一帝国的中心。"④ 正如清人龚自珍所言，"灭人之国，必先去其史；隳人之枋，败人之纲纪，必先去其史；绝人之才，湮塞人之教，必先去其史"。⑤戈尔巴乔夫以今人之是来断古人之非，以臧否人物开始，而至于苏联历史

① 陆南泉等主编：《苏联兴亡史论》，人民出版社2002年版，第712页。

② 吴恩远：《苏联史论》，人民出版社2007年版，第322页。

③ Н. Вертю, История советского государства, Москва: Прогресс Пресс, Стр. 490.

④ ［英］小杰克·F. 马特洛克：《苏联解体亲历记》，世界知识出版社1996年版，第333页。

⑤ 龚自珍：《定庵续集》卷二《古史钩沉二》。

尽墨，导致了苏联人民历史—情感纽带的断裂，实在是开了苏联亡史乱国之先声。

三 意识—信仰纽带的消解

戈尔巴乔夫提出公开化和民主化之初，维系苏联民族与国家感情的历史—情感纽带虽然伤筋动骨，官方的意识形态并没有因此折戟沉沙，马克思列宁主义仍然雄踞着国家意识形态的主导地位。不过，在公开化与民主化之后，戈尔巴乔夫又抛出了"多元化"的理论，这成为了直接刺向国家主流意识形态的锋锐的匕首。"多元化"理论的出台，使得马列主义意识形态，最终从斯大林时期的"神化"，赫鲁晓夫时期的"弱化"，勃列日涅夫时期的"僵化"，走向戈尔巴乔夫时期的"虚化"。

戈尔巴乔夫认为，苏联社会主义制度的根本弊端在于政治垄断、经济垄断、思想垄断造成的社会异化。为了克服社会异化，就必须消除垄断，实行多元化。因此，1987 年 7 月 14 日，戈尔巴乔夫在会见媒体和创作协会领导人时第一次提出了"多元论"。他说："让我们的言论多样化一些吧。让全社会都参加，让社会主义多元论充满每一种刊物。"① 同年在庆祝十月革命 70 周年大会上，戈尔巴乔夫提出要实行"社会舆论多元化"。在《改革与新思维》一书中，戈尔巴乔夫提出，要"广开言路"，"使每种报刊上都出现社会主义的多元论"。1990 年，戈尔巴乔夫接见英国广播公司记者时说，未来的苏联将是一个多种经济成分、多元化的政治和面向人的民主国家。②

1988 年苏联结束了书报检查制，在苏联历史上第一次出现了言论自由和社会舆论多元化。"在多年的压制后，自由的大门一经打开，其发展的势头几乎无法阻挡。"③ 社会舆论的不可控制直接导致了意识形态领域的莫衷一是。一时之间，激进民主主义、民族主义、绿色运动、宗教思想等五花八门的社会思潮蜂拥而起，一浪高过一浪地冲向苏联共产主义意识形态的堤坝。面对种种非马克思主义社会思潮的混淆视听，作为官方主导的马列主义意识形态非但不能奋起反击，维护自己应有的领地，反而自废

---

① 黄宏等主编：《原苏联七年改革"纪实"》，红旗出版社 1992 年版，第 56 页。

② 李振城：《苏联兴亡的沉思》，改革出版社 1998 年版，第 259—260 页。

③ 沈志华主编：《一个大国的崛起与崩溃》，社会科学文献出版社 2009 年版，第 1140 页。

武功，丢城弃池。从 1988 年 11 月 9 日起，苏联停止了对过去视为反动电台的几家西方电台的干扰；除鼓吹犹太复国主义、吹捧贝利亚等人和诽谤列宁的 461 种图书仍然控制借阅以外，开放了 7390 种禁书。[①] 一度担任苏共意识形态书记的雅科夫列夫，曾经写道："马克思主义不是别的，就是一种打着科学幌子的新宗教，他只是从科学那里借了一些名词术语。""我们试图为建立真正的宗教和确立真正的耶稣而破坏教堂，但同时我们已模模糊糊地感觉：我们的宗教本来就是错误的，我们的耶稣是假造的。"[②] 雅科夫列夫对共产主义意识形态的看法，在苏共一些高层领导中颇具代表性，照他们看来："共产主义是一种新的宗教，是一种具体的意识形态，在其基本内容中，假设和信仰起主导作用。假设过去，假设未来，相信这些概念和所有从中引申出来的东西的千真万确。"[③] 苏共中央主管意识形态的书记和苏共高级官员们对国家主流意识形态的口诛笔伐和如弃敝屣，所产生的一个直接后果就是苏共对意识形态控制的放弃。20世纪 90 年代初，反共、反社会主义以及"亲西方"情绪达到了顶点，这时，"仍被共产主义幻想俘虏的人，只有百分之几了。共产主义在俄罗斯的命运已经注定了，共产主义教条已经在人民心目中丧失了吸引力"。[④] 共产主义信仰的坍塌，直接导致了大批党员的退党。1987 年退党人数为16634 人，1988 年为 21217 人，1990 年猛增至 1809424 人，1991 年仅第一季度，退党人数就达到 587000 人。[⑤] 这种情况无疑正是西方敌对势力喜闻乐见的，毕竟，"从外界采取的特别能助长"共产主义"变质的行动是有限的"，"共产主义意识形态的最后变质，主要是将取决于共产主义社会和共产主义集团内部各种力量的奋斗结果"。[⑥] 这样，一方面是各种意识形态的连连逼宫，一方面是马列主义意识形态的自废武功，维系族际关系的意识—信仰纽带终至于断裂。

---

① 王正泉、姚渭玉编：《苏联的演变与"人道的民主的社会主义"》，中国人民大学出版社1997 年版，第 16 页。

② ［俄］亚·尼·雅科夫列夫：《序言、崩塌、结束语》，莫斯科 1992 年版，第 127 页。

③ ［俄］亚·尼·雅科夫列夫：《一杯苦酒——俄罗斯的布尔什维主义和改革运动》，徐葵等译，新华出版社 1999 年版，第 288 页。

④ 陆南泉等主编：《苏联兴亡史论》，人民出版社 2002 年版，第 796 页。

⑤ 吴恩远：《苏联史论》，人民出版社 2007 年版，第 353 页。

⑥ 刘洪潮主编：《西方和平演变社会主义国家的战略、策略和手法》，湖北人民出版社1989 年版，第 37 页。

四　政治—人事纽带的断裂

政治—人事纽带是苏联族际政治整合模式最为坚韧的纽带。从斯大林时期到勃列日涅夫时期，族际政治整合模式虽然受到了族际环境变幻带来的种种冲击波，但是，由于统一的苏共的存在和绝对任命制的贯彻，松散的联邦依然被煅铸成铁板一块。到了戈尔巴乔夫执政初期，苏共仍然牢牢地控制着国内局势。但是，随着公开化、民主化和多元化的推行，各种反对势力风起云涌；同时，戈尔巴乔夫政治体制改革又削弱了苏共的领导，使得苏共在内外交迫的情况之下，大权旁落，失去了对各加盟共和国的控制，族际政治整合模式的政治—人事纽带就此断裂。

苏联族际政治整合模式政治—人事纽带的断裂，是内外交迫、上下夹击的结果。从内因上考察，政治—人事纽带的断裂，可以归因为三点：一是苏联共产党本身的蜕变，使得原本强有力的政治—人事纽带逐渐"腐朽"与"变质"。阿克顿勋爵有一句至理名言："权力导致腐败，绝对的权力导致绝对的腐败。"[①] 罗·亚·麦德维杰夫也说过："掌握过分的权力可以腐蚀掉最好的人。"[②] 苏联由于权力制衡机制的缺失，腐败现象一直不绝如缕，至勃列日涅夫时期蔚为大观，封建性的"权力圈地运动"，体制性的制度化腐败，官僚化的既得利益集团，种种特权现象和腐化现象，不一而足。腐败现象的制度化与集团化，使得很多党员的入党动机发生了极大的变化。连戈尔巴乔夫自己都不得不承认，"这些年未能牢靠地阻挡那些企图从党证中捞到好处的、不诚实的、善于钻营取巧和自私自利的人加入到党的队伍中来"。[③] 正如有的学者所说的，"苏联党—国精英中的绝大多数在方法上，都是注重实际的，而不是执著于某种意识形态。他们之所以加入共产党，是因为入党对他们在职务上的提升有好处。他们受到激励，不是由于献身于某一意识形态，而是为了追求物质利益和权力"。[④] "当获得共产党的权力能带来利益时，他们就拥护社会主义；当占有资本

---

① ［英］阿克顿：《自由与权力》，侯健、范亚峰译，商务印书馆 2001 年版，第 342 页。

② ［苏］罗·亚·麦德维杰夫：《让历史来审判——斯大林主义的起源及其后果》，赵洵、林英译，人民出版社 1981 年版，第 629 页。

③ 《戈尔巴乔夫关于改革的讲话》，苏群译，人民出版社 1987 年版，第 132 页。

④ ［美］大卫·科兹、弗雷德·威尔：《来自上层的革命——苏联体制的终结》，曹荣湘等译，中国人民大学出版社 2002 年版，第 146 页。

能带来更多利益时，他们就毫不犹豫地甩开共产党，把自己改扮成民主派。"①

二是苏共内部日益壮大的反对派。戈尔巴乔夫改革引起的社会动荡波及党内，苏共内部出现思想分歧与政治纷争。"在1987年十月苏共中央全会上，叶利钦首次把苏共高层领导人内部在改革等一系列问题上的意见分歧公之于众，在党内外造成了恶劣影响。苏共领导人的意见分歧被公众了解后，一些人有意无意地把苏共分成三派，即所谓的'主流派'、'稳健派'与'激进派'，也就是后来'苏共中央纲领派'、'马克思主义纲领派'和'苏共民主纲领派'。"②

三是戈尔巴乔夫进行的政治体制改革。1988年6月，苏共第十九次全国代表大会在莫斯科召开，戈尔巴乔夫在大会上猛烈抨击苏联的政治体制，批评它"几十年来不是在法律范围内组织社会生活，而主要是执行强制命令和指令；口头上宣扬民主原则，实际上独断专行；在讲坛上宣扬人民政权，实际上是唯意志论和主观主义；大谈民主制度，实际上是践踏民主生活准则，缺乏批评性和公开性"。③ 此次大会，实乃戈氏政治体制改革之先声，自此以后，党的政治体制改革变成了削弱和取消党的领导。一些坚持社会主义传统原则的党员在改革之中纷纷出局，而党内反对派渐成尾大不掉之势。在1990年7月，苏共召开第二十八次代表大会，大会发布了《纲领性声明》，放弃了党是"领导力量"和"核心"的提法。《纲领性声明》规定："苏共坚决放弃政治和意识形态垄断，放弃取代国家管理和经济管理机关的做法。"④ 声明还规定："党将放弃形式主义和圈定名单的做法"，"国家权力机关和管理机关有权做出干部任免决定，党内干部任免权由上级机关下放给党组织和全体党员"。⑤ 这在某种程度上宣告苏共中央对国家人事大权的放弃。而作为苏共立党之本的"民主集中制"，在苏共二十八大上也名存而实毁。二十八大通过的党章，虽然也

① 黄苇町：《苏共亡党十年祭》，江西高校出版社2002年版，第132页。

② 曹长盛等主编：《苏联演变进程中的意识形态研究》，人民出版社2004年版，第201页。

③ 王亚军、田仲清：《从联盟到独联体——一个帝国的衰亡》，西北大学出版社1992年版，第106页。

④ 《苏联共产党第二十八次代表大会主要文件资料汇编》，人民出版社1991年版，第128页。

⑤ 同上书，第129页。

保留了"民主集中制",但是,其所谓的民主集中制放弃了下级机关"绝对服从"上级机关决议的硬性要求,而代之以"党内生活的自我管理、党的利益与每个共产党员的利益相结合"。① 这个党章还规定:"各加盟共和国共产党是独立的",如果不同意苏共中央政治局做出决议,"加盟共和国共产党中央委员会有权不执行这一决议",② 这实际上等于废弃了民主集中制。

从外因上讲,苏联族际政治整合政治—人事纽带的断裂,是非正式组织的迅速崛起冲击的结果。他们向苏联政治体制掀起了最为猛烈的攻击,构成了苏联政治危机最为重要的组成部分。在大量非正式组织中,民族分裂势力充当了肢解"政治—人事"纽带的马前卒。从1988年4月起,波罗的海地区三个共和国陆续建立了民族主义组织人民阵线,开始有组织和有纲领地从事民族分离活动。这种带有民族分离色彩组织的成立,不但没有受到戈尔巴乔夫的制止,反而赢得了戈氏的祝贺。戈尔巴乔夫荒谬的行为,使得在波罗的海民族主义带动之下的乌克兰、白俄罗斯、格鲁吉亚、亚美尼亚、阿塞拜疆以及中亚地区的哈萨克斯坦、乌兹别克斯坦、吉尔吉斯斯坦、土库曼斯坦共和国也都相继成了以民族主义为主要倾向的各种组织,甚至在俄罗斯联邦的许多自治共和国、自治州和自治区也纷纷建立了人民阵线的民族组织。再后来苏联各地民族组织迅速发展,总数多达数万个。③

五 经济—利益纽带的废弛

苏联成立以来,在扶助弱小民族的民族政策价值取向之下,少数民族得到了国家和发达民族的大力支持。斯大林体制建立之后,国家在高度集中的经济体制之下,将国民收入的大部分都集中到国家预算,然后由政府按统一计划在各加盟共和国实行国民收入再分配。在国家统一分配之下,各加盟共和国经济联系十分密切,经济依赖十分强烈,它们在很大程度上形成一个统一的经济共同体。正如戈尔巴乔夫所说:"我们的一切都是靠共同的劳动取得的。假如在一个地区开采石油,另一个地区就要给它运去

---

① 《苏联共产党第二十八次代表大会主要文件资料汇编》,人民出版社1991年版,第148页。

② 同上书,第154—155页。

③ 许新、陈联璧:《超级大国的崩溃——苏联解体原因探析》,社会科学文献出版社2000年版,第155页。

粮食。种植棉花的人能够得到机器。每一吨粮食，每一克黄金，每一吨棉花、煤和石油，每一台机器——从最简单到最稀有的，都是全体苏联人民、全国和我们整个多民族联盟劳动的一部分。"① 苏联形成的利益共同体，从各加盟共和国频繁的经济周转中也可见一斑，在各加盟共和国中，"除俄罗斯联邦、乌克兰、哈萨克斯坦外，其余共和国之间的周转额占国民经济总产值的46%—62%，占工农业产值的70%—80%。80%的石油、40%的黑色金属、75%的天然气，70%以上的机器设备、50%左右的化肥、70%—100%的有色金属、30%—50%的轻工业产品和食品是在各加盟共和国和俄罗斯联邦经济区之间交换的。就单个共和国来看，这一点也表现得非常明显，例如亚美尼亚所需燃料100%、黑色冶金工业产品的93%、石油和石油产品的56%、机器制造和金属加工工业产品的32%、肉类的37%和奶类的64%靠输入来满足"。②

　　各加盟共和国之利益共生的关系，构成了苏联族际政治整合模式得以巩固的"经济—利益"纽带。一个国家的"经济—利益"纽带的维系，一般而言，要具备三个条件：稳定的社会环境，这是发展经济的前提；国民经济的持续增长，这是国家再分配的基础；各个民族的普遍受益，这是经济—利益纽带得以存在的关键。苏联各加盟共和国在长期的历史发展中，由经济联系与经济依赖构建起来的纽带，并没有能够保证各民族普遍受益。俄罗斯和乌克兰等发达民族认为无偿地支持弱小民族束缚了自己的发展；而弱小民族又认为发达民族支援不力导致了自己的贫困。族际间基于利益分配而产生的不满情绪使得维系族际关系的"经济—利益"纽带存在先天不足。戈尔巴乔夫改革以来，社会动荡不安，经济纪律废弛不兴，经济秩序混乱不堪，族际经济—利益纽带在先天不足之外又添上了后天失调之症。"1988—1989年，苏联社会被民主政治激情所笼罩，企业工人把劳动纪律看得无足轻重，旷工和罢工成为家常便饭。工时损失呈迅速上升之势"，由于"生产下降、税收减少、财政入不敷出"，"族际冲突愈演愈烈，国家政权机关瘫痪，经济管理机关自行其是，各共和国、地区、企业之间的经济联系中断。"③ 随着经济状况的不断恶化，很多民族产生

---

①　《戈尔巴乔夫关于改革的讲话》，苏群译，人民出版社1987年版，第157页。

②　《真理报》1989年9月20日。

③　陈之骅等主编：《苏联兴亡史纲》，中国社会科学出版社2004年版，第700—701页。

了这样的幻想，认为只要从莫斯科独立出来，那么人民的生活就会安定而富足,① 极端的民族主义情绪外加上经济利益的驱动，原先维系族际关系的经济—利益纽带之断裂，也就不足为怪了。

① ［苏］罗伊·麦德维杰夫：《苏联的最后一年》，王晓玉、王强译，社会科学文献出版社 2005 年版，第 229 页。

第 六 章
苏联族际政治整合模式的反思

宋人苏轼曾有言道，"大成之功，非成于成之日，盖必有所由起；祸之作，不作于作之日，亦必有所由兆"。苏联族际政治整合模式，"其兴也勃焉，其亡也忽焉"，都有其深因外显的前兆。反思苏联族际政治整合模式何以"始于成功"而"终于失败"，不仅能深化我们对苏联族际政治整合模式的宏观认知，而且对于我们探讨多民族国家族际政治整合的规律不无裨益。

第一节　苏联族际政治整合模式何以"始于成功"

马克思主义认为，历史是由众多"合力"共同创造的，苏联族际政治整合模式的成功也是众多的历史因素交相互织而共同催生的结果。从对立统一的角度来分析，苏联族际政治整合模式成功的促成因素，至少可以分为三对六因：外部原因与内部原因，其中内部原因是主要原因；宏观原因与微观原因，其中宏观原因是主要原因；浅层原因与深层原因，其中深层原因是主要原因。

一　外部原因与内部原因

（一）外部原因：严峻残酷的族际环境

苏联族际政治整合模式建构于 1924 年斯大林执政之初，定型于 1936 年斯大林体制确立之日，巩固于 1945 年二战胜利之后。苏联族际政治整合模式之所以能够在斯大林时代成功建构，残酷的国际环境给苏联施加的亡国灭种的外在压力起了不容小觑的作用。

十月革命胜利之后，帝国主义为了将新生的苏维埃政权扼杀在摇篮之中，英美意等帝国主义联合起来悍然对苏维埃俄国发动武装干涉，俄国境内的反革命势力也趁机遥相呼应。经过三年艰苦卓绝的斗争，布尔什维克领导各族人民挫败了国外帝国主义的武装干涉，平定了国内反动势力的作乱，并联合各族人民成立了苏维埃社会主义共和国联盟。以英美意等国为首的帝国主义国家，在扼杀苏维埃政权的愿景成为泡影之后，并不甘心于自己失败，依然对苏联施以重重围困，并且扬言对苏维埃政权发起一场"十字军讨伐"的"正义"之战。帝国主义国家对苏维埃政权浓郁的敌对情绪，使得新生的苏维埃政权在成长与发展的道路上依然是阻力重重。

苏联成立之后不久，国际形势发生了重大变化。在1929—1933年间，西方资本主义国家发生了波及世界的经济危机。此次经济危机爆发程度之猛烈、持续时间之长久、对世界资本主义秩序冲击之沉重、影响之深远，在资本主义经济危机周期中是少见的。在经济危机的冲击之下，资本主义世界经济陷于萧条，政局普遍不稳，为了转嫁国内经济危机，德国、日本、意大利结成战时同盟，开始了对外侵略之旅。同时，英法等国对德日意法西斯势力实行绥靖政策，企望"祸水东引"，妄图借法西斯势力之手，灭苏联社会主义之身，以至于苏联所处的国际环境急剧恶化，国家政权和社会主义制度的存续岌岌可危。

在这样一种黑云压城城欲摧的残酷环境之下，苏联的生死存亡成为各加盟共和国必须直面的重大问题。苏联与法西斯国家的矛盾上升为国内主要矛盾，各加盟共和国之间的矛盾退居次要地位。严峻尖锐的国际环境形成的令人窒息的"亡国灭种"的外在压力客观上使得各加盟共和国不得不摒弃前嫌，拧成一体以图生存。在国家危急存亡之秋，苏联国家的向心力和凝聚力得到了空前高涨，国家利益被置于无以复加的高位，民族利益与个人利益只有融入国家利益的洪流之中才能彰显其存在的价值。

法西斯势力强加在苏联国家身上的战争压力，客观上使得苏联暴烈刚猛的一元化族际政治整合在推进的过程中并没有遇到过大的阻力。由于作为共同政治屋顶的国家共同体的生存遭受到极大威胁，苏联各民族的利益与民众个人的荣辱便自觉不自觉地受到了极大的淡化。因此，即便是苏联族际政治整合模式在构建过程中出现一系列偏差甚至严重错误，如联邦制变形，各加盟共和国应有的自治权力被褫夺，各加盟共和国政治大清洗运动，以及强制性民族大迁徙运动等，这种和平时期无法承受的惨痛酷烈的代价，由于战时环境的存在，各加盟共和国在强大的救亡图存的压力之下和高度的爱国主义的鼓舞之下，以超强的意志力和大度的包容心承载了下来。因此，我们可以说，残酷惨烈的战备与战争环境成为了苏联族际政治整合模式得以成功构建的重要外部因素。

（二）内部原因：强大统一的整合主体

现代民族国家的一种普遍政治形态就是政党政治。政党在成为执政党之后，通过领导和掌管国家政权来贯彻实现党的政纲和政策，使自己所代表的阶级或阶层、集团的意志变为国家意志。政党作为国家政治生活的主体与主角，对于国家治理的成败起着至关重要的作用。苏共作为苏联的执政党，其在国家中的地位，正如心脏之于人体的地位。苏联成立、发展与演变的历史已经充分证明：苏共强盛，则民族关系相对融洽，苏共衰颓，则民族关系不断恶化。苏联族际政治整合模式之所以在斯大林时期成功构建，法西斯势力对苏联施加的"亡国灭种"的外在压力固然是一个极为重要的方面，但是，更重要的方面还在于斯大林时期苏联共产党政党力量的孔武强盛。按照亨廷顿的说法，在现代化的过程中，政治体系的稳定，取决于政党是否强盛有力，而衡量政党是否强盛有力，主要有三大标准：第一个标准是"一个强大的政党能使群众的支持制度化。政党的力量反映了大众支持的范围和制度化水平"；第二个标准是"组织的复杂性与深度，特别表现在政党与社会经济组织如工会与农协的联系上"；第三个标准是"政党积极分子和权力追求者对政党认同的程度以及他们视政党是实现其目的的手段的程度"。①

按照亨廷顿提出的政党力量评判的三大标准，苏联共产党的"政党力量"可以从以下三个方面来加以考察：

1. 党群关系

党群关系是衡量群众是否支持执政党的一个晴雨表。布尔什维克在草创时期，由于领袖列宁生活简朴，率先垂范，对党群关系给予高度重视，布尔什维克赢得了广大群众的高度拥护和热爱。列宁曾经指出："我们需要的是新型的政党，另一种性质的党。我们需要的党，应该是真正同群众

---

① ［美］塞缪尔·亨廷顿：《变化社会中的政治秩序》，王冠华等译，生活·读书·新知三联书店1988年版，第396—398页。

有经常联系的党，善于领导群众的党。"① 列宁认为，无产阶级政党若要
成功，最为重要的一点就是要"善于同最广大的劳动群众，首先是同无
产阶级劳动群众，但同样也同非无产阶级劳动群众联系，接近，甚至可以
说在某种程度上同他们打成一片"。② 在列宁的循循善诱和以身作则之下，
苏联的党群关系的融洽度达到了历史的极值，为布尔什维克的"以党建
国"奠定了深厚的群众基础。斯大林执政时期，党群关系水乳交融的余
风犹在，斯大林本人也较为重视党群关系问题，他曾以古希腊神话英雄安
泰的故事来譬喻党群关系。他说："布尔什维克也同安泰一样，其所以强
大，就是因为他们同自己的母亲，即同那生育、抚养和教导他们成长的群
众保持联系。只要他们同自己的母亲、同人民保持联系，他们就有一切把
握，始终是不可战胜的。"③ 对于党政机关中存在的官僚主义和贪污腐败，
斯大林往往采取极为严厉的惩处措施。1928 年在共青团第八次代表大会
上，斯大林指出："阻碍我们前进的最凶恶的敌人之一就是官僚主
义。……共产党员官僚主义分子是最危险的一种官僚主义分子。为什么
呢？因为他以党员的称号来掩饰自己的官僚主义。遗憾的是，这样的共产
党员官僚主义分子在我们这里并不少。"④ 斯大林对共产党员官僚主义的
警惕和党员干部贪污腐败的严惩，对纯洁党风和净化队伍具有重要意义，
再加上苏联共产党在当时所体现出来的高风亮节与清正廉明的整体形象，
使得时人视共产党员为民众喉舌与自我的利益代言人。列宁时期与斯大林
时期，苏联党群关系的融洽，既是苏联共产党力量的源泉，也是苏联族际
政治整合得以自上而下顺利推进的必要前提。党群关系的融洽为苏联共产
党执政提供了浑厚的合法性资本，这使得各族人民对国家政权、国家共同
体和社会主义制度广泛拥护和衷心认可。在苏联共产党的统治之下，人们
爆发了强烈的主人翁意识，投入到保家卫国和建设祖国的洪流之中。全国
范围弥漫着高昂的国家主义和无私的族际主义精神，在这样一种积极的社
会气氛之中，苏联族际政治整合即便是以暴力的方式强力推进，其所耗费
的政治成本，也在国家和民众可以承载的范围之内，这客观上保障了苏联

① 《列宁全集》第 31 卷，人民出版社 1985 年版，第 207 页。
② 《列宁选集》第 4 卷，人民出版社 1995 年版，第 136 页。
③ 《斯大林选集》下卷，人民出版社 1979 年版，第 624 页。
④ 同上书，第 36—37 页。

族际政治整合模式的成功构建。

2. 组织原则

布尔什维克是以民主集中制为原则建立起来的集中的、组织严密的、纪律严格的极富有战斗力的政党。列宁认为，一个集中、统一、组织严密的政党是党内团结和党的工作卓有成效开展的必要保障，他指出，"为了保证党内团结，为了保证党的工作集中化，还需要有组织上的统一，……如果没有正式规定的党章，没有少数人服从多数人，没有部分服从整体，那是不可想象的"。[1] 因此，在 1906 年召开的党的第四次代表大会上通过的党章明确规定了"党的一切组织是按民主集中制建立起来的"。[2] 布尔什维克以民主集中制作为建党之基，对于党的战斗力、社会主义革命的胜利和建设的进行、对于族际政治整合的推进都具有极端重要的意义。苏联是一个多民族的国家，苏共也是一个多民族的政党，如果民主集中制不能作为全党的通则与共识，那么布尔什维克必然会因为缺乏组织保障而成为一个涣散的、软弱的、带有各民族政治色彩的"政治俱乐部"。以民主集中制作为党的组织原则，使得党的"思想威信"变成了"权力威信"，它所秉承的少数服从多数、部分服从整体、下级服从上级的法则使得苏联共产党能够最大限度地凝聚党内一切力量，确保"党的意志和行动上的统一"，从而使得苏共中央的意志得以自上而下运行无碍地得到贯彻。

3. 政治信仰

19 世纪中期，随着社会基本矛盾和阶级矛盾的深化，俄国社会陷入了严重的信仰危机，各种政治思潮纷纷涌上历史舞台，竞相交锋与砥砺。经过历史的大浪淘沙，在布尔什维克的带领之下，俄国人民最终选择了马克思主义的共产主义信仰。共产主义政治信仰在苏俄的确立过程中，虽然带着明显的非理性、不成熟性，但是人们对共产主义信仰确实怀着一种真挚的信奉。这种真挚的信奉使得人们对社会主义事业深信不疑，对"即将到来"的黄金彼岸深信不疑。正如法国著名作家罗曼·罗兰在日记中所记述的，"我从这次旅行中得出的主要印象与感觉到无限高涨的生命与青春活力的强大浪潮有关；高兴地意识到自己的力量，为成就自豪，真诚地信任自己的事业和自己的政府——这就是成千上万甚至成千上百万苏联

① 《列宁全集》第 8 卷，人民出版社 1986 年版，第 387 页。
② 《苏共决议》第 1 分册，人民出版社 1964 年版，第 165 页。

男女所体验到的情感"。① 而作为社会主义革命与建设先锋的共产党员，更是对共产主义信仰有一种虔诚的信奉与归依。发轫于 1919 年的星期六义务劳动，1935 年的斯达汉诺夫运动都体现众多普通共产党员对国家、对社会主义事业真诚的热爱之情。而在伟大的卫国战争中，共产党员更是身先士卒，前仆后继，组成了德国法西斯不可逾越的钢铁长城。正如瓦列里·博尔金曾经论述的，"党之所以能取得政权、并经受住工业化和伟大卫国战争的考验，靠的是伟大的理想和使命感"。② 正是缘于对共产主义事业的忠诚，苏联共产党才能凝聚一切可以凝聚的力量，筑就苏联成立初期令人惊艳的辉煌。

以亨廷顿评判政党力量的三大标准来看，斯大林时期苏联共产党"强盛有力"是毋庸置疑的。而执政党的"强盛有力"对一个国家的治理具有非凡的重大意义，尤其是对于苏联这种"党国一体""党国同构""一党执政"的社会主义国家而言，更是如此。由于苏联的成立是布尔什维克"以党建国"的产物，苏联共产党作为国家唯一合法的政党，国家运作的方方面面都是倚仗着它的领导和推动，族际政治整合模式也概莫能外。因此，苏联共产党的"强盛有力"是族际政治整合模式得以成功构建的最重要的内在因素，坚定的政治信仰使得各民族的布尔什维克者超脱自己"民族属性"，以"阶级利益"作为自我行为逻辑的出发点；民主集中制的组织原则为各民族的布尔什维克者贯彻苏共中央的族际政治整合提供了积极稳妥的组织保障，而良好的党群关系又为苏共中央的族际政治整合提供了深厚阔大的群众基础。可以说，正是由于苏共的"强盛有力"才使得苏共中央的族际政治整合理念与策略能够自上而下地得到贯彻与执行，从而在根本上保障了族际政治整合的成功构建和有效运转。

二 微观原因与宏观原因

(一) 微观原因：族际政治整合政策的总体正确

斯大林执政初期，延续了列宁时期族际政治整合的"扶助弱小民族"

---

① ［法］罗曼·罗兰：《莫斯科日记》，夏伯铭译，上海人民出版社 1995 年版，第 109—110 页。

② ［俄］瓦列里·博尔金：《震撼世界的十年——苏联解体与戈尔巴乔夫》，甄西主译，昆仑出版社 1998 年版，第 284 页。

的政策取向。他秉承"各民族一律平等"的思想，致力于消除民族事实
上的不平等，大力帮助弱小民族发展，使得少数民族在政治、经济、文
化、教育等方面有了长足的进步和明显的发展。斯大林认为，"一切民族
和种族完全平等"，①"一切民族，不论大小，都处于同等的地位，每个民
族都是和其他任何民族同样重要的"。②社会主义的民族平等，不但要求
保障民族法律地位和政治权利的平等，而且还要消除民族事实上的不平
等，民族"事实上的不平等仍然是一切不满和摩擦的根源"。③为了消除
民族事实上不平等，促使少数民族加速赶超发达民族，苏联出台了一系列
促进少数民族发展的政策。

1. 民族经济发展政策

民族经济的协调发展，是族际政治整合得以推进的根基。苏联成立之
后，由于历史的原因，国家的经济布局尤其是工业布局极不合理。为了帮
助少数民族发展经济，苏联在农业政策方面出台了一系列扶持政策：给予
少数民族发放低息农业贷款，帮助当地民族建立合作社，开办农业训练
班，加强民族地区的水利建设，将国有土地分给当地劳动居民等④。在工
业方面，苏联出台民族政策有：向民族地区搬迁工厂，把工厂迁到原料产
地的共和国；向民族地区派遣技术专家、干部及工人，帮助少数民族地区
建立工业体系。在财政方面，苏联出台的民族政策有：联盟中央对民族地
区进行大力的财政支持、对民族地区实施免税及信贷优惠。在中央联盟的
大力扶持之下，各少数民族地区的经济，尤其是工业，有了巨大的发展。
比如，"一五"计划期间，在南高加索联邦、中亚各共和国等地兴建了发
电站、铁路、煤矿等基础产业，建立了初步的工业体系。在哈萨克斯坦兴
建了有色冶金和煤炭工业，有40多家企业投入生产，使其由游牧经济转
变为定居的农业生产，进而成为东部的重要工业基地；白俄罗斯的工业产
值在该共和国的经济中所占比值跃居至53%，阿塞拜疆、格鲁吉亚、亚

---

① 《斯大林文选》，人民出版社1962年版，第92页。
② 同上书，第507页。
③ 《斯大林论民族问题》，民族出版社1990年版，第236页。
④ 中国社会科学院苏东所、国家民委政策研究室：《苏联民族问题文献选编》，社会科学文献出版社1987年版，第95页。

美尼亚共和国的工业比重也迅速上升。①

2. 民族政治生活政策

斯大林在执政初期，以"一切民族和种族的平等"作为民族政策的"出发点"，②从"工人阶级巩固自己政权"③这一高度来审视民族自决权，较好地保护了少数民族的政治权利。在这一时期，苏联的民族政治生活政策主要有：①继续从法律上确认民族平等的原则。1936年苏联宪法明确规定：苏联公民不分种族，在经济生活、国家生活、文化生活、社会生活等方面一律平等；②建立民族自治实体，使一些少数民族拥有自己的国家组织或享有自治权利。比如，在1925年6月至1937年9月，苏联政府为居住在俄罗斯联邦北部和西伯利亚的科米彼尔米亚克、多尔干、汉特、曼西、涅涅茨、埃文基、楚科奇和科里亚克等弱小民族建立起10个民族专区；③实行两院制，扩大少数民族管理国家事务的权利。斯大林执政之后，根据1924年宪法，苏维埃中央执行委员会由一院制改为两院制，增设了民族院，并以此作为代表苏联100多个大小民族利益、照顾民族利益的专门机关；④放宽入党标准，简化入党手续，扩大少数民族党员规模，保证少数民族人员在国家党政生活中占据一定的比重和地位；④⑤将反对大俄罗斯主义和地方民族主义作为民族政策的一项重要内容。在20世纪30年代中期以前，斯大林认为大俄罗斯主义是"主要的危险"，是"最危险的敌人"，⑤被压迫民族中存在的地方民族主义是对大俄罗斯主义的一种"防御"，必须以十分慎重的态度来对待。

3. 民族教育文化政策

教育是智识之基，文化是民族之魂。斯大林执政之初所实施的民族教育文化政策，对于开启民智、繁荣少数民族文化起了重要作用。苏联的教育文化政策主要包括：①民族语言平等政策，包括从法律上一再确认少数民族的语言平等权利；成立隶属于教育人民委员会的扫盲工作非常委员会，在各加盟共和国开展扫盲运动；培育非俄罗斯学校师资队伍，促进民

---

① 杨玲：《斯大林的民族理论与民族政策的错位》，《当代世界与社会主义》2005年第2期。

② 《斯大林文选》，人民出版社1962年版，第92页。

③ 《斯大林全集》第5卷，人民出版社1957年版，第215页。

④ 赵常庆等：《苏联民族问题研究》，社会科学文献出版社2007年版，第77—81页。

⑤ 《斯大林全集》第5卷，人民出版社1957年版，第212页。

族语言文字的传播与发展；兴办各种学校，推进民族语言的研究与学习。②民族教育政策，包括以法律形式确认各民族的受教育权，为民族教育事业的发展护航；增加教育预算和拨款，扶持民族文化教育事业发展；帮助少数民族编写教科书；在高等院校成立民族语言系，逐步建立民族师范院校；实施义务教育制和大力发展民族地区高等教育事业。③民族科学研究政策，即大力支持少数民族地区设立民族科学院。1919年乌克兰科学院开非俄罗斯加盟共和国设立科学院之先河，1929年白俄罗斯科学院随之成立，其后各加盟共和国在原来苏联科学院分院的基础上纷纷建立起自己的研究院。截止到1946年，各加盟共和国科学院成立工作已全部完成。④民族文化事业建设政策。斯大林执政初期，随着民族语言政策的贯彻落实，民族语文出版事业也逐渐发展起来，图书馆、俱乐部、电影院等各种各民族喜闻乐见的文化娱乐设施也不断涌现，各少数民族文化事业日益繁荣。

4. 民族干部培养政策

鉴于十月革命胜利之后，少数民族干部队伍极为匮乏的现实，苏俄出台了一系列少数民族干部队伍建设政策，极大地促进了少数民族干部队伍的形成。苏联少数民族干部队伍的政策首先体现于简化少数民族地区的入党程序。十月革命以后，少数民族地区党员不足，党务工作开展很是困难，布尔什维克从实际出发，在1923年的十二大与1924年的十三大相继提出，要"稍微放宽业已规定的（入党）标准，以便把各民族共和国和各地区域的当地无产阶级和半无产阶级分子吸收入党"，并且要将少数民族地区入党成员的手续予以"简化"。其次是注意培养和造就少数民族干部。从20世纪20年代起，布尔什维克便开始着手造就专门培养少数民族干部的学校。1921年4月21日，根据俄罗斯联邦全俄中央执行委员会的有关法令，在莫斯科创立了东方劳动者共产主义大学。1921年11月28日，在莫斯科又创办西部少数民族大学。1922年9月18日，在彼得格勒又开办了西部少数民族共产主义大学分校。截止到1925年，全苏13所共产主义大学已培养了5917名大学生，其中包括1507名来自哈尔科夫、喀山、第比利斯和塔什干等地的大学生。[1] 此外，苏联还充分利用高等院校

---

① 苏共马克思列宁主义研究所编：《苏共领导下的苏联文化革命》，上海人民出版社1973年版，第93页。

和干部进修学校，提升党政领导干部的理论水平和业务素质。再次是少数民族干部的任用政策。苏联是一个由 15 个加盟共和国联盟而成的国家，各加盟共和国党政领导干部在联盟中央所占的比例是国家机关能否贯彻民族平等法定原则的具体体现。因此，苏联不但将少数民族干部看作是"各边疆地区苏维埃政权最重要的栋梁支柱"，[①] 而且还吸收 "一定数量的少数民族干部" 参加 "中央登记分配局、中央宣传鼓动部、中央组织部、中央妇女部和中央指导机构的工作"，"每个机关 2—3 人，以便在他们帮助下促进中央在边疆地区党的日常工作，以保证实现党的关于民族问题路线的精神"，[②] 通过这样的努力，不同民族成分的少数民族干部在联盟中央党政领导机构和地方党政领导机构中数量上所占的比例大体保持在合理水平。

(二) 宏观原因：苏联社会主义制度下的经济奇迹

利益是政治的基础，也是一个民族基本的行为逻辑原点。苏联作为多民族的社会主义的联盟国家，各苏维埃共和国之所以联合而成共同的政治共同体，托庇于共同的政治屋顶之下，乃是各个苏维埃共和国基于利益最大化理性选择的结果。斯大林时代苏联彰显出了无可比拟的"大国优势"以及社会主义制度优势下的"经济奇迹"，符合各个加盟共和国的根本利益与长远利益，应和了各个加盟共和国加入苏联时期利益最大化的理性期待。这成为苏联族际政治整合模式在斯大林时代得以成功开启的根本宏观因素。

1925 年，由于新经济政策的实施，元气大伤的国民经济生机渐起。随后不久，苏联开始了规模宏大的第一个五年计划。20 世纪 20 年代末，苏联经济迈向了赶超战略之路。在斯大林超高速工业化理论的指导之下，苏联通过强大的社会动员能力和资源组织效率，集全国之人力、物力、财力，在短短数十年的时间里，成功地实现了国家工业化，提升了国家总体实力，一跃而成为欧洲第一、世界第二的社会主义工业强国。

在"一五"计划期间，苏联的工业化以前所未有的速度向前推进。按照苏联官方公布的数字，工业总产值从 1928 年的 158 亿卢布增长到 1932 年底的 368 亿卢布，增长了 1.3 倍；国民收入从 244 亿卢布增加到

---

① 《斯大林全集》第 5 卷，人民出版社 1953 年版，第 257 页。
② 孟立军：《斯大林培养少数民族干部理论探讨》，《社会主义研究》1996 年第 5 期。

455 亿卢布，增长了 86%；劳动生产率提高约 38%；苏联工业总产值年
递增 19%。在第二个五年计划期间，1937 年的工业总产值比 1932 年增长
1.2 倍，农业总产值增长 0.5 倍，国民收入增长 1 倍以上，劳动生产率增
长 82%；生产资料年增长 17.1%；轻工业年增长速度为 14.8%，重工业
年增长速度高达 19%。① 苏联"三五计划"虽然由于二战的爆发而中断，
但所取得的成就同样不遑多让，以致霍布斯鲍姆在谈到这一经济成就时指
出，"无论以何种尺度来衡量都非同小可，对数以百万计出生村野的人来
说，即使在当年最艰苦的年代，苏联的发展之路也意味着新视野的开启，
代表着由无知的昏昧走向光明先进的城市，至于个人的启迪、事业的开
发，自然更不在话下。新社会证据确凿，不由小民不信服"。② 斯大林逝
世时，西德《世界报》对其毕生成就给予了高度评价：当斯大林取得了
全部领导权时，"俄国还和沙皇时代一样是一个农业国家。当他在三十年
后去世的时候，苏联已成为在世界上占第二位的工业强国"，"西方几乎
花了二百年的时间才做到的事情……在俄国几十年不长的时间里用残酷的
办法、坚定的意志实现了，总而言之，这是现代史中最伟大的经济和社会
改革"。③

　　值得指出的是，当苏联的经济建设在斯大林模式下高歌猛进之时，恰
恰是西方资本主义国家遭遇经济危机之际。1929—1933 年的经济大危机
几乎使得资本主义国家陷入了灭顶之灾，法西斯国家甚至不惜以对外战争
的方式来转嫁国内经济危机和政治危机。资本主义制度周期性的经济危机
反证了社会主义的制度优势，反证了斯大林模式的时代合理性，在这种情
况之下，斯大林模式被认为是一种成功的"促进经济增长的药方"。④

　　在斯大林模式之下，苏联在经济发展方面所取得了巨大成就，经过强
大的国家机器日复一日的宣传与发酵，即便是身处最边远地区的人民也对
苏联国家所取得的经济成就耳熟能详并且深信不疑，他们坚定地认为：苏
联共产党所领导人民取得的经济成就是他国无法望其项背的，苏联社会主

① 周尚文等：《苏联兴亡史》，上海人民出版社 2002 年版，第 271—290 页。
② ［英］霍布斯鲍姆：《极端的年代》，郑明萱译，江苏人民出版社 1998 年版，第 401 页。
③ ［苏］罗·亚·麦德维杰夫：《让历史来审判——斯大林主义的起源及其后果》，赵洵等
译，人民出版社 1981 年版，第 225 页。
④ ［英］梅格纳德·德赛：《马克思的复仇——资本主义的复苏和苏联集权社会主义的灭
亡》，汪澄清译，中国人民大学出版社 2006 年版，第 256 页。

义制度是举世最优的，是资本主义制度无法媲美的，"斯达汉诺夫的挖煤速度是资本主义前所未有的，马格尼托哥尔斯克的建设速度世界第一，破冰船下水世界第一，原子能苏联电站世界第一，白海—波罗的海运河、莫斯科运河的开凿世界第一……"① 如此众多的世界第一极大激发了人们对于国家、对于社会主义制度的无比自豪与真诚热爱。关于这种奋发的情感，法国作家纪德描述，"俄国民众表现快乐。……没有一个地方能像在苏联一样，人民本身、街上所遇见的人、所参观工厂的工人，以及拥挤在休息、文化或娱乐场所的那些群众，是如此的笑容满面的"，"不能设想，苏联以外其它地方，人们能够那般深切那般强烈感觉到人类的感情"。② 苏联人民对国家的热爱，对社会主义制度的信心，对经济发展成就的自豪，使得苏联族际政治整合模式的形成具备了一个良好的宏观环境。在这一种乐观积极的宏观环境之下，苏联族际政治整合即便是发生一些过火、偏差，甚至严重错误的行为，人们都可以"选择性失明"，正如麦德维杰夫对这一时期苏联人民心态的描述："全体人民都知道被宣布为'人民的敌人'的部分党员和苏维埃领导人遭到逮捕之事，可是大家也看见了我们这个世界上第一个社会主义强国正在如何成长和强大起来，大家看到处处都是正在建设起来的新学校、工厂、文化宫。大家都知道被宣布为'间谍'的军事领导人遭到逮捕的事，可是大家又都看到党对建立强大的现代化军队的关怀，使它有能力抵抗任何敌人的侵犯。大家都知道被宣布为'暗害者'的科学家遭到逮捕，但是大家也知道年轻的苏联科学取得的巨大成就，并且在党的支持和帮助下它正在迅速地发展起来。大家都知道……"③

三 浅层原因与深层原因

（一）浅层原因：相濡以沫形成的族际合作

苏联族际政治整合模式的成功构建是建立在各加盟共和国高昂的爱国主义和无私的族际主义基础之上的。而这种爱国主义与族际主义精神的形

---

① 孟迎辉：《政治信仰与苏联剧变》，中国社会科学出版社 2005 年版，第 53 页。

② ［法］安德烈·纪德：《从苏联归来》，郑超麟译，辽宁教育出版社 1999 年版，第 119、23 页。

③ ［苏］罗·亚·麦德维杰夫：《让历史来审判——斯大林主义的起源和后果》，赵洵等译，人民出版社 1981 年版，第 615 页。

成，是在布尔什维克的倡导与教育之下，各族人民在长期相濡以沫守望相助的历史过程中逐渐形成并发展的。早在各苏维埃共和国抵抗国内外反革命势力武装侵犯的斗争过程之中，苏俄各民族就开始了广泛而深入的合作与互助，并逐步建立起了军事联盟、外交联合、经济互助等各个方面的统一战线。在苏联成立以前，苏维埃各加盟共和国的族际合作经历了三个阶段，第一个阶段是军事联盟和经济联盟阶段。在 1918—1921 年，各苏维埃共和国均已建立了武装力量，但缺少共同的军事指挥中心和统一的军需供应机构。为了集中力量打败国内外反革命势力的武装进攻，1919 年 3 月俄共（布）八大提出急需加强各苏维埃共和国的军事和经济联盟的任务。5 月俄共（布）中央委员会通过了列宁起草的《中央关于军事统一的指示草案》，指出这次战争取得胜利的必要条件是统一指挥红军的一切部队，最严格地集中管理各苏维埃社会主义共和国的一切力量和资源，特别是全部军事供给机构和铁路运输，必须把一切军队指挥和军队供给工作全部归中央统一集中领导，与之相抵触的指令统统撤销。6 月 1 日，根据俄共（布）中央的决议，全俄中央执行委员会颁布了《关于联合俄罗斯、乌克兰、白俄罗斯、立陶宛、拉脱维亚等苏维埃共和国同世界帝国主义作斗争的法令》，规定统一各苏维埃共和国的军事组织和铁路管理，建立军事和经济统一指挥机关。在建立军事和经济联盟中，各苏维埃共和国的国民经济、交通运输、财政和劳动人民委员会也联合起来，而后各苏维埃共和国又统一了海关和邮电管理，建立了统一货币制度。1920 年至 1921 年初，俄罗斯苏维埃联邦共和国同乌克兰、白俄罗斯、阿塞拜疆、亚美尼亚、格鲁尼亚苏维埃共和国陆续签订了军事和经济联盟条约。第二个阶段是 1921—1922 年中期，各苏维埃共和国的族际合作发展到外交联合阶段。当时，为了打破资本主义国家对各苏维埃共和国的外交孤立攻势，改善与欧洲国家的关系，各苏维埃共和国决定实行外交联合，组成统一外交代表团参加全欧经济代表会议。1922 年 2 月 22 日，由俄罗斯联邦共和国发起，召开了由俄罗斯联邦、乌克兰、白俄罗斯、格鲁吉亚、亚美尼亚、阿塞拜疆、布哈拉、花剌子模、远东 9 个共和国代表参加的联席会议，共同协商通过了《关于授权俄罗斯苏维埃联邦代表各苏维埃共和国参加全欧会议的议定书》，决定授权由俄罗斯苏维埃联邦共和国代表其他 8 个苏维埃共和国，参加热那亚国际经济会议，有权代表这些共和国同有关国家签署直接或间接的外交条约和协议，并采取相应的措施履行条约和协议。这项议定书实际上从立法上肯定了各苏维埃共和国外交政策上的联合。第三阶段是从 1922 年下半年到当年底，即苏联成立的阶段。各苏维埃共和国广大工农群众都已清楚地认识到，各苏维埃共和国之间人力和物力上的紧密合作，实行军事、经济以及外交上的合作，反对国内外敌人的武装进攻，对于取得这场战争的胜利具有决定性的作用。①

各苏维埃共和国开展的广泛而深入的合作与联盟，成为苏联得以成立的一个前提性条件。苏联成立之后，外患未消，居于共同的政治屋顶之下的各加盟共和国，不但是唇齿相依的政治共同体，更是休戚与共的命运共同体与利益共同体。在爱国主义精神与族际主义精神的鼓舞下，各民族资源共享，技术共用，族际之间的联系日益频繁与密切。虽然苏联各民族之间的族际合作是苏共在全苏范围内实行专业化劳动分工有意为之的结果，并在客观上导致了各加盟共和国无力综合全面发展本地区的经济，从而使得各加盟共和国形成了单一的畸形的经济结构，但是，在苏联族际政治整合开始构建之初，苏联实行各加盟共和国专业化劳动分工的严重后果并未凸显，再加上在残酷紧张的备战环境之下，各民族不紧密地开展联合与合作，便不足以谋求国祚久远和民族存续。这种各民族在历史上所形成的经济政治军事等方面割扯不断的联系以及在战备环境之下不得不合作的政治态势，使得苏联各族人民的联合与团结具有了历史基础和现实基础，这成为苏联族际政治整合模式成功建构的基本条件。

（二）深层原因：浑厚的政治合法性资本

政治合法性是政府在民众同意的基础上实施政治统治的正统性或正当性，简而言之，就是政府实施统治在多大程度上被公民视为合乎正义与道德。当大多数民众认为政府实施统治（包括使用武力威胁）是正当的，也就是政府具有合法性的时候。政治合法性关系到政治交易的成本、政治秩序的稳定与政治统治的持久，对于任何一个政府而言，如果要维持统治的长久存在，就必须唤起民众对政治的合法性信仰，苏联亦不例外。由于苏联实行的"党对国家的全面领导"、"党国同构"，苏联政府的政治合法性就集中体现于苏共执政的合法性。

按照马克斯·韦伯对政治合法性的经典论断，政治合法性的基础由两个方面的因素促成：（1）客观因素：服从的习惯以及强制性的法律的存

① 赵常庆等：《苏联民族问题研究》，社会科学文献出版社 2007 年版，第 55—56 页。

在；（2）主观因素：被统治者形成了对统治者服从的义务。以马克斯·韦伯的政治合法性理论来分析苏共执政的合法性，苏联人民之所以自愿服从苏共，其客观原因之一是身处俄罗斯传统文化惯性之下的民族性格使然。俄罗斯文化的神本意识和宗教精神催生了俄罗斯式的弥赛亚意识，强化了俄罗斯民族的使命意识和救世精神，在增强俄罗斯人的民族自信心的同时，也加深了俄罗斯人民对于祖国的热爱。俄罗斯民众宗教徒般虔诚地对待自己的国家，就像对一个必须服从的高高在上的命运主宰。[1] 原因之二在于，斯大林认为"党是无产阶级专政的工具"，同时斯大林错误地将民族之间非对抗性的矛盾定性为敌我矛盾，将不服从者视为敌对分子，对不服从者进行非人道的打压、迫害甚至肉体消灭。这种由"革命政权"所导演的"红色恐怖"也是促使人民服从的重要因素。[2] 正如托洛茨基在1937 年不无尖锐地指出：在一个政府是唯一雇主的国度，反抗就等于慢慢地饿死。"不劳动者不得食"这个旧的原则，已由"不服从者不得食"这个新的原则所代替。[3]

从主观方面讲，人们之所以自愿自觉地服从苏共的统治，是因为在当时特定的历史情境之下，苏共执政符合绝大多数人民的共同利益。当布尔什维克成立之初，俄国人民最为迫切的需求是生存需求，即和平、土地、面包和自由。而布尔什维克正是以此作为奋斗目标和行动纲领。布尔什维克的奋斗宗旨与俄国人民的需求高度契合，引起了广大民众心理上的认同和情感上的共鸣，也得到了民众的信赖和支持。在斯大林执政期间，苏联不但创造出了比资本主义更高的经济增长速度，使得国家从一个落后的农业国迅速变成一个发达的工业国，而且更重要的是，各个民族在国家经济发展的过程中，较为普遍地享受到国家发展所带来的经济收益，以及因国

---

① 周力：《俄罗斯文化的基本精神与外交》，《俄罗斯研究》2010 年第 4 期。

② 这里必须予以说明的是，苏共所主导的"红色恐怖"，将大量人民内部矛盾、民族内部矛盾定性为对抗性矛盾、敌我矛盾，在很大程度上扩大了"无产阶级专政"的范围，导致了阶级斗争的扩大化，从长远上讲，对于苏共执政的合法性是一种巨大的伤害。但是，由于斯大林时期实行高度的信息管制和舆论控制，并且不服从者和异见人士被冠以各种反党反社会主义的罪名或者将之视为精神病患者关押在精神病院，普通民众由于认知的局限，至少在当时是将"镇压"不服从者和异见人士，视为合乎"法律"与"正义"原则的。只是随着历史的发展和时间的推移，人们反观历史之时，才会发现在当时特定环境之下身处局中自我的惘然。

③ 转引自［英］哈耶克《通往奴役之路》，王明毅等译，中国社会科学出版社 1997 年版，第 116 页。

势日强而激起的"与有荣焉"的民族自豪感。在伟大的卫国战争期间，苏联共产党人以身作则，身先士卒，各族人民同仇敌忾，众志成城，表现出了高昂的爱国主义热情和无私的族际主义精神，从而使得各民族共同的政治屋顶免于毁灭的危险，最大限度地保障了各族人民群众的根本利益。也就是说，在当时苏共的统治之下，苏联各民族绝大多数人民与执政的苏联共产党在利益上具有高度一致性，这使得人民心悦诚服地认同苏共的执政地位。

其次，人民自愿地服从苏共的统治，也是因为苏共的执政是合乎法律的。在十月革命胜利之后，虽然布尔什维克在事实上已经成为国家的执政党。但在1918年的俄罗斯苏维埃联邦社会主义共和国宪法和1924年的苏维埃社会主义共和国联盟宪法中，都没有专门规定布尔什维克在国家中的领导地位的条款。随着党的建设、国家政权建设的不断成熟，到20世纪30年代中期，苏共才以党章确认和宪法规定的形式从法律上确立了自己的执政地位和领导地位。1934年联共（布）十七大和1939年联共（布）十八大通过的党章明确规定：党领导无产阶级专政的一切机关，"党是劳动群众的一切团体和国家机关的领导核心"。1936年苏联宪法第126条规定，苏联共产党是劳动群众的先锋队，"是一切团体和国家机关的领导核心"。法律是由国家制定和认可的，是具有普遍约束力的社会规范。苏共的执政地位通过法律尤其是国家根本大法——宪法的确认，使得苏共执政具有无可置疑的法律地位，人们对苏共的服从，更近于一种遵守法律的"义务"。

最后，人们自愿地服从苏共的统治也是因为苏共的执政合乎道德。纵观苏联共产党执政的历史，由于权力制约机制的匮乏，苏共并没有摆脱"权力导致腐败，绝对的权力导致绝对的腐败"的政治铁律，但是，在列宁执政时期与斯大林执政前期，党和国家领导人较高的道德水平、严格的道德自律以及坚定的共产主义信仰，使得苏联共产党即便是在权力制约机制并不完善的情况下，也表现出清明的执政风格和廉洁的政党形象。其中还有一则流传久远的经典典故，1918年，新生的苏维埃政权遇到了粮食危机。时任粮食人民委员的翟鲁巴运送粮食到莫斯科。在向列宁作汇报时，他突然晕倒在人民委员会会议上，紧急召来的医生一番检查后得出了一个结论："他没有病，只是饿昏了。"翟鲁巴是苏维埃政府主管粮食的最高长官，在当时严重的饥荒中，他拥有调拨几百万甚至几千万普特粮食的权力，但是这个人都没有从中留下能填饱自己肚子的粮食！翟鲁巴廉洁自律的形象，可谓列宁时期和斯大林执政时期，绝大多数共产党人高风亮节的一个缩影。苏联共产党人在国家危急关头所表现出来的道德风范，使得各族人民对苏共执政抱有极高的首肯，人们心悦诚服地认可和服膺于苏共的治理，这使得苏共执政具备了丰沛浑厚的合法性，最终为苏联族际政治整合模式的成功运作奠定了至关重要的基础。

第二节　苏联族际政治整合模式何以"终于失败"

作为一种在历史上筑就无比辉煌的族际政治整合模式，其成功乃是多种历史因素合力作用的结果，其失败同样也是多种历史因素合力导致的结果。苏联族际政治整合模式从成功走向失败，从辉煌走向没落，我们也可以将之归因于三对六因：内部原因与外部原因，其中内部原因为主；历史原因与现实原因，其中现实原因为主；客观原因与主观原因，其中主观原因为主。

一　内部原因与外部原因

（一）内部原因：整合模式停滞与族际矛盾深化之间的内在张力

从系统论的角度来看，族际政治整合就是族际环境系统与政治系统两相交动的动态的平衡过程。特定历史条件下的族际环境决定了政治系统所主导的族际政治整合的路径、机制、策略、方式等，它规定和制约了族际政治所能达到的高度、广度与深度。然而，族际环境并不是一个凝固不动的静态之域，而是一个变动不居的动态之旅，这就决定了族际政治整合的价值取向、重点、策略、方式等，必须随着族际环境的变化而变化，因时而化，因地而化，因势而化。任何不顾族际环境变化，而墨守先王之制式的族际政治整合，最终将会导致族际失谐甚至国家分裂等不可逆料的后果。

苏联族际政治整合模式是在斯大林时期苏共中央建立起来的一元化的自上而下单向度的封闭型整合模式。这种模式是苏共中央在国家面临法西斯势力武装侵略的外在压力之下，凭借了苏共执政的合法性，以及苏共对信息强悍的管制能力，并受到人们智识水平普遍不高诸多历史条件的制约而建立起来的一种整合模式。在当时的历史条件下，这种一元化族际政治

211

整合模式是特定的族际环境约制"别无他法"的一种选择，是符合当时客观实际，并行之有效的一种国家政治一体化的模式。

但是，苏联一元化族际政治整合模式建构"不得不然"的合理性，恰恰是建立在其基础的不合理性之上的。苏联族际政治整合模式对族际关系的整合过度依赖于国家主导和权力推动，并且族际政治整合模式的成功在很大程度上维系于斯大林卡里斯玛型人格特质，除此以外，族际政治整合环境的封闭性与"纯洁性"、族际政治整合体系的闭合性与顽固性、族际政治机制的刚烈性与残缺性等，都无不彰显着苏联族际政治整合模式的种种不足与弊端。随着第二次世界大战的结束，苏联所面临的国际环境和族际环境发生了重大变化，族际政治整合模式面对族际政治生态的变迁，本应走向调适与改革之路，但是由于此模式在战争中"卓有成效的"备战功能和动员功能，再加上斯大林对国际大战再次来临的错误估计，这使得苏联带有鲜明备战性质的族际政治整合模式，不但没有走向调适与改革之路，反而更进一步地强化与巩固。这成为苏联族际政治模式效力递减、日益僵化与停滞的渊薮。

赫鲁晓夫上台之后，开始了对斯大林体制改革的初次尝试，并间接地影响到了苏联族际政治整合模式的调适。但是，由于斯大林体制根深蒂固，赫鲁晓夫囿于个人能力，无力对斯大林体制彻底革新，只能是在斯大林体制允许的范畴之内，进行浅层的修修补补。而且，更为重要的是，赫鲁晓夫虽然发起一场又一场的"非斯大林化"运动，但他却对斯大林的"民族无矛盾论"不加迟疑地全盘接受了下来。由于赫鲁晓夫并不能正确地看待苏联事实上存在民族矛盾，并且人为地拔高苏联民族融合的程度，错误地提出"苏联人民"理论，从根本上制约了赫鲁晓夫对苏联一元化族际政治整合模式的调整。赫鲁晓夫虽然并没能完成族际政治整合模式的调适，但是，族际环境却不以人的主观意志为转移地发生了巨大变化。少数民族地区由于经济的发展和教育水平的提高，民族意识日趋觉醒，民族认同有所强化；解冻思潮泛滥，苏共形象受损，共产主义意识形态的凝聚力开始下降；由于苏联在对外政策上展开东西方对话，国家之间的民间交流管制也有所放松，苏联已不能再维系族际环境的封闭性和"纯洁性"。族际环境的变化表明，族际环境系统已经开始对固有的闭合性的族际政治整合模式产生着越来越大的冲击。

勃列日涅夫执政之后，修复了赫鲁晓夫诸多的鲁莽性变革。但是素以执政稳健著称的他并没有过多地着力于社会变革。对民族关系的认识，他更是拾起赫鲁晓夫的牙慧，传承了斯大林"民族无矛盾"的衣钵，对赫氏的"苏联人民"理论推崇备至。在这种情况之下，勃列日涅夫前期有限的政治经济体制改革很少甚至几乎没有涉及民族领域。在勃列日涅夫执政后期，由于"因循守旧、求稳抑变"的思想成为政治思想的主流，整个政治气候暮气沉沉，社会政治经济文化全面停滞，族际政治整合模式更是在社会全面的停滞之中走向了僵化。在族际政治整合模式走向僵化的过程中，族际环境依然一如既往地发生着变化，族际矛盾也就是在族际环境的变化中由发展走向了壮大。早在苏联族际政治整合模式建构之初，就面临着联邦制变形，各加盟共和国权限过小，大俄罗斯主义死灰复燃，各少数民族与少数民族人士冤假错案，武力吞并波罗的海三国，以及取消许多小民族自治实体，忽视民族权利等一系列的民族问题。赫鲁晓夫以后，提出了不符合民族实际情况的"苏联人民"理论，人为地加快各民族融合的过程，将卡累利阿—芬兰加盟共和国降格为自治共和国，损害了民族自主权；压制少数民族维护自主权的主张，镇压他们的反抗活动；对少数民族平反不彻底等又产生了一系列新的民族问题。勃列日涅夫执政以后，重新加强中央集权，严格限制各加盟共和国的权限，忽视族际发展的平衡性，强制推广俄语等诸多不合时宜的举措，使得民族问题旧债未清又添新债。在勃列日涅夫时期，族际环境的进一步变迁与族际矛盾进一步的深化，对苏联固有的族际政治整合模式产生了更为猛烈的冲击。

戈尔巴乔夫上台之后，面临社会沉疴日深的局面，开展了大刀阔斧的政治经济体制改革。戈尔巴乔夫的改革顺应了历史发展的潮流也应和了人民群众的期待，但是，戈氏忽略了社会环境的复杂性，轻视了改革的艰巨性，在改革准备不足与思虑不周的情况下，急躁冒进地开始了改革旅程。不但没有达到"去沉疴，疗痼疾"的既定目标，反而在改革过程中，苏共内部由严重的政改分歧演变为组织分裂，并最终丧失了执政地位，走向了亡党的不归之路，国家也因此风雨飘摇而大厦将倾。苏共的大权旁落与社会形势的动荡不安使得原本被国家强力压制的民族矛盾在短时期内喷薄而出，民族矛盾所产生的强大的冲击力量最终突破了固有的族际政治整合模式的边界，导致族际政治整合模式的崩溃，并引发了苏联的解体。

总之，苏联族际政治整合模式的崩溃，最为根本的内在原因就在于，苏联族际政治模式因为僵化而整合效力递减，族际矛盾因为深化而整合难度日深。正是由于族际环境的变迁，族际政治整合效力与族际矛盾此消彼长，族际政治整合模式无法消化日益壮大的族际矛盾，最终在族际矛盾的冲突下走向了无可挽回的崩溃。

（二）外部原因：西方大国"和平演变"颠覆战略

马克思主义认为，内因是事物变化发展的根本原因，外因是事物变化发展的重要条件，外因通过内因而起作用。在苏联族际政治整合模式的崩溃过程中，西方大国的"和平演变"战略是一个重要的幕后推手，它加剧了苏联国内民族矛盾的尖锐性，潜移默化地解构了苏联人民关于共产主义意识形态的信仰，加速了苏联族际政治整合模式的解体。由于社会主义与资本主义在意识形态上的截然对立不可调和，以苏联为首的社会主义国家发动"世界革命"推广"无产阶级专政"的雄心，与美英为首的资本主义大国让西式"民主自由之风"吹遍全球的企图存在着尖锐的冲突。正如尼克松在《1999：不战而胜》中"自我"地写道："苏联人矢志不移地要实现建立共产主义世界的目标。我们则矢志不移地要实现建立自由世界的目标，使各国人民有权选择谁来治理他们以及如何进行治理。苏联人认为历史站在他们一边。我们应确保在书写下一世纪的历史时，它是站在我们这一边"。"美苏之间的斗争是一个自称和公认的侵略性国家同一个自称和公认的防御性国家之间的斗争，是极权主义文明和自由文明之间的斗争，是一个对自由这一概念惊恐万状和一个以自由这一概念立国的国家之间的斗争。"① 因此，二战结束后不久，以美英为首的西方资本主义大国迅速开启了"遏制"共产主义的"冷战"。1960 年 1 月 17 日，美国参议院外交委员会发布了第 10 号研究报告《意识形态与外交事务》，报告指出："通过民族主义和人道主义的压力来腐蚀共产主义意识形态好战的一面，将是一个逐步的演变过程。这个演变过程取决于时间的推移和适当条件的创造。"② 1961 年，肯尼迪明确提出了促使苏联、东欧演变的"和平战略"："我们的任务是奉行一种耐心鼓励自由、谨慎地压制暴政的政策，这是一种期望演变而不是期望革命的政策，是一种和平而不是依靠战

---

① ［美］理查德·尼克松：《1999：不战而胜》，王观声等译，世界知识出版社 1989 年版，第 13、37 页。

② 刘洪潮主编：《西方和平演变社会主义国家的战略、策略和手法》，湖北人民出版社 1989 年版，第 36 页。

争的政策"，"这种希望就其广泛的角度看，等于是希望共产主义从内部垮台而幽然死亡"。这是"花钱不多""效果很好""推动铁幕后面的和平演变"的最好手段。① 1982 年 6 月 8 日，里根在英国议会的讲话里指出：社会主义与资本主义制度的斗争，"最终决定性因素不是核弹和火箭，而是意志和思想的较量"。②

西方诸国对苏联和平演变，其手段之一是建立并使用一支"巨大的非军事力量"，同社会主义国家尤其是苏联打一场没有硝烟的"思想之战"。在对社会主义国家进行技术输出，或者贸易交流之际，以资本主义"自由民主"的思想潜移默化地影响他们。当社会主义国家"开门伸手去取他们想要的东西时，我们应竭尽全力把尽可能多的真理塞进里去"③。早在 1958 年苏美关系略有缓和之时，两国就签署了文化交流协议。美国对苏联的意识形态攻势也随之全面展开。其中 1959 年美苏国家展览就是美国一次经典的意识形态攻伐战。1959 年 7 月 25 日至 9 月 4 日，美国国家展览在莫斯科的索科尼克公园（Sokolniki Park）举行。虽然苏联当局以要求美国撤销大量苏方认定包含反苏内容的书籍、限制门票发放、对美国展览区进行限制和控制等方式干扰美国展出，但在展览开始的一周内，每天还是有 55000—77000 人参加展览，远远超出了售出的 5 万张门票的数量。在 7 月 25 日至 9 月 4 日为期六周的展览中，有 250 万—300 万人参观了此次展览。④

手段之二是利用人员来往，播撒自由的种子，进行思想和文化渗透。早在 1956 年 9 月，艾森豪威尔就主张美苏间进行"大规模人民对人民的交流"，"努力鼓励普通公民越过重洋去访问他们各自领域中的同行"。他甚至主张邀请一万名苏联大学生到美国学习，费用全由美国政府负担。20世纪 60 年代之后，美国更加重视美苏之间的"人员往来"在"和平演变"中的作用。1960 年 1 月 17 日美国参院外委会第 10 号研究报告公开

---

① 郭泓、孙健、林木：《从杜勒斯"预言"到东欧剧变——西方"和平演变"战略的推行与实施》，《当代生态农业》1990 年第 1 期。

② 刘洪潮主编：《西方和平演变社会主义国家的战略、策略和手法》，湖北人民出版社1989 年版，第 40 页。

③ 同上书，第 75 页。

④ Report Prepared in the Department of State, Washington, August 1959, FRUS, 1958 – 1960, Vol. X, part 2：Eastern Europ；Finland；Greece；Tukey, p. 37.

鼓吹:"为了促进苏联的制度和共产主义集团内部的演变,我们应当提倡与共产主义社会进行最广泛的接触。"尼克松在《1999:不战而胜》一书中,竭力主张美国要最大限度地扩大和社会主义国家人民的交往,他说:"我们必须采取最大限度地增加这种交流的政策。""他们的思想与我们的思想进行交流,他们的人民与我们的人民进行交流,他们的社会与我们的社会进行交流,这种交流会引起不受欢迎的对比,打破克里姆林宫对信息的垄断,播下有一天会开出和平演变之花的思想种子。"①

手段之三是通过直接支持苏联国内的民族分裂势力,通过蛊惑宣传和思想渗透,煽动民族动乱,推动民族动乱升级。按照美国学者伊恩·布赖默、雷塔·洛斯的研究,为瓦解苏联,美国多年来一直拨出巨款(仅1991年就达150亿美元)对苏联推行"和平演变"战略,扶持"民主"势力;美国之声、自由电台和自由欧洲电台等西方舆论工具用俄语等数十种民族语言播出,给民族主义势力以精神支持;西方国家支持苏俄侨民(如美国有150万名左右的乌克兰侨民)成立组织、出版刊物,与国内的民族分离主义势力遥相呼应。另外,20世纪80年代国际上兴起的宗教激进主义也波及了苏联,美国等西方国家还有意引导这两种势力与苏联国内的民族分裂主义势力相结合,共同促进苏联向"民主、人道的国家演变"。② 美国学者罗伯特·斯切雷尔认为,这些外部因素是不容忽视的,甚至对一些加盟共和国,如波罗的海三国,脱离苏联起了相当大的作用。③

二 历史原因与现实原因

(一) 历史原因

苏联族际政治整合模式崩溃的"后果",早在族际政治整合模式建构之初就种下了"前因"。民族与国家、民族与民族之间的历史积怨,贯穿了苏联兴亡的始终,成为摧毁族际政治整合模式深远的历史因素。

---

① [美]理查德·尼克松:《1999:不战而胜》,王观声等译,世界知识出版社1989年版,第160页。

② Ian Bremmer, Ray Taras, *Nation and Politics in the Soviet Successor States*, Cambridge: Cambridge University Press, 1993, pp. 261 – 288.

③ Robert Strayer, *Why Did the Soviet Union Collapse? Understanding Historical Change*, Cambridge: Cambridge University Press, 1993, pp. 127 – 132.

1. 民族与国家之间的矛盾

（1）各个加盟共和国与联盟中央的矛盾。在苏联高度集权的族际政治整合模式之下，联盟中央集国家大权于一身，而宪法所赋予的各加盟共和国自治权限根本得不到保障。在政治上，苏联高度集权的党政领导体制使得各加盟共和国只不过是联盟中央的命令执行者，加盟共和国的国家领导人"既要作为地方党组织成员而坚决执行联共（布）中央的决议，绝对服从联共（布）中央政府的领导，又要以加盟共和国政权代表身份坚决地执行联盟中央政府的决议，绝对服从联盟中央政府的领导"，[①] 完全丧失了自己的独立自主性。在经济上，联盟中央高度集中的部门管理体制，使得加盟共和国丧失了自己的经济自主权。在高度集中的部门管理体制之下，联盟中央排斥市场经济，习惯于用行政命令来管理国家经济，而这种"命令经济"往往是违反经济规律的，这就不能不引起了各加盟共和国与联盟中央之间的矛盾。如乌兹别克斯坦生产棉花，自己却不能生产棉布；土库曼斯坦盛产天然气，但这里 90% 的居民却用不上天然气；哈萨克斯坦是畜牧业基地，肉的供应却很紧张。中央的计划经济使中亚国家向单一经济发展，把哈萨克斯坦适宜种棉花的土地划给乌兹别克斯坦，又把乌兹别克斯坦适宜种粮食的土地划给哈萨克斯坦。这些共和国认为它们只是中央命令的执行者，没有平等地位，根本就谈不上经济自主权。[②] 再加上联盟中央的机关设置存在不合理之处，俄罗斯联邦在苏联享有特权等，都不可避免地让诸多加盟共和国心生怨怼。

（2）主体民族与国家的矛盾。俄罗斯民族是苏联的主体民族，由于领土辽阔、资源丰富、经济部门齐全、科学技术力量雄厚，在苏联各民族中一直充当着龙头老大的角色。在列宁"加快帮助弱小民族发展"的指示下，俄罗斯民族长期以来给予落后民族以大力支持和无偿支援。俄罗斯民族的支援行为，引起了俄罗斯民族民众的不满，俄罗斯人觉得他们自己就是一头任人吮吸的"奶牛"，苏联长期以来实行的拉平各民族经济的政策大大制约了他们的发展。俄罗斯人这种不满情绪在 20 世纪 70 年代形成了一种新的民族主义思潮：俄罗斯民族本位主义。这种本位主义思潮，在思想文化上强调，俄罗斯民族意识应向俄罗斯传统和东正教文化复归；在

---

① 赵常庆等：《苏联民族问题研究》，社会科学文献出版社 2007 年版，第 106 页。
② 左凤荣：《民族政策与苏联解体》，《当代世界与社会主义》2010 年第 2 期。

民族认同上，俄罗斯民族本位主义要求维护俄罗斯民族的纯洁性，反对俄罗斯民族与异族通婚；在经济上，俄罗斯民族本位主义强调实行经济自立主义；在对外政策上，俄罗斯民族本位主义强调俄罗斯必须远离"喧嚣世界的竞争"，把精力转向内部，"理好自己的家"。俄罗斯民族本位主义在一定程度上构成了叶利钦所谓"复兴俄罗斯"的民意基础。[①] 叶利钦也正是利用了俄罗斯民族本位主义，扮演了摧毁苏联族际政治整合模式的关键性角色。

（3）少数民族与国家的矛盾。少数民族与国家的矛盾又可分为发达民族同国家之间的矛盾与后发达民族同国家之间的矛盾。发达民族同国家之间的矛盾是指在"扶助弱小民族"的政策取向与大俄罗斯沙文主义的肆虐之下，诸如乌克兰和波罗的海三国等发达民族在经济上要给弱小民族以大力扶持，经济上受到拖累；在政治上，这些民族又受到了大俄罗斯主义的压制，政治地位并不显著。经济利益与政治地位的双失，使得他们要求民族独立的情绪比较激烈，尤其是波罗的海三国，二战期间在苏联政治压力与武力威胁之下"自愿合法"地加入苏联，反苏情绪和民族主义情绪一直比较强烈，最终使得他们在苏联解体过程中充当了"带头人"的角色。[②]

后发达民族与国家之间的矛盾包括：①民族平反问题。斯大林时期进行的政治大清洗和民族大迁徙，伤害了很多少数民族人士。比如在 20 世纪 30 年代初，在强制性集体化期间，乌克兰、白俄罗斯、中亚和高加索等少数民族地区生产遭遇严重破坏，发生史上少见的大饥荒，因饥致死的人数数以百万计，引起当地人民的强烈反抗。对此斯大林采取严厉镇压的举措。在 1930—1932 年，6 万户富农被定义为反革命遭枪决，38.1 万富农被迫迁移到边疆地区。从 1937 年开始的肃反，更是使得少数民族知识分子和政界人士几乎蒙受灭顶之灾。仅 1937 年，乌克兰基层党组织干部的 55.7%，区党委干部的 78.8% 都被清洗[③]。赫鲁晓夫执政后对一些蒙冤莫白的少数民族和少数民族人士进行了平反。1957 年 1 月，苏联最高苏

① 薛衔天：《试论俄罗斯民族主义与苏联解体》，《东亚中欧研究》1996 年第 3 期。
② 李兴汉：《波罗的海三国的独立与苏联解体》，《东亚中欧研究》2000 年第 3 期。
③ 张祥云：《兴衰之路：民族问题视域下的苏联民族国家建设研究》，人民出版社 2011 年版，第 91 页。

维埃发布命令，决定彻底纠正对北高加索的巴尔卡人、车臣人、卡尔梅克人和卡拉恰耶夫人的不公正做法，恢复其名誉和民族自治。1964 年 8 月 29 日，苏联最高苏维埃又发布命令，撤销 1941 年 8 月 28 日苏联最高苏维埃主席团《关于迁徙伏尔加河地区德意志人》的命令中对原居住在伏尔加河德意志人无端指责的条款。勃列日涅夫时期也继续推行为一些少数民族和民族干部、知识分子平反的活动，如 1965 年 9 月 5 日，苏联最高苏维埃主席颁布法令，为克里米亚人平反等。不过，赫鲁晓夫和勃列日涅夫对少数民族平反，范围比较有限，并且更重要的是，对于平反了的少数民族，赫鲁晓夫和勃列日涅夫并不能给予足够的利益补偿和赔付。这就使得赫鲁晓夫和勃列日涅夫的平反活动带有极大的不彻底性，并未能从根本上缓解少数民族所受到的沉重伤害，也没有能够重建少数民族对国家的信仰。②民族权利问题。自斯大林执政中后期以来，少数民族维护民族自主权利的主张历来受到联盟中央的严厉打压，引发了他们关于民族权利维护的焦虑和民族权利流失的痛心。③民族发展问题。弱小民族在与发达民族横向比较的过程中备感失落，他们常常将本民族发展困境归咎于发达民族的援助不到位。④民族生态问题。由于长期以来苏联实行粗放型发展经济，对自然资源实行掠夺性开发，导致许多少数民族地区生态环境遭受严重破坏，少数民族认为自己没有共享国家经济发展的成果，却必须承担起生态恶化、家园污染的后果，这激起了少数民族对国家发展战略的强烈不满。如在哈萨克斯坦和乌兹别克斯坦，为了发展农业灌溉和工业生产，对咸海的主要供水源锡尔河和阿姆河的河水多年来过度开发，致使这个世界上第四大湖的储水量锐减 60%，有 40% 的海底已干涸，造成了咸海地区生态环境的严重恶化，大片农田盐碱化，沙漠蔓延，风沙漫漫，疾病肆虐，严重影响了当地居民的生活质量和身心健康。此外，美苏争霸，苏联大力发展核武器造成了严重的核污染，也是少数民族强烈不满的内容之一。

2. 主体民族与少数民族之间的矛盾

主体民族与少数民族之间的矛盾主要是由于苏联大俄罗斯主义泛滥而引起少数民族与主体民族内在紧张的问题。这主要包括：其一，苏联统治集团美化沙皇俄国侵略扩张的历史、将老沙皇视为非俄罗斯族的"解放者"和"救星"。苏联所宣扬和美化的历史与非俄罗斯民族的主体认知和历史经验完全相悖，导致了他们心理上的反感。其二，在俄罗斯功绩宣传上，苏联违背民族平等的价值原则，人为拔高俄罗斯民族的地位，宣扬"俄罗斯中心论""俄罗斯民族优秀论"，客观上将各少数民族置于二流民族的境地。其三，俄罗斯族的特权问题。在国家政治生活中，俄罗斯联邦与俄罗斯共产党享有特权，他们拥有更多的权力和更高的地位，俄罗斯族在中央权力机关中也一直占据主导地位。其四，强制推行民族同化的问题。苏联以"民族生活国际化"为名，把大量的俄罗斯人迁入少数民族聚居区，同时也以"开荒""交流干部"和"居住区域族际化"为由将大量少数民族迁离本土，人为制造所谓"各共和国、边疆区、州、市和区的多民族化"。① 此外，苏联还以行政命令强制推广俄语，使少数民族语言降为次等语言，如此种种都不能不引起少数民族对俄罗斯族的不满。其五，苏联以"区域分工"和"经济专业化"为名，对少数民族地区进行了不恰当的开发，造成民族区域的经济单一、经济畸形和生态损害。按照内部殖民主义的理论解释，在一个多民族国家内部，生活在经济发达、文化处于统治地位的中心地区族群，开发不发达的边疆地区的资源，并主导该地区的发展，对生活在该地区的不同于中心族群的其他族群造成影响，在这样的情形下容易滋生地区民族主义。当文化差异与发展差异在"中心族群"与"边缘族群"产生对应关系时，少数民族会更加强化对本民族族性和民族利益的认识。

3. 少数民族与少数民族之间的矛盾

苏联是一个民族问题极为复杂的多民族国家，也是政治集权色彩十分浓厚的国家。在民族问题的治理和族际政治整合过程中，苏联常常以政治化手法和行政命令对少数民族进行利益分配、民族迁徙、边界划分，造成少数民族与少数民族之间异见纷呈、摩擦四起。在苏联建立过程之中与苏联建立之后，由于政府常常采用行政命令的方式随意划分民族地区边界，造成各苏维埃民族共和国在边界问题上分歧迭现、纷争迭起。其中阿塞拜疆与亚美尼亚两个共和国因为纳戈尔诺—卡拉巴赫地区的归属问题发生的战争流血事件，就是因为随意改变民族边界引发冲突的最为典型的事件之一。少数民族与少数民族之间的矛盾另外一个重要体现是民族共和国主体民族沙文主义问题。地方民族主义作为反抗大俄罗斯沙文主义一种防御形

---

① ［苏］哈尔穆哈麦多夫：《发达社会主义社会中的民族关系》，《哲学问题》1976 年第 8 期。

式，一方面抨击大俄罗斯沙文主义，另一方面，在各加盟共和国内部，主体民族又常常以老大哥自居，对其他小民族和外来民族采取歧视态度。例如，在阿塞拜疆，主体民族阿塞拜疆人在对纳戈尔诺—卡拉巴赫自治州的大多数居民亚美尼亚人有大民族主义的偏见和排他情绪，因此 1975 年该自治州的亚美尼亚人与阿塞拜疆人发生严重冲突，亚美尼亚人要求民族独立自主，主张自治州脱离阿塞拜疆而并入亚美尼亚。① 如果说在 1989 年以前，这种族际暴力事件还只是偶尔出现的话，那么，1989 年前后就成了族际暴力事件群起爆发的高峰期。在 1989 年 6 月，乌兹别克人和土耳其人、哈萨克人和列兹金人，以及格鲁吉亚人和阿塞拜疆人之间发生了剧烈的暴力冲突。7 月，亚美尼亚人和阿塞拜疆人暴力冲突发展至更持久的武装斗争；柯尔克孜人与塔吉克人为争夺土地和水源而进行战斗；阿伯卡茨人和格鲁吉亚人在黑海海岸使用自动化武器进行战斗。1989 年夏天过后，民族主义暴力已经发展成为一股重要的政治力量，民族主义暴力事件也成了政治生活和社会生活的常态。

（二）现实原因

苏联族际政治整合模式的失败，历史因素虽然不容忽视，但是更为重要的在于戈尔巴乔夫进行的经济政治体制改革诱发了一系列问题，直接动摇了族际政治整合模式的根基。

1. 经济不振刺激了民族分离情绪的滋生蔓延

族际政治整合模式，从根本上讲，是建立在民族发展和民众福祉的普遍增长基础之上的。离开了民族发展和民众福祉的增长，族际政治整合模式就失去其安身立命的基石。勃列日涅夫执政时期，苏联人民的生活水平曾经达到历史峰值，但是，从 20 世纪 70 年代末开始，苏联经济增长与社会发展全面停滞，与西方发达国家的差距不断拉大。1979 年苏联职工的月收入只及美国的 30.5%、西德的 24.9%、法国的 28%，按照人口平均计算的消费水平只相当于美国的 1/3。② 戈尔巴乔夫上台之后，人们对他所进行的经济体制改革期望极高。但是，戈尔巴乔夫所进行的经济改革并没有能达到人民群众的期望值，反而使得经济状况全面恶化，人民生活水

---

① 赵常庆等：《苏联民族问题研究》，社会科学文献出版社 2007 年版，第 116—117 页。

② 陆南泉、姜长斌主编：《苏联剧变深层次原因研究》，中国社会科学出版社 1999 年版，第 274 页。

准不断下降。据统计，在戈尔巴乔夫执政期间，苏联食品短缺 20%—30%，水果和蔬菜的消费量比标准少 1/2；到 1991 年，食品在职工家庭支出结构中的比重由几年前的 30% 多一点提高到 42%，而发达国家一般仅占 10%—20%。① 苏联的消费品供应到 1988 年下半年开始恶化，到 1990 年，不脱销的消费品仅占 2%；1991 年春，在 1200 种主要消费品中，有 1150 种长期脱销；从 1989 年起，许多地区相继实行了消费品票证配给制，有的城市每人每月只能供应 0.3 公斤肉；家庭主妇在 1989 年购物排队的时间日均为 1.5 小时，1990 年则为 3 小时；苏联人普遍认为，他们的生活水平比 70 年代下降了 20% 左右。② 在 20 世纪 80 年代末，莫斯科曾流行过这样一则小调："香肠价格翻了翻，伏特加也无处买，闲坐家中无事干，净听戈尔比（戈尔巴乔夫）闲扯淡。"③ 经济形势不断恶化，人民生活水准不断降低，重挫了各族人民对戈尔巴乔夫执政信心。"当各族人民的现实经济利益在改革中得不到满足的时候，他们的积怨和不满，就会通过民族主义——这种对他们来说极易感受的形式表现出来，从而使民族矛盾空前激化。因为千百万人的价值取向，归根到底以物质利益为转移，经济的困境最终会使一切旧的东西死灰复燃。"④

2. 信仰真空诱发了民族分离主义的大行其道

政治信仰是政治合法性的最终理解，是对政治体系、政治行为的深度政治认同。它不断为新的统治体系的建立提供心理上的支持，而且为政治秩序的稳定提供意识上的支持。⑤ 对苏联族际政治整合而言，政治信仰就是它的精神支柱；政治信仰的巩固与否，直接关系到族际政治整合效力生发。十月革命之后，共产主义信仰在与各种政治思潮的交锋中最终胜出，得以确立为新生苏联的主流意识形态。斯大林模式所产生出来的实践绩效使得共产主义信仰在苏联进一步巩固，但由于斯大林模式对共产主义信仰

---

① 江流、陈之骅主编：《苏联演变的历史思考》，中国社会科学出版社 1994 年版，第 96 页。

② 沈宝祥等：《谁主沉浮——对社会主义的回顾思考与展望》，山东人民出版社 1993 年版，第 145 页。

③ ［美］达斯科·多德尔、［英］路易斯·布兰森：《戈尔巴乔夫——克里姆林宫的异教徒》，隋丽君、施鲁佳译，新华出版社 1991 年版，第 31 页。

④ 李磊：《论戈尔巴乔夫的经济改革对苏联民族问题的影响》，《聊城师范学院学报》2000 年第 3 期。

⑤ 傅菊辉：《政治信仰与苏联解体》，《当代世界与社会主义》2002 年第 2 期。

的神化，对共产主义教育的泛政治化、教条化、绝对化，共产主义信仰在
巩固中不断扭曲，并成为二战以后共产主义信仰危机产生的渊薮。赫鲁晓
夫与勃列日涅夫时期，由于高度集中政治经济体制对民主自由的进一步挤
压，信仰危机逐渐深化，但由于意识形态的主导权牢牢掌控在共产党的手
中，政治信仰虽然存在危机，但亦存在着化解回旋的可能。戈尔巴乔夫上
台执政之后，极力倡导民主化与公开化。无序的民主化与极端的公开性，
使得各种反马克思主义、反社会主义思潮泛滥成灾，混淆视听。在 20 世
纪 80 年代末 90 年代初，反马克思主义与反社会主义思潮的甚嚣尘上，使
得它们最终取代共产主义成为社会的主要思潮。在这样一种局面之下，旧
有的共产主义信仰已经崩溃，而新生的政治信仰又尚未建立，人民处于信
仰焦虑与真空的状态。原生的民族情感被极大地激发了出来，经过民族精
英分子的运作，民族成员对本民族情感进一步发酵，成为了民族分离主义
大行其道的心理基础。

3. 政治不稳导致了民族分离势力的乘势而起

在戈尔巴乔夫无序的民主化与极端的公开化的蛊惑之下，社会情绪之
激进，一时无两。激进的社会情绪与经济危机、政治危机搅和在一起，使
得各种政治势力蜂拥而起，并迅速地突破了国家政治体系的吸纳能力，从
而引发了以苏共为核心的国家管理体系的崩溃，国家政治秩序日见失控、
日见混乱。据不完全统计，1989 年有近 200 个城市兴行 5000 多次群众集
会，参加人数多达 1600 多万，1990 年 1—2 月全国举行了 2000 余次群众
运动，参加者达到了 800 万人，极大地冲击了国家的政治秩序。① 政治秩
序岌岌可危的局势与政治势力竞相角逐的乱象，为民族分离势力、反党反
社会主义势力的纵横捭阖提供了大展拳脚的舞台。自 1988 年起，各种未
经政府批准的"非正式组织"纷纷建立，诸如"公民尊严""民主联盟"
"无政府工团主义联盟""莫斯科人民阵线""民主俄罗斯运动"及各共
和国的"人民阵线"等，据估计，1989 年已有 6 万多个，1990 年 8 月增
至 9 万个。这些组织十分庞杂，其中有 1 万多个带有政治色彩，900 多个
具有政党性质，其领导人或骨干分子有不少是持不同政见者、人权活动分
子、民族主义者。② 这些泥沙俱下的政治性组织，大都具有明显的反苏反

① 周尚文等：《苏联兴亡史》，上海人民出版社 2002 年版，第 828 页。
② 同上。

共、反社会主义制度和反联盟中央的强烈色彩。可以说,自戈尔巴乔夫公开化、民主化、自由化以来风雨飘摇的政治格局,为诸如格鲁吉亚的民族主义、波罗的海三国的分离主义、俄罗斯的民族主义等分离势力联袂而起奠定了基础,使得他们最终成为了刺向苏联族际政治整合模式锋利的太阿之剑。

三 主观原因与客观原因

苏联族际政治模式的崩溃,既有主观方面简慢轻忽之病,又有客观方面力有不逮之痛。在主观方面,苏联族际政治整合模式崩溃的原因主要有如下几点:

1. 民族矛盾定性的敌我失当

苏联历届的党政领导在民族和阶级的关系问题上,几乎都犯有严重错误。无论斯大林、赫鲁晓夫和勃列日涅夫,还是戈尔巴乔夫,显然都没有弄清有关民族和阶级的一个基本认识,即民族问题不等于阶级问题,民族是一个自身存在着对立面的统一体,民族和阶级是两个不同的历史范畴,有着各自不同的内在规律和发展过程。然而两者的运动轨迹——民族过程和社会进程——又总是交织在一起的。在不同的条件下,民族矛盾既可能激化阶级矛盾,又可能缓和阶级矛盾。反过来,在不同的条件下,阶级矛盾既有可能使民族矛盾缓和,也有可能使人民内部的民族矛盾激化,发展成为敌我性质的民族矛盾。

由于对这一问题缺乏自觉和正确的认识,在将近七十年的过程中,苏联的党政领导经常使苏联的民族关系和阶级关系处在相互激化的不良状态中,也就是使二者的关系处在不同的极端中。一种极端是斯大林时阶级斗争的扩大化——把大量属于人民内部的民族关系问题作为敌我性质的阶级矛盾处理,既激化了阶级矛盾,也激化了民族矛盾。另一种极端主要表现在戈尔巴乔夫时期,就是看不到激烈的民族矛盾中的阶级因素,对西方势力利用民族矛盾,通过和平演变的方式瓦解苏联的阴谋丧失了必要的警惕。①

2. 民族问题意识的轻忽简慢

自斯大林时代开始,苏联的国家建构的理论在很长时间都存在着

---

① 穆立立:《关于苏联民族问题的再思考》,《苏联东欧研究》2002年第2期。

"超越发展阶段"的弊病。这种"超越发展阶段"理论在民族关系上的体现就是"民族矛盾解决论"。1936年，斯大林认为苏联已经"基本上实现了社会主义"，[①] 因此，在族际关系方面，"制造民族纠纷的主要势力即剥削阶级势力已被消灭，培植民族互不信任心理和燃起民族主义狂热的剥削制度已被消灭"。[②] 1952年，苏共十九大报告更是声称，苏联"已成为全世界真正民族平等与合作的典范"。赫鲁晓夫也认为，在民族领域，苏联"已解决了人类世世代代所关心的，而在资本主义世界直到现在仍然是尖锐的一个极其复杂的问题，即各民族之间的相互关系问题"。同样，1967年勃列日涅夫提出，苏联已经建成"发达社会主义"，正在向共产主义转变，因而"民族问题已经彻底地一劳永逸地解决了"。[③] 戈尔巴乔夫上台之初，对民族问题也存在盲目乐观的行为。在苏共二十七大的政治报告中，戈尔巴乔夫强调指出："苏联已经一劳永逸地消灭了各种形式和表现的民族压迫和民族不平等。"[④] 苏联党和国家领导人对民族矛盾的漠视，直接制约了族际政治整合模式的调整，导致苏联族际政治整合模式即便是在族际环境发生重大变化的情况之下，一次又一次失去了调适的良机。可以说，苏联党和国家领导人对族际矛盾的忽视，构成了苏联族际政治整合模式崩溃的思想根源。

　　3. 族际冲突处置的进退失据

　　戈尔巴乔夫上台之后，在民主化与公开化的催化下，民族问题迅速暴露了出来，但是，戈尔巴乔夫在处理族际突发事件上却颇失法度。首先是对待民族问题的反应迷失在"迟钝"与"过激"之间，戈尔巴乔夫改革开始之后，民族问题喷薄而出，而戈尔巴乔夫对此视而不见，盲目地认为民族领域是改革的一块"顺遂"之地，待到他不得不承认民族冲突客观存在之后，却由于对民族问题定性不准，产生"过激反应"，有时过早动用军队，造成不良后果。其次，戈尔巴乔夫在对族际冲突，尤其是民族分离势力的态度上，反复于"温和"与"暴力"之间。一方面，他告诫世

---

　　① 《斯大林选集》下卷，人民出版社1979年版，第399页。

　　② 《斯大林文选》，人民出版社1962年版，第88—89页。

　　③ 中国社会科学院苏东研究所、国家民委政策研究室：《苏联民族问题文献选编》，社会科学文献出版社1987年版，第343页。

　　④ 《苏联共产党第二十七次代表大会主要文件汇编》，人民出版社1987年版，第71页。

人，"无论在什么地方，使用暴力是无法解决问题的"，① "我力求制定出一种解决民族间争吵的统一而民主的办法"。② 但是，在另一方面，他又不得不承认，"在极端情势下，当局无法不采用武力。这一行动应当讲是绝对必要的"。③ 再次，在处理族际冲突的原则上，它摇摆于"坚持"与"弃守"两端。1988 年戈尔巴乔夫正式承认民族矛盾存在之后，在一系列的讲话之中，他提出了处理民族问题的若干原则，其中最为重要的两条就是"社会主义和族际主义原则"，"国家统一原则"。但是，这两个最为重要的原则，随着政治斗争的日益激化，戈尔巴乔夫不断修正这两大原则，待到 1991 年缔结新联盟条约之时，这两大原则已被废弃殆尽了。最后，在族际冲突处理的策略上，"釜底抽薪"与"抱薪救火"抉择失误。在实行民主化与公开化之后，社会陷入动荡之中，民族分离势力趁势而起，面对民族分离势力的步步逼宫，戈尔巴乔夫不但没能做到奋起反击，反而不断妥协退让，幻想着通过更大公开性，更大的放权来解决民族问题，这无异于抱薪救火，薪不尽则火不灭。

苏联族际政治整合模式崩溃的主观原因虽然极为重要，但在另一个方面，族际政治整合模式的崩溃，也与苏联族际政治整合的艰深复杂存在巨大关系。

1. 族际问题的纷繁复杂

苏联是一个民族问题十分复杂的国家。就历时态而言，苏联民族问题可以分为沙俄时期形成的族际隔阂和社会主义制度下产生的族际矛盾。在沙皇统治时期，沙俄统治者在俄罗斯人中培植大俄罗斯沙文主义情绪，唆使俄罗斯人鄙视、仇恨非俄罗斯族，将其他民族看作是低等民族，赐予俄罗斯族以奴役和残杀非俄罗斯族的特权，挑动各少数民族相互仇杀，通过离间和打压非俄罗斯族，实现沙皇俄国分而治之的政治目的。沙皇俄国时期的民族负资产成了苏联族际政治整合沉重的历史包袱。苏联成立之后，在苏共"扶导求同"与"弱异求同"扭曲的价值取向之下，非俄罗斯族尤其是弱小民族经济得到较大程度的发展，政治上却受到了大俄罗斯主义压制，导致民族意识不断觉醒，民族分离主义情结日益严重。此外，苏联

---

① 《戈尔巴乔夫回忆录》，述弢译，社会科学文献出版社 2003 年版，第 610 页。

② 同上书，第 611 页。

③ 同上书，第 624 页。

存在地缘政治不断增长与国家内部向心力不断下降的矛盾、各个民族发展不均衡的矛盾、各加盟共和国自治权利流失问题、少数民族地区生态恶化问题、斯大林时期的强制移民问题及赫鲁晓夫与勃列日涅夫时期平反不彻底问题等，都成为影响苏联族际政治整合的复杂因子。从民族问题类型上讲，既有因为族际先天性异质而产生的矛盾（如民族语言的繁复、宗教文化的多元、民族认同的歧异、民族传统的独具等），也有因为族际后致性异质产生的矛盾，因为后天族际分化而产生的矛盾（包括族际发展严重失谐、民族精英与民族普罗大众之间严重的社会分化等）。在某种程度上，民族问题的复杂程度与族际政治整合效力是成反比的，民族问题越是复杂，族际政治整合越是难以着手。苏联的民族问题复杂系数，成为制约族际整合效力的首要客观因素。

2. 族际环境的风云变幻

苏联族际政治整合模式是在特殊的战备和战争环境下建构起来的一种独特的整合模式。当其特定的历史环境逐渐发生变化之后，族际政治整合模式存在的合理性一步一步流失。纵观苏联族际政治整合的整体环境，从国际层面上，国家外在的政治生态经历战争、遏制与对话的三大变迁；从国内层面上考察，苏联各民族的民族意识经历了潜沉、觉醒与旺盛的演变，族际关系也经历了一个相对融洽、摩擦增长和民族分离的重大变迁。在族际政治整合环境发生重大变迁的情况下，苏联族际政治整合模式本应实现由苏共主导的一元化整合走向社会参与的多元化整合，由权力独享型整合走向权力分享型整合，由自上而下单向度整合走向自上而下与自下而上结合的双向互动式整合，由刚性整合走向韧性整合，在提升政党绩效的基础上，实现各民族利益普惠性增长。可以说，族际政治整合风云变幻内在地规定了苏联族际政治整合模式必须不断地随着族际环境的变迁而相应地调适。在族际环境发生变化而族际政治整合模式茫然无知因循守旧的情况下，苏联族际政治整合模式的崩溃只不过是历史发展的一种必然结局。正如黑格尔所说："每个时代都有它的特殊环境，都具有一种个别的情况，……当重大事变纷呈交迫的时候，一般笼统的法则，毫无裨益。"①

---

① ［德］黑格尔：《历史哲学》，王造时译，生活·读书·新知三联书店1956年版，第44页。

3. 整合模式的路径依赖

路径依赖是指在人类社会中的技术演进或制度变迁中，一旦走上了某一种路径，系统的外部性、组织的学习效应、变革成本的巨大以及历史上关于这些问题所派生的主观主义模型就会增强这一进程，使得它在以后的发展中沿着既定方向不断自我强化，最终进入制度锁定的状态。苏联的族际政治整合模式之所以在时代环境发生重大变迁的情况下依然得以沿承，其中固然有领导者主观上变革内驱力不足之因素，然而在另一方面也缘于苏联族际政治整合走上一元化模式之后所形成的路径依赖和制度惯性。苏联族际政治整合模式作为斯大林战备体制的一部分，在斯大林时期被证明效力是明显的，因而后续的历史中得以顽强地巩固下来。苏联一元化族际政治整合模式在特定历史条件下的坚固性，封闭性、保守性、排他性、有效性，导致此种模式进入到一种锁定状态。后来者即便在其整合效益递减的情况下试图对它进行任何形式的解锁，都会面临成本过高、预期不足、阻力巨大等一系列的问题。因此，苏联在相当长的时期之内，都依赖于既定的族际政治整合模式来厘清一切原有的和新生的族际问题。显然，这样一种因循守旧式的民族问题治理方式，根本没有办法去面对苏联不断变迁和日益增长的民族问题。

第三节　多民族国家族际政治整合
规律性问题探讨

当今世界，绝大多数国家都是多民族国家。多民族国家所具有的民族多元和国家一体的双重特性，决定了民族与国家之间的内在紧张是多民族国家与生俱来的、无法回避的宿命。如何消解民族与国家之间的内在紧张，通过族际政治整合将各个民族共同体模铸成统一的国家共同体，就成为多民族国家无法绕开的重大课题。为了实现族际政治整合的终极目的，族际政治整合必须选择正确的价值取向与合适的整合路径。但是，兵无常势，水无常形，所谓价值取向的正确和整合路径的合适，随着族际环境的变化而不断调适，因此，族际政治整合必然地要随着族际环境的变化而与时俱进，这是族际政治整合的时代品格。

一　族际政治整合的逻辑起点

逻辑起点是指研究对象（任何一种思想、理论、学说、流派）中最简单、最一般的本质规定，构成研究对象最直接和最基本的单位。[①] 多民族国家族际政治整合的逻辑起点是由多民族国家最为根本的性质与特点决定的。

作为与单一民族国家相对应的一个概念，多民族国家指的是一个国家共同体之内同时栖居和繁衍着多个民族的国家。多民族国家的形成，概括起来基本上是两种形式：一种是由某个民族的国家对外扩张而形成多民族国家，一种是由殖民统治而形成多民族国家。国家扩张又可分为硬性的扩张和柔性的扩张两种基本形式。硬性扩张是凭借军事实力对异族进行军事征伐，直接摧毁异族的国家政权，从而将其他民族及其生活的范围纳入本民族的国家政治体系当中。柔性扩张则是某个民族的国家，具有强大的国力和辉煌的文明，对周边的其他民族产生了政治上的吸引力、军事上的威慑力，以及经济上的影响力和文化上的感召力，促使周边的其他民族内附、归附、臣服、降服，从而被纳入该民族的国家之中。殖民统治是形成多民族国家的另一基本形式。国家对外殖民是一种古老的现象，早在古希腊时期就存在了。但随着近代民族国家的出现，殖民变得更加普遍，西欧的民族国家建立后，便凭借民族国家产生的强大影响力而大肆进行殖民扩张。在殖民的过程中，如果被殖民的对象不是完整而成熟的国家，而是一个区域，就可能把多个民族组合在一个国家共同体中，"制造"出多民族国家。[②]

多民族国家形成的过程与方式，决定了多民族国家所内蕴的最为核心特质在于"民族多元"与"政治一体"，"多元"是指各兄弟民族各有其起源、形成、发展的历史，文化、社会也各具有特点而区别于其他民族；"一体"是指各民族的发展相互关联，相互补充，相互依存，与整体有不可分割的内在关系和共同的民族利益。[③] 两者是一种辩证统一相辅相成的

---

① 翟昌民：《试论邓小平理论的逻辑起点》，《天津师范大学学报》（社会科学版）2000 年第 5 期。

② 周平、贺琳凯：《论多民族国家的族际政治整合》，《思想战线》2010 年第 4 期。

③ 徐杰舜：《从多元走向一体》，广西师范大学出版社 2008 年版，第 191 页。

关系，"多元"是"一体"之下的"多元"，"一体"是多元基础上的"一体"。

多民族国家民族多元与政治一体的客观现实决定了多民族国家必须包容多元，塑造一体。多民族国家虽然是各个民族基于自身利益最大化选择的结果，但是，各个民族并没有因为生活于共同政治屋顶之下，而使得民族间的异质性在一夜之间走向消亡。如果不能消除民族间的异质性，或者将民族间的异质性保持在可以容忍的范畴之内，多民族国家的一体就只能是梦幻泡影。这也是多民族国家必须进行族际政治整合的缘由所在。

二 族际政治整合的终极目标

多民族国家"民族多元"与"政治一体"的客观现实决定了多民族国家必须进行族际政治整合，并且达到族际政治整合所必须达到的预设目标。族际政治整合的预设目标是族际政治整合得以进行的依据，也是评判族际政治整合效力的尺度，它规定着族际政治整合选择何种价值取向，以及如何进行整合。

为了厘清族际政治整合的目标，首先必须分析的是族际政治整合解决的问题，即民族问题。民族问题，在宽泛意义上包括三个层次，一个是民族与国家因内在张力而产生的国家分裂与政治动荡问题；一个是族际之间，包括少数民族与少数民族、少数民族与主体民族之间矛盾与冲突问题；一个是少数民族与民族成员生存与发展的问题。与此相应地，族际政治整合的目标体系也应该由三个层次构成：

一是国家统一与政治稳定。多民族国家族际政治整合是由国家主导的，将各个民族维系在共同政治屋顶之下的一个过程。国家的统一与政治的稳定，是每个民族的最高利益与根本利益所在。族际政治整合只有促进国家的统一与政治的稳定，才能为国家的崛起奠定必备的前提。也只有实现国家的统一与政治的稳定，才能为各个民族正常地开展经济交流、文化交流提供前提，才能为实现各个民族成员的普遍福祉提供最为基本的保障。因此，多民族国家族际政治整合价值取向、政策输出、路径选择、机制运作的正确与否、恰当与否，都必须以"是否有利于促进国家统一与政治稳定"这样一个最为根本的尺度来衡量。凡是有利于促进国家统一和政治稳定的族际政治整合举措，就必须予以坚持，而不利于促进国家统一与政治稳定的族际政治整合举措，就必须予以废止或调适。有些族际政治整合举措，如苏联出台的一系列"民族主义"价值取向的民族政策，虽然在一定时间段上，对促进国家的统一与政治的稳定起过积极作用，但是，从长远看，却容易刺激少数民族的民族意识，妨碍少数民族国家认同的形成。因此，这种"民族主义"价值取向的民族政策，只适合作为一种临时性的制度安排，在族际环境发生变化的情况下，必然要走向调适与转化，而调适与转化的根本标准就在于是否能促进国家统一与政治稳定。

二是族际和谐与渊源共生。多民族国家的统一与稳定，一个最基本的条件是国内各民族的和谐共处与渊源共生。在多民族国家形成的过程中，各具异质性的民族被纳入国家政治体之中，必然会产生民族的多元与差异问题，进而产生各种博弈、矛盾与冲突，因此，多民族国家的族际政治整合目的之一就是消除民族异质性，促进民族的和谐共处与渊源共生。民族间的异质性，从其形成来讲，有先赋性异质性和自致性异质性，先赋性异质性是指种族、语言、宗教等在漫长历史岁月中形成的异质性因素，而自致性异质性是指现代社会中由社会结构分化而形成的异质性，如因职业、阶级等的分化而形成的异质性。① 先赋性异质性在某种程度上是无法消解的，即便能够逐渐消解，也必然是一个漫长、缓慢、自然的过程。族际政治整合的着力点并不在于通过国家强力急迫地消除种族差异、实行语言强制同化与宗教信仰的同化，而在于通过国家权威性的价值分配消除各民族因为后天社会结构性分化而形成的自致性异质性，或者将这种自致性异质性维持在一个合理的限度之内。只有实现民族间自致性异质性的合理消解，各民族最终才有可能实现"美美与共"。

三是民族发展与族员福祉。多民族国家是各个民族基于自身利益最大化的理性选择，各个民族共同组建政治共同体，其主观目的就在于实现、维持和保障本民族利益的最大化。因此，各个民族得到普遍发展和民族成员共享福祉，是实现族际和谐共处与国家统一稳定的基石。只有在微观层面保障民族成员和各个民族的利益，宏观层面国家的统一和族际政治格局的稳定才有可能得以实现。但是，这里面的问题就在于如果多民族自由放任各个民族追求本民族利益的最大化，那么，在旺盛的民族经济利益的刺激之下，族际之间的利益博弈与竞争就不可避免地加剧，甚至产生挑战现行族际政治格局的民族行为，妨害族际间正常的经济文化交流，进而威胁

---

① 孙立平：《异质性社会·政治整合·政治稳定》，《学习与探索》1990 年第 6 期。

到国家的统一与稳定。因此，各个民族发展和族员福祉的增长，也必须在国家统一与政治稳定的前提下进行，在促进国家利益的前提下进行。

三　族际政治整合的价值取向

多民族国家族际政治整合的具体做法虽然不同，但是，殊途同归，多民族国家族际政治整合根本目的还是在于维护国家共同体的统一与稳定。这样一个根本目的决定族际政治整合必然要消除各民族的自致性异质性，实现国家的同质性。这也是被历史所反复证明了的。"西方国家是最早建立民族国家，也是最早开始民族国家时代族际政治整合实践的。西方国家的族际政治整合基本上是按照民族国家的同质化要求进行，其基本的价值取向就是同质性"，① 也就是"求同"。

在当今多民族国家的世界体系中，不管是美国、加拿大所实施的多元文化主义，还是以中国为代表的民族区域自治制度的实施，透过种种民族制度与民族政策的差异，我们依然可以看到多民族国家在制度与政策表象下"求同"的价值取向，只不过这种"求同"，是通过"存异"的方式来建构的。"存异"的目的也是在于通过"民族平等"基础上的"存异"，经过民族的自然融合，从而实现族际政治整合的"求同"而已。

族际政治整合"求同"的取向，并不否定"差异"，而是以同为主，承认差异，但不去强化差异。具体来说，它要以"求同"作为多民族国家族际政治整合的基本考虑，作为制度设置和政策制定的基础和出发点，但同时也承认差异，以制度和政策维护作为差异之体现的非主体民族的权利，但不刻意强化差异，更不扩大差异，反对把差异固定化、永久化。关于这种取向，"求同存异"的表述就很恰当。在这里，"求同"是出发点和目标，"存异"是对现存差异的承认和尊重；"异"要存之，但不去扩大和强化，最终要发展到全面的"同"。②

这种"求同"的价值取向，对多民族国家共同体的强化和巩固，具有极大的价值。强调"同"以及以各种"求同"的具体政策来促进多民族国家的同质化，就能够为多民族国家各民族的统一和融合奠定坚实的基础。而且，民族这种人类群体形式本身是人类一定发展阶段的产物，它在

---

① 周平、贺琳凯：《论多民族国家的族际政治整合》，《思想战线》2010 年第 4 期。
② 同上。

人类发展的一定阶段形成，并将随着人类交往的进一步扩大和人类自身的进一步成熟而最终消亡。"求同"的取向，是与人类发展的这一规律相吻合的。如果强化"异"，或者将解决问题的方式建立在巩固和强化"差异"的基础上，势必将"差异"固定化、永久化，甚至有意无意地扩大"差异"。而当"异"大于"同"或盛于"同"的时候，多民族国家共同体受到的挑战就会增多并被强化。①

族际政治整合"求同"的价值取向，乃是多民族国家族际政治整合自觉或不自觉的行动逻辑。但是，族际政治整合如何去实现"求同"的价值取向，多民族国家却呈现了不同的方式，主要有"扶异""存异""弱异"和"灭异"四大方式。"扶异"或者说"扶异以求同"，其逻辑预设在于"先分后合"，即首先强调和突出主体民族和少数民族、发达民族和后发达民族的异质性，然后对后发达的少数民族，尤其是弱小民族进行帮扶和支助，最终达到"合"的目的。其逻辑过程在于，国家和主体民族给后发达的少数民族以帮扶和支助，促进少数民族经济文化政治的全方位发展，从而使得少数民族对国家"感恩戴德"，进而增强少数民族对国家的认同，对国族的归附，最终实现民族的同质性。但是，"扶异以求同"的后果往往刺激少数民族民族意识的觉醒，促使少数民族不自觉地将民族认同凌驾于国家认同之上，最终妨害"求同"的建构。

"存异"，正如我们在前面所论述的，是承认差异、尊重差异，通过各个民族均衡发展和族际自然融合来实现民族的同质性。它所体现的逻辑乃是"以同为主，同中存异"，"存异"只是"求同"的一种手段。在这里，多民族国家尊重族际演变与发展规律，认识到了族际异质是一个客观不容抹杀的现实，族际融合是一个长期的历史的过程。多民族国家虽然承认族际差异并尊重族际差异的存在，但是国家并不刻意地强调族际差异，而是谨慎地使用公共权力，使族际差异合理地维持在可控范围内。

"弱异"，乃是国家通过公共权力，自觉或不自觉地削弱少数民族，以强制同化的方式来实现民族的同质性。"弱异"，在族际政治整合实践中，常常体现为大民族主义取向。在国家民族关系的布局中，主体民族利用自己在族际竞争中所获得的优势地位，剥夺或者削弱少数民族的政治权利和政治地位，弱化少数民族的民族特质，在国家权力后盾的基础上，强

---

① 周平、贺琳凯：《论多民族国家的族际政治整合》，《思想战线》2010 年第 4 期。

制对少数民族实行语言同化、文化同化和宗教同化，强迫少数民族接受主流的政治文化理念，从而实现国族的同质性。"弱异以求同"的价值取向，往往潜藏着大民族主义的肆虐，容易激起"防御大民族主义的特殊形式的地方民族主义"的兴起，从而导致主体民族与少数民族之间矛盾的激化。因此，族际政治整合"弱异以求同"的价值取向，对族际政治整合的效力会适得其反。

"灭异"，乃是主体民族对非主体民族通过种族屠杀，或者将非主体民族驱出国界，达到"一个种族，一个国家"的目的。"灭异以求同"，秉承"非我族类，其心必异"的思想，力图通过"异族"的毁灭来实现国家的同构。这种思想和做法，在民族发展的历史上并不鲜见。20世纪人类历史上最著名的三大种族灭绝事件：犹太大屠杀、卢旺达大屠杀，以及亚美尼亚大屠杀，都是激进的种族主义者对弱小民族惨无人道灭绝的明证。这种"灭异"，在道德层面上，是人道主义巨大的灾难，在政治效果上，不但达不到"求同"的效果，反而还会形成严重的负向效益，导致国际社会的声讨与谴责，以及国家政治合法性的沦陷。

综上所述，在族际政治整合价值取向之中，"求同存异"的价值取向无疑是最值得激赏的，它体现了族际政治整合在尊重差异基础上力求最大限度地寻求共识，多民族国家族际政治整合目标的实现指明了方向。

四 族际政治整合的路径选择

"求同存异"作为族际政治整合价值取向，其引申出来的一个最为根本的问题就是族际政治整合如何实现"求同存异"，这就涉及族际政治整合的路径如何选择的问题。

在族际政治整合路径上，多民族国家往往因为对民族属性认知的大相径庭，出现了两种截然不同的路径选择："政治化"和"文化化"。"政治化"的整合路径将"民族看作是政治集团，强调其整体性、政治权力和'领土'疆域"[①]。"政治化"族际政治整合路径，主张各个民族都是国家权力的共同所有者和平等分享者，为了保证各个民族制度化地参与国家政治生活，多民族国家必须针对各个少数民族的实际情况进行特殊的政治设

---

① 马戎：《理解民族问题的新思路——少数族群问题的"去政治化"》，《北京大学学报》（哲学社会科学版）2004年第6期。

计、特别的制度保障、特别的政策输出和独享的政治程序，借以保护身处弱势地位且缺乏博弈能力的少数民族的各项权益。其逻辑推演在于，在国家的政治格局和社会格局中，各民族由于发展起点、资源禀赋、地理区位等因素，发展程度迥然相异。少数民族作为弱势群体，其博弈能力的缺失决定了少数民族在族际博弈中无法抗衡强势民族，存在着弱势地位永久化的潜在隐忧。因此，为了实现族际博弈的正义和族际发展的平等，就必须予以少数民族以特别的政治权利甚至是政治权力，并在社会资源分配上给予倾斜性照顾，否则少数民族的利益便无从谈起，族际平等也无从谈起。而"文化化"的整合路径则更多地将民族视为独特的文化群体，它承认其成员具有某些与生俱来的共性，但更愿意从国家公民个体的角度来解读民族关系。"文化化"的整合路径主张在尊重少数民族文化表意的同时，淡化其政治利益和民族身份，将所有民族成员平等地视为国家公民，其所应当享有的各项权利，国家从"公民"这一角度予以全方位保障。其逻辑演绎在于，基本人权只要赋予所有个人，也就代表了一个共同体与其他共同体实现了权利平等，群体生活也就有了可靠保障。

　　"政治化"与"文化化"的整合路径，前者重视自致性异质性的消除，通过弥合民族自致性异质性，保证民族事实上的平等，从而维护国家政治共同体的稳定；后者重视对原生性异质性的尊重，通过维护民族的多样性，强调民族成员的公民身份和公民意识，塑造民族成员的国族认同，从而维护国家政治共同体的巩固。"政治化"整合路径的弊端在于，它在表达对少数民族"权利焦虑"和"伦理关怀"的同时，又容易导致民族意识的觉醒和民族认同的强化，而且以民族身份来授予差异化权利，本质上具有"道德任意性"，是对公民权的"逆向歧视"，不可避免地人为制造出一等公民和二等公民。"文化化"整合路径的不足在于，仅仅从公民这一角度试图平等地落实少数民族的各项权利，在民族强弱殊异的情况下，并不能有效地实现民族事实上的平等。在少数民族权利问题上，"被赋予平等权利是不够的，而且严格遵守平等对待的原则，常常会把压迫和弱势永久化"。[①]

---

　　① ［加拿大］威尔·金利卡：《多元文化的公民身份——一种自由主义的少数群体权利理论》，马莉等译，中央民族大学出版社 2009 年版，第 21—22 页。

因此，出于汲取"政治化"与"文化化"整合路径之长而避其之短，在这里我们引入"势差"这样一个概念，主张"势差化"的整合路径，因"势"求同。"势差"，本是一个物理学概念，"势"即"位"，是描写"场"的一种量。"势"是随空间位置变化而变化的函数，其数值与势能有关。如势能与物体的位置高低成正比关系，"势"高能高，"势"低则能低。故"势"有位之高下之义。"势"，按照中国古代法家思想大家韩非子的说法，"尧为匹夫，不能治三人；而桀为天子，能乱天下。吾以此知势位之足恃而贤智之不足慕也"。"抱法处势列治，背法去势则乱。"可见，依韩非子的说法，"势"即"势位"，"势"有位尊权重居高临下之意。据此，我们在这里赋予"势差"的意义为，社会群体因为社会生存境遇的强势与弱势，高位与低位而产生的社会位差，是因为社会分工而导致的社会结构性差异，具体表现为不同的阶层与社会群体在社会地位、社会声望、经济能力和教育程度等方面形成的差异性。这种差异性构成了族际政治整合必须承认的一个基本事实：在各个民族发展起点、发展程度、发展能力严重不均等的族际格局之下，强调普遍的公民权的赋予并不足以保证民族发展结果的正义。因此，要解决少数民族均衡发展问题，实现民族发展结果的正义，就必须给少数民族以特殊的扶持。但是对少数民族的扶持，又不能以民族身份为判别标准，若如此，则又重蹈"政治化"整合路径的窠臼。此外，值得一提的是，当代社会是一个社会结构分化的社会，在少数民族内部也形成了明显的社会分化，民族精英和民族草根的层级性已是不争之事实，仅仅凭借民族身份来决定资源倾斜性分配的民族优惠政策，并不能保证国家善意的政策照顾真正惠及需要帮助的少数民族底层民众。因此，国家对权利和利益倾斜性分配的资格认证，应从"民族身份"取向，转向"社会势差"取向。

族际政治整合路径的"势差化"，其内在含义在于，对少数民族权利的特殊扶持，不是因为少数民族"民族身份"的缘故，而是因为少数民族民众在社会层级中居于"不利地位"的缘故；是因为少数民族民众在社会结构中属于"最少受惠者"，因而要给予其特殊的照顾。

族际政治整合路径的"势差化"，符合公平正义的价值原则。按照罗尔斯的正义原则，所有社会基本善，即自由和机会、收入和财富及自尊的基础，都应该被平等地分配。一些或所有社会基本善的一种不平等分配只有有利于最不利者才是"正义"的，即社会和经济的不平等的安排应该适合最少受惠者的最大利益。① 这种正义基础上的差别原则，既是博爱原则的体现，又是改变最不利者长远期望的要求，更是在更普遍意义上实现社会正义的必要保障。民族问题治理的"势差化"，其价值取向就是在于保障民族发展起点的公平、机会的公平和促进民族发展的结果的正义。也只有保障民族发展起点和机会的公平、发展结果的正义，我们才能拥有平等团结和谐的族际关系，从而为国家建构奠定基础。

族际政治整合路径的"势差化"，是淡化民族认同、培育国家认同的有效途径。在现实生活中，个人常常同时归属于不同的社会群体，由于群体范域的不同，个人就形成了不同的归属，民族认同和国家认同则是社会成员因隶属于民族、国家这两种不同范域和不同层级的客体而产生的归属认知和感情依附。对现代国家而言，促进少数民族超越狭隘的民族认同，走上更高一级的国家认同，是国家建构的重要任务。

少数民族的民族认同，既有来自于先天的原生性民族特质的因素，又有来源于后天的工具性建构的因素。在原生论的视野里，人从一出生就被赋予了特定的生物特征和某种感性化的民族特质，这种特技决定了人的心理上的归属感。在工具论的理论视野里，人们构建民族性，其原因就在于一方面人们通过将个体利益整合进民族的群体利益，从而在民族竞争中占据优势和特权地位；另一方面人们通过强调民族身份以获取资源的倾斜性分配，如民族优惠政策。② 民族原生的生理特质，在某种程度上无法改观的，但我们可以改变的是变革少数民族以民族身份进行利益博弈的行动逻辑。少数民族以民族身份作为利益博弈的筹码，将会导致两个后果，意识少数民族成员自我意识的强化，在个人认同层级体系中将民族认同置于国家认同之上；二是少数民族以民族身份作为利益博弈的筹码，客观上加剧少数民族与少数民族之间，少数民族与主体民族之间的利益争夺。

族际政治整合路径的"势差化"，将民族身份与权利和利益倾斜性分配资格相剥离，正是消解国家认同路障和少数民族利益博弈加剧的一个思路转向。对民族成员而言，少数民族治理路径的"势差化"，强调在正义基础上差额分配，以最少受惠者作为社会资源和政治权利的倾斜性分配的

---

① ［美］约翰·罗尔斯：《正义论》，何怀宏等译，中国社会科学出版社 1988 年版，第 303 页、第 101 页。

② 参见关凯《族群政治》，中央民族大学出版社 2007 年版，第 44 页。

237

依据,这就客观上使得民族身份与资源和权利的分配资格相剥离,淡化了因民族身份而带来的价值收益,使得民族身份仅具有文化层面的意义,在一定程度上就扫除了少数民族成员超越民族身份而认同公民身份的路障。而且,在资源与权利的分配上给予少数民族最少受惠者予以扶持,势必改观少数民族最少受惠者生存境遇,促使他们超越狭隘的民族认同,走向更高层级的国家认同。

民族身份与资源和权利的分配资格相剥离,对于民族而言,有利于弱化族际非正常性竞争与博弈。马克思曾经指出:人们所奋斗的一切都同他们的利益有关。[1] 民族间的冲突和合作,从本质上讲,都是围绕着民族的相关利益展开。当民族身份作为权利和资源倾斜性分配的依据之后,民族意识被激发,旺盛的民族意识会促使少数民族在现行利益格局中的利益争夺,要求改变现行的各民族间的利益分配格局和民族关系格局,产生利益摩擦,从而形成对现行民族关系格局的严峻挑战。民族身份与资源和权利的分配资格相剥离,弱化了民族意识,也压缩了族际之间凭借族际身份进行的竞争与博弈的空间。

族际政治整合路径的"势差化",是弥合族际分化和族层分化的有效武器。在一个多民族国家,由于历史、地理、区位、文化,以及发展能力等诸多方面的影响,各民族发展程度并不具有同步性,以民族身份来给予少数民族以支持,并不足以解决少数民族与少数民族均衡与协调发展的问题。与此同理的是,在一个民族内部,由于社会分工产生的结构性差异,以及天资禀赋和受教育程度等诸多因素的影响,少数民族精英阶层和普通阶层日益分化,民族精英与民族民众在资源利用能力上具有很大的差异性,单纯以民族身份来判别是否给予政策扶持和资源倾斜性照顾,不可避免地产生一刀切的整合弊端。而整合路径的"势差化",其意义在于在族际利益分配上,给予"最少受惠的民族"以更大扶持,在族层利益的分配上,给予"最少受惠者的族层"以更大支持,能够最大限度弥合族际之间与族层之间发展程度的差异性,保证民族发展结果的正义,从而为构建更为和谐的族际关系与族层关系奠定基础。[2]

---

① 《马克思恩格斯全集》第 1 卷,人民出版社 1965 年版,第 82 页。

② 朱碧波:《多族群国家族群问题治理路径"势差化"研究》,《思想战线》2010 年第 6 期。

五　族际政治整合的内在品格

马克思主义认为，世界上没有什么永恒不变的东西，任何事物都有它的过去、现在和未来，都有其产生、发展和演化的过程。正如恩格斯所说："世界不是一成不变的事物的集合体，而是过程的集合体。"[①] 族际政治整合的环境也是一个变动不居的过程，当族际环境的变化由量变的累积而突破至质变的时候，族际政治整合的重点与难点必然也会随之发生改变，从而引起族际政治整合政策、机制等一系列变化，否则，族际政治整合必然会随着族际环境的变化而效力递减，最终使得族际政治整合的目的成为一种镜花水月。所以，族际政治整合必然地要随着族际环境的变化而与时俱进。

与时俱进作为族际政治整合的内在品质，是指族际政治整合必须随着族际环境的变化而变化，族际政治整合必须针对族际环境的变化进行调适与重构，才能最大限度地发挥族际政治整合的效力，实现族际政治整合的预设目标。

与时俱进作为族际政治整合的内在品质是原则性与权变性的统一。所谓原则性是指族际政治整合必须坚持带有统一性、绝对性和根本性的原则。其中最为根本的就是目标性原则和价值性原则。目标性原则是指族际政治整合最为高层的目标在于实现国家统一与政治稳定，在于实现国家的长治久安。一切族际政治整合都必须秉此原则，合则取之，不合则弃之。价值性原则是指族际政治整合在任何情况下都必须坚持民族平等的原则。民族平等原则是世所公认的普世法则，也是马克思主义民族思想最为根本的价值基石。族际政治整合即便是随着族际环境而"万变"，也不能离开"民族平等"这样一个"宗"。

权变性是指族际政治整合在坚持最为根本的原则的前提下，对族际问题的处理要采取合理、灵活、权变的策略。族际环境的变化是不以人的主观意志为转移的客观存在，族际政治整合主体常常由于认知能力的局限性，并不能完全洞悉和预测族际环境的变化，因此，族际突发性事件时有发生。在这样的情况下，为了防止民族问题进一步恶化，牵一发而动全身，族际政治整合常常会输出一系列的族际政治整合对策。这种对策常常

[①]　《马克思恩格斯选集》第4卷，人民出版社1972年版，第240页。

具有临时性、应急性和补救性的特征。这种特殊环境下，因族际政治整合权变性而产生的应急对策，并不适宜作为族际政治整合通行性法则。如果将权变性对策作为通行性法则加以普遍推广和长期坚持，往往会产生与族际政治整合宏观目标与根本原则相乖违的问题。因此，族际政治整合的权变性必须建立在族际政治的原则性之上。

与时俱进是开放性与进取性的统一。开放性是与封闭性相对应的一个概念。族际政治整合的开放性主要体现在整合思维的开放性、整合信息的流动性和整合系统的互动性。整合思维的开放性就是说族际政治整合的主体面临变化发展的族际环境，要以思维的发散性和拓展性去理解问题和解决问题。整合信息的流动性就是指族际政治整合必须注重整合信息的自下而上和自上而下的双向流动。整合信息的交流与沟通是减少族际政治整合政治成本的重要途径，也是保障族际政治整合畅通的基本条件。整合系统的互动性是指族际政治整合不但要注重族际环境系统与政治整合系统之间的互动，而且还要注重多民族国家之间族际政治整合系统之间经验交流与教训汲取。族际环境系统与政治整合系统之间的互动是族际政治整合永葆生机的源泉；多民族国家政治整合系统之间的经验交流与教训汲取是多民族国家不断提升自我族际政治整合水平的必要保障，正所谓海纳百川，有容乃大，多民族国家只有因地制宜地汲取世界上一切优秀的族际政治整合成果，警惕一切惨痛的族际政治整合教训，才有可能最大限度地提升本国的族际政治整合技术，形成独具特色的族际政治整合艺术。

族际政治整合的进取性是与僵化性相对应的一个概念。进取性就是指族际政治整合在面临族际环境的变迁之时，要不断地完善并超越旧有族际政治整合套路，使族际政治整合策略与族际环境的变迁呈正相关关系。在族际政治整合过程之中，也存在"套板反应"① 的现象。面对族际环境的变迁和族际矛盾的凸显，族际政治整合主体的运思，常常习惯于从旧有的经验、既定的方案、固有的模式中去寻求处理新生的族际问题的方法。这是思维惰性使然，长此以往，必然会使族际政治整合模式陷入僵化的泥

---

① 套板反应（stock respense）是近代文艺心理学家对文艺创作和行文态势所做的心理分析，用来指文艺创作中墨守成规、陈陈相因的心理习惯。这里用来指代族际政治整合主体的因循守旧、抱残守缺，面对变化发展了的族际环境，依然按固有的族际政治整合"套路"出牌的行为模式。

潭。族际政治整合的与时俱进就是要求族际政治主体突破固有的思维定式，以变化发展的眼光看待族际问题，使族际政治整合体现出发展性、时代性和进取性。

与时俱进是求实性与创新性的统一。族际政治整合的求实性是指族际政治主体必须实事求是看待变化发展的族际环境，客观、准确地把握族际环境的变化，做到主观和客观、思想和实际相符合。求实性是族际政治整合的基本品质，只有一切从实际出发，实事求是，正确地把握族际环境，族际政治整合才不会发生方向性的错误。

族际政治整合的创新性是指族际政治整合主体面对变化发展的族际环境，必须讲究思维的求变性和突破性，充分发挥人的主观能动性，创造性地解决族际问题。如果说族际政治整合的开放性要求的是思维的发散性，求实性要求的是思维的客观性，那么创新性要求的就是思维的跳跃性和灵活性。在变迁的族际环境之中，族际政治整合只有不断保持其创新性，才能永葆生机与活力。

主要参考文献

一　中文类

（一）著作类

1. ［苏］阿·阿夫托尔哈诺夫：《勃列日涅夫的力量和弱点》，杨春华等译，新华出版社1981年版。

2. ［苏］阿·阿夫托尔哈诺夫：《权力学》，张开等译，新华出版社1980年版。

3. ［英］阿克顿：《自由与权力——阿克顿勋爵论说文集》，侯健等译，商务印书馆2001年版。

4. ［意］阿奎那：《阿奎那政治著作选》，马清槐译，商务印书馆1963年版。

5. ［英］爱德华·莫迪默等主编：《人民·民族·国家——族性与民族主义的含义》，刘泓等译，中央民族大学出版社2009年版。

6. ［英］埃德蒙·柏克：《自由与传统》，蒋庆等译，商务印书馆2001年版。

7. ［法］埃莱娜·卡·唐科斯：《分崩离析的帝国》，郗文译，新华出版社1982年版。

8. ［英］埃里·凯杜里：《民族主义》，张明明译，中央编译出版社2002年版。

9. ［英］安东尼·吉登斯：《超越左与右——激进政治的未来》，李惠斌等译，社会科学文献出版社2000年版。

10. ［英］安东尼·史密斯：《民族主义：理论、意识形态、历史》，叶江译，上海人民出版社2006年版。

11. ［美］安娜·路易斯·斯特朗：《斯大林时代》，石人译，世界知识出版社 1979 年版。

12. ［美］本尼特迪克特·安德森：《想象的共同体：民族主义的起源与散布》，吴叡人译，上海人民出版社 2005 年版。

13. ［英］伯特兰·罗素：《权威与个人》，储智勇译，商务印书馆 2010 年版。

14. ［苏］《布哈林文选》，人民出版社 1981 年版。

15. 陈之骅主编：《勃列日涅夫时期的苏联》，中国社会科学出版社 1998 年版。

16. 陈之骅等主编：《苏联兴亡史纲》，中国社会科学出版社 2004 年版。

17. 程又中：《苏联模式的兴衰》，湖北人民出版社 2000 年版。

18. ［美］丹尼尔·贝尔：《意识形态的终结——五十年代政治观念衰微之考察》，张国清译，江苏人民出版社 2001 年版。

19. ［俄］菲·博布科夫：《克格勃与政权：克格勃第一副主席的回忆》，王仲宣译，东方出版社 2008 年版。

20. ［苏］费·布尔拉茨基：《领袖和谋士：关于赫鲁晓夫、安德罗波夫和其他人……》，徐锦栋等译，东方出版社 1992 年版。

21. ［俄］戈·阿·阿尔巴托夫：《苏联政治内幕：知情者的见证》，徐葵等译，新华出版社 1998 年版。

22. 宫达非主编：《苏联剧变新探》，世界知识出版社 1998 年版。

23. ［苏］戈尔巴乔夫：《改革与新思维》，苏群译，新华出版社 1987 年版。

24. ［俄］戈尔巴乔夫：《戈尔巴乔夫回忆录——真相与自白》，述弢译，社会科学文献出版社 2003 年版。

25. ［俄］戈尔巴乔夫等：《未来的社会主义》，中央编译局国际发展与合作研究所编译，中央编译出版社 1994 年版。

26. ［美］格林斯坦等编：《政治学手册精选》，储复耘译，商务印书馆 1996 年版。

27. 关凯：《族群政治》，中央民族大学出版社 2007 年版。

28. 郭春生：《勃列日涅夫 18 年》，人民出版社 2009 年版。

29. 《赫鲁晓夫回忆录》，张岱云等译，东方出版社 1988 年版。

30. ［美］亨利·基辛格：《选择的必要——美国外交政策的前景》，国际关系研究所编译室译，商务印书馆 1972 年版。

31. ［西］胡安·诺格：《民族主义与领土》，徐鹤林、朱伦译，中央民族大学出版社 2009 年版。

32. 黄立茀：《苏联社会阶层与苏联剧变研究》，社会科学文献出版社 2006 年版。

33. ［英］哈耶克：《致命的自负——社会主义的谬误》，冯克利、胡晋华等译，中国社会科学出版社 2000 年版。

34. ［英］哈耶克：《自由秩序原理》，邓正来译，三联书店 1997 年版。

35. ［英］哈耶克：《通往奴役之路》，王明毅等译，中国社会科学出版社 1997 年版。

36. 华辛芝、陈东恩：《斯大林与民族问题》，中央民族大学出版社 2002 年版。

37. ［英］霍布斯鲍姆：《极端的年代》，郑明萱译，江苏人民出版社 1998 年版。

38. ［法］吉尔·德拉诺瓦：《民族与民族主义》，郑文彬、洪晖译，生活·读书·新知三联书店 2005 年版。

39. ［南斯拉夫］吉拉斯：《同斯大林的谈话》，司徒协译，世界知识出版社 1989 年版。

40. ［美］加布里埃尔·A. 阿尔蒙德、小 G. 宾厄姆·鲍威尔：《比较政治学——体系、过程和政策》，曹沛霖等译，东方出版社 2007 年版。

41. 姜长斌主编：《斯大林政治评传（1879—1953）》，中共中央党校出版社 1997 年版。

42. 姜长斌主编：《苏联社会主义政治制度的变迁》，黑龙江教育出版社 1988 年版。

43. 江流等主编：《苏联演变的历史思考》，中国社会科学出版社 1994 年版。

44. 江流等主编：《苏联剧变研究》，社会科学文献出版社 1994 年版。

45. 江流、徐崇温主编：《20—21 世纪：社会主义的回顾和展望》，中国社会科学出版社 1995 年版。

46. 靳辉明主编：《社会主义的历史、理论与现实》，安徽人民出版社 2000 年版。

47. 靳辉明、罗文东：《现代化与人道主义》，安徽人民出版社 1997 年版。

48. 《列宁全集》，人民出版社 1984—1990 年版。

49. 李会滨主编：《社会主义：20世纪的回顾和前瞻》，华中师范大学出版社1999年版。

50. 李宗禹等：《斯大林模式研究》，中央编译出版社1999年版。

51. 李宗禹主编：《国外学者论斯大林模式》，中央编译出版社1995年版。

52. 联共（布）中央特设委员会编著：《联共（布）党史简明教程》，人民出版社1975年版。

53. 陆南泉、姜长斌主编：《苏联剧变深层次原因研究》，中国社会科学出版社1999年版。

54. 陆南泉等编：《苏联国民经济发展七十年》，机械工业出版社1988年版。

55. 陆南泉等编：《苏联真相——对101个重要问题的思考》，新华出版社2010年版。

56. 卢之超主编：《关于斯大林问题的再认识》，社会科学文献出版社1994年版。

57. ［苏］罗·梅德韦杰夫：《斯大林与斯大林主义》，彭卓吾等译，中国社会科学出版社1989年版。

58. ［法］罗曼·罗兰：《莫斯科日记》，夏伯铭译，上海人民出版社1995年版。

59. ［美］罗伯特·康奎斯特主编：《最后的帝国——民族问题与苏联的前途》，刘靖北等译，华东师范大学出版社1993年版。

60. ［美］罗伯特·文森特·丹尼尔斯：《革命的良心——苏联党内反对派》，高德平译，北京出版社1985年版。

61. ［苏］罗·亚·麦德维杰夫：《让历史来审判——斯大林主义起源及其后果》，赵洵译，人民出版社1981年版。

62. 刘克明、金挥主编：《苏联政治经济体制七十年》，中国社会科学出版社1990年版。

63. 刘廷合：《苏东剧变主要原因探析》，山东大学出版社2008年版。

64. 马龙闪：《苏联文化体制沿革史》，中国社会科学出版社1996年版。

65. 马戎：《民族社会学》，北京大学出版社2004年版。

66. ［法］孟德斯鸠：《论法的精神》，张雁深译，商务印书馆2005年版。

67. 青觉、栗献忠：《苏联民族政策的多维审视》，中央民族大学出版社2009年版。

68. [法] 让·艾伦斯坦：《斯大林现象史》，方光明等译，时事出版社 1986 年版。

69. 任光宣：《俄罗斯文化十五讲》，北京大学出版社 2007 年版。

70. [美] 塞缪尔·亨廷顿：《变动社会的政治秩序》，王冠华等译，生活·读书·新知三联书店 1988 年版。

71. [美] 塞维林·比亚勒：《苏联的稳定与变迁》，普尔译，新华出版社 1984 年版。

72. 沈志华总主编：《苏联历史档案选编》（第 1—34 卷），社会科学文献出版社 1993 年版。

73. 沈志华主编：《一个大国的崛起与崩溃》，社会科学文献出版社 2009 年版。

74. 《斯大林全集》，人民出版社 1953—1956 年版。

75. [英] 斯蒂夫·芬顿：《族性》，劳焕强等译，中央民族大学出版社 2009 年版。

76. 苏联科学院经济所编：《苏联社会主义经济史》，生活·读书·新知三联书店 1982 年版。

77. 苏联科学院历史所编：《苏联民族—国家建设史》，商务印书馆 1997 年版。

78. [俄] 瓦·博尔金：《戈尔巴乔夫沉浮录》，李永全等译，中央编译出版社 1996 年版。

79. [俄] 瓦列里季什科夫：《苏联及其解体后的族性、民族主义及冲突——炽热的头脑》，姜德顺译，中央民族大学出版社 2009 年版。

80. 王联主编：《世界民族主义论》，北京大学出版社 2002 年版。

81. 王浦劬等：《政治学基础》，北京大学出版社 2006 年版。

82. 王正泉主编：《从列宁到戈尔巴乔夫——苏联政治体制的演变》，中国人民大学出版社 1989 年。

83. [加拿大] 威尔·金里卡：《少数的权利：民族主义、多元文化主义和公民》，邓红风译，上海译文出版社 2005 年版。

84. [苏] 沃尔科戈诺夫：《胜利与悲剧——斯大林的政治肖像》，苏群译，新华出版社 1989 年版。

85. 吴敬琏：《计划经济还是市场经济》，中国经济出版社 1992 年版。

86. 吴楚克：《民族主义幽灵与苏联裂变》，中国人民大学出版社 2002

246

年版。

87. ［美］悉尼·胡克：《理性、社会神话和民主》，金克、徐崇温译，上海人民出版社 2006 年版。

88. 熊坤新：《苏联民族问题理论与政策研究》，中央民族大学出版社 2010 年版。

89. 徐迅：《民族主义》，中国社会科学出版社 2005 年版。

90. 燕继荣：《政治学十五讲》，北京大学出版社 2004 年版。

91. 叶卫平：《千秋功过谁人评说》，中国人民大学出版社 1993 年版。

92. ［俄］亚·尼雅科夫列夫：《一杯苦酒——俄罗斯的布尔什维主义和改革运动》，徐葵等译，新华出版社 1999 年版。

93. ［以］耶尔·塔米尔：《自由主义的民族主义》，陶东风译，上海译文出版社 2005 年版。

94. ［英］伊恩·格雷：《斯大林——历史人物》，任泉等译，新华出版社 1981 年版。

95. ［英］以赛亚·伯林：《苏联的心灵》，潘永强、刘北成译，译林出版社 2010 年版。

96. ［俄］尤·瓦·叶梅利亚诺夫：《斯大林：未经修改的档案》，张捷译，译林出版社 2006 年版。

97. ［美］约翰·罗尔斯：《正义论》，何怀宏等译，中国社会科学出版社 1988 年版。

98. ［德］尤尔根·哈贝马斯：《合法化危机》，刘北辰、曹卫东译，上海人民出版社 2009 年版。

99. 张盛发：《斯大林与冷战》，中国社会科学出版社 2000 年版。

100. ［美］兹·布热津斯基：《大失败——20 世纪共产主义的兴亡》，军事科学院外国军事研究部译，军事科学出版社 1989 年版。

101. 赵常庆等：《苏联民族问题研究》，社会科学文献出版社 2007 年版。

102. 周平：《民族政治学》，高等教育出版社 2007 年版。

103. 周平：《政治文化与政治发展》，中央民族大学出版社 1999 年版。

104. 周平：《中国少数民族政治分析》，云南大学出版社 2000 年版。

105. 周尚文等：《苏共执政模式研究》，上海人民出版社 2010 年版。

106. 周晓红：《现代社会心理学——多维视角中的社会行为研究》，上海人民出版社 1997 年版。

107. 周新城、高成兴主编：《苏联东欧国家经济》，中国人民大学出版社
    1990 年版。

（二）论文类

1. 曹绪飞：《官僚主义的产生根源、机制及其治理》，《中共浙江省委党
    校学报》2004 年第 3 期。

2. 常庆：《从民族角度看苏联解体》，《东欧中亚研究》1998 年第 5 期。

3. 陈本红：《论苏联民族问题与联盟解体》，《武汉大学学报》（哲学社会
    科学版）1999 年第 2 期。

4. 陈纪：《多维互动：族际政治整合机制研究》，《广西民族研究》2007
    年第 3 期。

5. 陈建樾：《多民族国家和谐社会的构建与民族问题的解决》，《世界民
    族》2005 年第 5 期。

6. 陈联璧：《大俄罗斯沙文主义及地方大民族主义》，《东欧中亚研究》
    1992 年第 2 期。

7. 陈联璧：《民族自决权新议》，《民族研究》2001 年第 6 期。

8. 陈映芳：《前苏联阶级结构的社会学分析》，《俄罗斯研究》2002 年第 1
    期。

9. 崔剑：《论民族问题与苏联的解体》，《广西社会科学》2002 年第 6 期。

10. 初祥：《苏联斯大林时期强制迁移少数民族及其后果》，《世界民族》
    1998 年第 3 期。

11. 高放：《苏联共产党的党内民主怎样被破坏殆尽》，《江苏行政学院学
    报》2004 年第 3 期。

12. 高放：《苏联亡党亡国的深层原因》，《炎黄春秋》1999 年第 2 期。

13. 高放：《从斯大林功过看苏联兴亡》，《俄罗斯中亚东欧研究》2003 年
    第 1 期。

14. 高永久、秦伟江：《"民族"概念的演变》，《南开学报》（哲学社会科
    学版）2009 年第 6 期。

15. 高永久、秦伟江：《论民族政治体系的建构》，《西南民族大学学报》
    （人文社科版）2007 年第 6 期。

16. 郭春生：《勃列日涅夫时期苏联国家与社会的离异》，《中共宁波市委
    党校学报》2009 年第 2 期。

17. 郭小丽：《俄罗斯民族的苦难意识》，《俄罗斯研究》2005 年第 4 期。

18. 郭维利：《列宁民族观概述》，《广西民族学院学报》（哲学社会科学版）1996 年第 2 期。

19. 韩震：《论国家认同、民族认同及文化认同》，《北京师范大学学报》（社会科学版）2010 年第 1 期。

20. 郝时远：《中文"民族"一词源流考辨》，《民族研究》2004 年第 6 期。

21. 郝时远：《民族分裂主义与恐怖主义》，《民族研究》2002 年第 1 期。

22. 黄清吉：《国家能力基本理论研究》，《政治学研究》2007 年第 4 期。

23. 侯万锋：《对多民族国家政治整合的新思考》，《青海民族研究》2006 年第 4 期。

24. 侯万锋：《多元文化主义对多民族国家政治整合的启示——以美国和加拿大为例》，《黑龙江民族丛刊》2009 年第 1 期。

25. 赵鹤梅：《苏共官僚特权阶层形成原因分析》，《山东社会科学》2007 年第 3 期。

26. 于学强：《"苏共"党政领导干部选拔的理论与实践》，《重庆邮电学院学报》2006 年第 5 期。

27. 季正矩：《腐败与苏共垮台》，《当代世界与社会主义》2000 年第 4 期。

28. 季正矩：《权贵阶层与苏共的腐败及其垮台》，《当代世界社会主义问题》2002 年第 4 期。

29. 江秀平：《国家能力与政治发展》，《厦门大学学报》（哲学社会科学版）2000 年第 4 期。

30. 蒋伟平：《法治视角下：执政党的政治权威》，《云南社会主义学院学报》2009 年第 1 期。

31. 雷勇：《论跨界民族的多重认同》，《内蒙古社会科学》2008 年第 5 期。

32. 李朝祥：《公民政治意识和国家意识形态的背离与整合》，《南京邮电大学学报》（社会科学版）2007 年第 4 期。

33. 李春隆：《关于勃列日涅夫时期的"官僚特权阶层"问题》，《东北亚研究》2003 年第 6 期。

34. 李红杰、严庆：《论民族和谐与社会整合》，《中南民族大学学报》（人文社会科学版）2007 年第 3 期。

35. 李全：《勃列日涅夫时期苏联的意识形态机构及管理模式》，《当代世界与社会主义》2008 年第 1 期。

36. 李全：《赫鲁晓夫时期苏联的意识形态工作》，《俄罗斯研究》2007 年第 2 期。

37. 李燕：《戈尔巴乔夫时期对苏共领导人的批判与基层党组织的困境》，《当代世界社会主义问题》2009 年第 3 期。

38. 林精华：《民族国家价值观的重建——关于当代俄国民族主义思潮的研究》，《民族研究》2003 年第 1 期。

39. 刘海英：《勃列日涅夫时期的宗教管理政策与政教关系》，《吉林省教育学院学报》2008 年第 3 期。

40. 刘靖北：《中国共产党与苏联共产党执政党建设比较研究论纲》，《中共中央党校学报》2001 年第 3 期。

41. 刘廷合：《腐败、特权与苏东剧变》，《中共济南市委党校学报》2004 年第 3 期。

42. 刘莹：《俄罗斯民族认同中的政治文化指向》，《西伯利亚研究》2008 年第 3 期。

43. 吕凤英、李永锦：《论有限政府及其政治权威》，《辽宁师范大学学报》（社会科学版）2005 年第 4 期。

44. 吕志刚：《列宁关于加强执政党建设的思想及实践评析》，《湖北大学学报》2005 年第 4 期。

45. 陆南泉：《不扬弃斯大林模式是导致苏联剧变的根本原因》，《探索与争鸣》2010 年第 7 期。

46. 陆南泉：《对斯大林模式的再思考》，《当代世界社会主义问题》2007 年第 3 期。

47. 陆南泉：《苏联剧变的根本原因》，《世界经济》1996 年第 9 期。

48. 何立慧：《论少数民族人权的特殊保护——从国际人权立法与实践的视角》，《民族研究》2007 年第 1 期。

49. 马戎：《理解民族关系的新思路——少数族群问题的"去政治化"》，《北京大学学报》（哲学社会科学版）2004 年第 6 期。

50. 梅国柱：《戈尔巴乔夫的"加速战略"受挫原因新探》，《西伯利亚研究》2006 年第 4 期。

51. 孟立军：《论列宁少数民族干部教育理论的基本内容》，《前沿》2006

年第 10 期。

52. 牟正纯：《论斯大林模式对苏联解体的影响》，《理论学刊》1999 年第 5 期。

53. 彭萍萍：《民族主义与苏联解体》，《当代世界与社会主义》2003 年第 5 期。

54. 宋衍涛：《对政治整合的理性反思》，《华中科技大学学报》（社会科学版）2005 年第 5 期。

55. 沈宗武：《苏联集体农庄经济制度的形成原因及若干思考》，《东欧中亚研究》2000 年第 3 期。

56. 沈宗武：《斯大林模式对中国现代化道路选择的影响》，《当代世界与社会主义》1999 年第 4 期。

57. 申中悟：《斯大林模式是历史的错位吗?》，《马克思主义研究》1999 年第 5 期。

58. 孙立平：《异质性社会·政治整合·政治稳定》，《学习与探索》1990 年第 6 期。

59. 王邦佐、罗峰：《关于中国执政党政治整合方式的对话：从一元转向多元》，《探索与争鸣》2003 年第 7 期。

60. 王彩波、李燕霞：《论制度化政治整合》，《吉林大学社会科学学报》2003 年第 4 期。

61. 王静：《对戈尔巴乔夫时期苏共变革的制度分析》，《今日东欧中亚》2000 年第 3 期。

62. 王丽丽：《论赫鲁晓夫时期的干部制度改革》，《西伯利亚研究》2006 年第 2 期。

63. 王建娥：《族际政治民主化：多民族国家建设和谐社会的重要课题》，《民族研究》2006 年第 5 期。

64. 王军：《民族与民族主义研究：从实体论迈向关系实在论初探》《民族研究》2008 年第 5 期。

65. 王鹏、罗嗣炬：《戈尔巴乔夫的"民主观"与苏联政治的终结》，《俄罗斯研究》2002 年第 1 期。

66. 王希恩：《关于民族精神的几点分析》，《民族研究》2003 年第 4 期。

67. 王建娥：《世界体系和民族关系：解读现代民族问题的一个视角》，《民族研究》2004 年第 3 期。

68. 王亚萍：《论列宁巩固俄共（布）执政地位的思想和实践》，《江汉论坛》2007 年第 3 期。

69. 陈庆德：《试析民族理念的建构》，《民族研究》2006 年第 2 期。

70. 汪亭友：《论西方和平演变战略在苏联演变中的作用》，《学术探索》2004 年第 5 期。

71. 谢忠、许彬：《论列宁民族自决权理论的基本特点》，《求索》2007 年第 7 期。

72. 邢广程：《目标偏移和结构缺陷——从系统的观点研究苏联模式》，《东欧中亚研究》2001 年第 2 期。

73. 吴恩远：《"对苏联解体教训"一些流行观点的反思》，《决策与信息》2006 年第 7 期。

74. 吴恩远：《再谈俄罗斯反思苏联历史、重评斯大林思潮》，《世界历史》2006 年第 2 期。

75. 吴恩远：《苏联"三十年代大清洗"人数考》，《历史研究》2002 年第 5 期。

76. 吴恩远：《冲击"斯大林模式"的首次尝试》，《世界历史》1994 年第 1 期。

77. 徐杰舜：《论族群与民族》，《民族研究》2002 年第 1 期。

78. 徐葵：《勃列日涅夫年代：苏联走向衰亡的关键性转折时期》，《东欧中亚研究》1998 年第 1 期。

79. 严庆：《解读"整合"与"民族整合"》，《民族研究》2006 年第 4 期。

80. 杨顺清：《十年后的回顾与反思——民族问题对苏联解体的影响及其教训再认识》，《世界民族》2001 年第 6 期。

81. 俞良早：《论列宁巩固俄共（布）执政地位的重要思想》，《马克思主义研究》2005 年第 5 期。

82. 岳燕霞：《苏联创立时期民族的分裂传承》，《社会科学研究》2009 年第 4 期。

83. 张康之：《论统治视角中的官僚制》，《北京行政学院学报》2002 年第 1 期。

84. 曾宪义：《论民族权利与宪政建设》，《民族研究》2004 年第 6 期。

85. 周平：《边疆治理视野中的认同问题》，《云南师范大学学报》（哲学社会科学版）2009 年第 1 期。

86. 周平：《对民族国家的再认识》，《政治学研究》2009 年第 4 期。

87. 周平：《论族际政治及族际政治研究》，《民族研究》2010 年第 2 期。

88. 周平：《民族政策的价值取向及我国民族政策价值取向的调整》，《学术探索》2002 年第 6 期。

89. 周平：《我国的边疆与边疆治理》，《政治学研究》2008 年第 2 期。

90. 周平：《中国的边疆治理：族际主义还是区域主义?》，《思想战线》2008 年第 3 期。

91. 周平：《中国族际政治整合模式研究》，《政治学研究》2005 年第 2 期。

92. 周平、贺琳凯：《论多民族国家的族际政治整合》，《思想战线》2010 年第 4 期。

93. 周尚文：《赫鲁晓夫改革的合理性及其局限性》，《探索与争鸣》2010 年第 4 期。

94. 周太山：《十月革命后列宁妥协思想与构建和谐社会》，《社会主义研究》2007 年第 2 期。

95. 左凤荣：《民族政策与苏联解体》，《当代世界与社会主义》2010 年第 2 期。

96. 左凤荣：《戈尔巴乔夫、叶利钦与苏联解体》，《俄罗斯中亚东欧研究》2010 年第 5 期。

97. 左凤荣：《苏联历史发展进程中的政治体制弊端》，《探索与争鸣》2004 年第 11 期。

98. 朱国云：《韦伯官僚组织结构理论的新演变》，《国外社会科学》1995 年第 11 期。

99. 朱伦：《自治与共治：民族政治理论新思考》，《民族研究》2003 年第 2 期。

100. 朱进良：《俄罗斯政治整合的联邦化路径探析》，《西伯利亚研究》2007 年第 3 期。

101. 朱秀芳：《戈尔巴乔夫现象的历史诠释——再析苏联解体的深层次原因》，《俄罗斯研究》2009 年第 4 期。

二 英文类

1. Alsatair Mcauley, *Soviet federalism Nationalism and Economic Decentralization*, Leicester: Leicester University Press, 1991.

2. Alexander J. Motyl, *Imperial Ends: The Decay, Collapse, and Revival of Empires*, New York: Columbia University Press, 2001.

3. Angela E. Stent, *Russia and Germany Reborn: Unification, the Soviet Collapse, and the New Europe*, New Jersey: Princeton University Press, 1999.

4. Arych L. Unger, *Constitutional Development in the USSR: A Guide to the Soviet Constitutions*, London: Methuen, 1981.

5. Barrie Axford, *The Global System: Economics, Politics and Culture*, Cambridge: Polity Press, 1995.

6. Bobo Lo, *Soviet labor Ideology and the Collapse of the State*, London: Macmillan Press Ltd., 2000.

7. Boeiurkiwed, *Religion and Nationalism in Soviet and East European Politics*, PA: the Pennsylvania State University Press, 1986.

8. Bohdan R. Boeiurkinm, *Soviet Nationalities in Strategic Perspective*, New York: St. Martin's Press, 1985.

9. Charles A. KuPchan, *Power in Transition: The Peaceful Change of International Order*, New York: Cambridge University Press, 1997.

10. Christo Pher Marsh, *Russia at the Polls: Voters, Elections, and Democratization*, Washington, D. C.: Congressional Quarterly Inc., 2002.

11. Dmitri Volkagonov, Edited and Translated by Harold, *Autopsy for an Empire: the seven leaders, who built the regime*, New York: The Free Press, 1998.

12. Dominic Lieven, *Empire: The Russian Empire and Its Rivals*, London: John Murray Ltd., 2000.

13. Frank Gordon, *Latvians and Jews between Germany and Russia*, Stockholm: Memento, 1990.

14. Frederick C. Barghoorn, *Soviet Russian Nationalism*, New York: Oxford University Press, 1956.

15. Fred Halliday, *Revolution and World Politics: The Rise and Fall of the*

254

Sixth Great Power, New York: Duke University Press, 1999.

16. Geoffrey Hosking, *Russia: People and Empire*, 1552 – 1917, Cambridge: Harvard University Press, 1997.

17. Gerhard Simon, tanslated by Karen Forster and Oswald Forster, *Nationalism and Policy toward the Nationalities in the Soviet Union: From Totalitrian Dictatorship to Post-Stalinist Society*, Colorado: Westview Press, Inc., 1991.

18. G. Hosking, *A History of the Soviet Uion*, London: Collins Press, 1985.

19. Graeme Gill, *Stalinism*, New York: ST. Martin's press, Inc., 1998.

20. Graham Smith, *The Nationalities Question in the Soviet Union*, New York: Longman Group Inc., 1990.

21. Harry Schwartz, *the Soviet Economy since Stalin*, Phinladephia: J. B. Lippincott, 1985.

22. Herbert S. Levine, *Economic Committee, Dimensions of Soviet Economic Power*, Washington: U. S. Government Printing Office, 1986.

23. Ian Bremmer, Ray Taras, *Nation and Politics in the Soviet Successor States*, Cambridge: Cambridge University Press, 1993.

24. International Institute for Strategic Studies, *the Military Balance*, 1990 – 1991, London: HSS, 1990.

25. James Critchlow, *Nationalism in Uzbekistan: A Soviet Republic's Road to Sovereignty*, Colorado: Westview Press, Inc., 1991.

26. John B. Dunlop, *the New Russian Nationalism*, New York: CBS Inc., 1985.

27. S. Bialer ed., *Inside Gorbachev's Russia*, Boulder, CO: Westview Press, 1994.

28. Shafer, Boyd C., *Nationalism: Myth and Reality*, New York: Harvest, 1955.

29. Shivdan Tarrow, *Between Center and Periphery*, Yale: Yale University Press, 1977.

30. Sylvia Woodby, Alfred B. Evans, *Restructuring Soviet Ideology Gorbachev's New Thinking*, Colorado: Westview Press, Inc., 1992.

31. Tom Nairn, "Nationalism after the Deluge", Legal Conference Paper,

Glasgow, Setember 6, 1991.

32. Walter D. Connor, *The Accidental Proletariat: Workers, Politics, and Crisis in Gorbachev's Russia*, New Jersey: Princeton University Press, 1991.

34. Walter Laqueur, *The Dream That Failed—Reflections on the Soviet Union*, New York: Oxford University Press, Inc. , 1994.

35. Zoltan Barany, Robert G. Moster, *Russian Politics: Challenges of Democratization*, New York: Cambridge University Press, 2001.

36. Zvi Gitelam, *Jewish Nationlity and Religion in the USSR and Europe*, Durham: Duke Universtiy Press, 1989.

后　　记

　　我在世上行走，梦是我唯一的行李。十年以前，当我孑然一身背着梦想的行囊，伫立在学术神圣的殿堂面前，追忆先贤的风骨，想望遥远的将来，我并不知道，我将选择的是怎样一条庄严而崎岖的道路。那时年少轻狂的我，看到的只是先贤们为天地立心，为生民立命，为往圣继绝学，为万世开太平的文采风流，却没有看到他们名士千古背后的问道沧桑。时光荏苒，等到我自己也开启学术之旅的时候，才发现学问之道，看似寻常最奇崛，成如容易却艰辛，与学问相生相随的更多的是三入地狱似的痛苦、上下求索的困顿，如入无物之阵的彷徨，以及无所措手的迷茫。

　　昔日杨朱遇歧路，忧然有惧，大哭而归。作为年青学子的我，在学术瓶颈的桎梏中辗转挣扎，艰于呼吸视听，难求突破进展，也曾在无数个黑夜里，反观自身，扪心而问，我是不是真的有信心能在学术之路上一往无前地走下去？有朝一日我会不会也会像杨朱一样穷途而返？关于自我灵魂的拷问和自我学术素养的质疑无时无刻不在折磨我，让我不得安身。幸运的是，当我被人生歧路困扰的不能自己之时，我有缘遇到了我国著名学者、民族政治学的主要奠基人周平先生，并以因缘际会，拜入先生门下攻读博士学位。自有缘识得先生以来，先生君子谦谦，儒者洵洵，若泰山乔岳之高伟，又如春阳时雨之温润，为弟子者，实在难以形诸辞色。想来唯有周敦颐之光风霁月，苏子瞻之冰壶秋月，程明道之精金良玉，或可形诸一二。正是在先生的感化与熏陶之下，我才树立了对学术的敬畏与虔诚，也正是在先生的传授与点拨之下，我才学会了"学术命题的提炼""学术问题的分解"与"问题逻辑的重组"。在一片浮躁与功利的当下，是先生教会了我以一种敬畏之心和潜沉之姿来完成博士学位论文的写作。

　　如今呈现在案头的这部作品，就是在博士论文的基础上数易其稿而成。回想此书之成形，欣然有之，悲凉有之，忐忑有之，自得有之，五味杂陈，难于言表。而在此书即将付梓之际，回首自己求学生涯，唯有以一颗感恩的心，感谢所有曾经关怀和帮助我的人。在云南大学求学期间，感谢段尔煜教授、和少英教授、何明教授、王文光教授、张瑞才教授对本书所作的精心指点。感谢方盛举师兄、刘强师兄、杨顺清师兄、王燕飞师姐，以及各位同门师兄妹给我的无私关爱。感谢云南大学公共管理学院给了我一个寂寞江湖中的修炼道场，感谢云南师范大学历史与行政学院给了我一个疲惫生活中的英雄梦想，感谢中国社会科学出版社给了我一个梦想照进现实的舞台，感谢家人在我求学之路上的辛劳付出。正是因为有了你们，我才能在学术之路上一路走来。

文章千古事，得失寸心知。以政治学的研究范式和解释理论来分析苏联的民族问题，在当前的学术界还属于一个全新的尝试，本书虽然苦心孤诣，欲有所得，但由于才力所限，疏漏谬误在所难免，敬请各位专家同仁批评指正。

朱碧波

2013 年 12 月 12 日